本书系2019年度教育部哲学社会科学研究重大课题攻关项目《"一带一路"国家与区域教育体系研究》阶段成果，课题主持人：刘宝存，项目批准号：19JZD052

北京师范大学教育学部2019年度学科建设综合专项资金资助

东盟国家职业教育研究

Research on Vocational Education in ASEAN Member States

白滨 吕欣姗 著

北京师范大学出版集团
BEIJING NORMAL UNIVERSITY PUBLISHING GROUP
北京师范大学出版社

图书在版编目(CIP)数据

东盟国家职业教育研究/白滨,吕欣姗著. —北京:北京师范大学出版社,2020.11
ISBN 978-7-303-26063-8

Ⅰ.①东… Ⅱ.①白…②吕… Ⅲ.①职业教育－研究－东南亚 Ⅳ.①G719.33

中国版本图书馆 CIP 数据核字(2020)第 120392 号

营 销 中 心 电 话　010-58805530　58808064
北师大出版社职业教育分社网　http://zjfs.bnup.com
电 子 信 箱　zhijiao@bnupg.com

出版发行:北京师范大学出版社　www.bnupg.com
　　　　　北京市西城区新街口外大街 12-3 号
　　　　　邮政编码:100088

印　　　刷:北京京师印务有限公司
经　　　销:全国新华书店
开　　　本:787 mm×1092 mm　1/16
印　　　张:14
字　　　数:260 千字
版　　　次:2020 年 11 月第 1 版
印　　　次:2020 年 11 月第 1 次印刷
定　　　价:48.00 元

策划编辑:鲁晓双　　　　　责任编辑:齐　琳　张筱彤
美术编辑:焦　丽　　　　　装帧设计:焦　丽
责任校对:陈　民　陶　涛　　责任印制:陈　涛

目　录

第一章　菲律宾职业教育

一、菲律宾教育体系 …………………………………………（ 2 ）

二、菲律宾职业教育体系 ……………………………………（ 5 ）

三、菲律宾职业教育管理 ……………………………………（ 12 ）

四、菲律宾职业教育的质量保证 ……………………………（ 17 ）

五、菲律宾职业教育的问题与发展趋势 ……………………（ 17 ）

第二章　柬埔寨职业教育

一、柬埔寨教育体系 …………………………………………（ 23 ）

二、柬埔寨职业教育概况 ……………………………………（ 27 ）

三、柬埔寨职业教育体系 ……………………………………（ 30 ）

四、柬埔寨职业教育管理 ……………………………………（ 36 ）

五、柬埔寨职业教育的国际合作 ……………………………（ 41 ）

六、柬埔寨职业教育的问题与发展趋势 ……………………（ 42 ）

第三章　老挝职业教育

一、老挝教育体系 ……………………………………………（ 47 ）

二、老挝职业教育概况 ………………………………………（ 51 ）

三、老挝职业教育体系 ………………………………………（ 52 ）

四、老挝职业教育管理 ………………………………………（ 56 ）

五、老挝职业教育教师 ………………………………………（ 59 ）

六、老挝与中国职业教育的合作 ……………………………（ 61 ）

七、老挝职业教育的问题与发展趋势 ………………………（ 63 ）

第四章　马来西亚职业教育

一、马来西亚教育体系 ………………………………………（ 66 ）

二、马来西亚职业教育体系 ………………………………（70）

三、马来西亚职业教育管理 ………………………………（75）

四、马来西亚职业教育教师 ………………………………（78）

五、马来西亚职业教育的国际合作 ………………………（79）

六、马来西亚职业教育的问题与发展趋势 ………………（81）

第五章　缅甸职业教育

一、缅甸教育体系 …………………………………………（86）

二、缅甸职业教育体系 ……………………………………（87）

三、缅甸职业教育管理 ……………………………………（94）

四、缅甸职业教育的国际合作 ……………………………（97）

五、缅甸职业教育的问题与发展趋势 ……………………（104）

第六章　泰国职业教育

一、泰国教育体系 …………………………………………（109）

二、泰国职业教育概况 ……………………………………（112）

三、泰国职业教育体系 ……………………………………（115）

四、泰国职业教育管理 ……………………………………（121）

五、泰国职业教育的质量保证 ……………………………（123）

六、泰国职业教育教师 ……………………………………（126）

七、泰国职业教育的国际合作 ……………………………（127）

八、泰国职业教育的问题与发展趋势 ……………………（129）

第七章　文莱职业教育

一、文莱教育体系 …………………………………………（132）

二、文莱职业教育概况 ……………………………………（135）

三、文莱职业教育体系 ……………………………………（136）

四、文莱职业资格框架 ……………………………………（143）

五、文莱职业教育的问题与发展趋势 ……………………（146）

第八章　新加坡职业教育

一、新加坡教育体系 ………………………………………（149）

二、新加坡职业教育概况 …………………………………（152）

三、新加坡职业教育体系 …………………………………… (154)

四、新加坡职业教育管理 …………………………………… (160)

五、新加坡职业教育教师 …………………………………… (166)

六、新加坡与中国职业教育的合作 ………………………… (167)

七、新加坡职业教育的问题与发展趋势 …………………… (168)

第九章　印度尼西亚职业教育

一、印度尼西亚教育体系 …………………………………… (174)

二、印度尼西亚职业教育概况 ……………………………… (178)

三、印度尼西亚职业教育体系 ……………………………… (180)

四、印度尼西亚职业教育管理 ……………………………… (186)

五、印度尼西亚职业教育教师 ……………………………… (190)

六、印度尼西亚职业教育的国际合作 ……………………… (192)

七、印度尼西亚职业教育的问题与发展趋势 ……………… (193)

第十章　越南职业教育

一、越南教育体系 …………………………………………… (197)

二、越南职业教育概况 ……………………………………… (199)

三、越南职业教育体系 ……………………………………… (200)

四、越南职业教育管理 ……………………………………… (203)

五、越南职业教育教师 ……………………………………… (211)

六、越南职业教育的问题与发展趋势 ……………………… (212)

后　记 ……………………………………………………… (214)

第一章　菲律宾职业教育

菲律宾，全称为菲律宾共和国（Republic of the Philippines），位于亚洲东南部；北隔巴士海峡与中国台湾地区遥遥相对，南和西南隔苏拉威西海、巴拉巴克海峡与印度尼西亚、马来西亚相望，西濒南中国海，东临太平洋；共有大小岛屿7000多个，其中吕宋岛、棉兰老岛、萨马岛等11个主要岛屿占全国总面积的96％；海岸线长约18533千米。

菲律宾全国人口约为1亿200万，马来族占全国人口的85％以上，其他族裔包括他加禄人、伊洛人、邦邦牙人、维萨亚人和比科尔人等；少数民族及外来后裔有华人、阿拉伯人、印度人、西班牙人和美国人；还有为数不多的原住民。菲律宾有70多种语言，国语是以他加禄语为基础的菲律宾语，英语为官方语言。菲律宾约85％的国民信奉天主教，4.9％信奉伊斯兰教，少数人信奉独立教和基督教新教，华人多信奉佛教，原住民多信奉原始宗教。

在历史上，菲律宾受过西班牙300余年的殖民统治，使其成为一个天主教国家；近代菲律宾受美国半个世纪的殖民统治，使其成为一个英语国家。在第二次世界大战期间，菲律宾曾被日本占领。漫长的殖民历史及长期与西方商人的来往，造就了菲律宾民族在贸易和文化上所拥有的东西方融合的特征；同时，这些国家的殖民政策对菲律宾的教育也产生了深远的影响。

制造业和农业是菲律宾经济的两大支柱，制造业占国内生产总值（GDP）的25％左右；主要经营糖、椰油、卷烟、食品、锯木、造纸等初级产品的加工，以及纺织、水泥、成衣、制革、橡胶、医药、汽车配件和石油加工工业。① 服务业在菲律宾国民经济中占有重要地位，其中商业和旅游业对经济发展的贡献较大。此外，菲律宾是重要的外包服务国家，呼叫中心、软件开发和动画制作外包也比

---

① 马燕冰、黄莺：《列国志·菲律宾》，222页，北京，社会科学文献出版社，2010。

较发达。菲律宾向全球 194 个国家和地区输出劳务人员，是世界上重要的劳务输出国。① 菲律宾 2018 年 GDP 为 3309 亿美元。② 其经济属于出口导向型，对外部市场依赖较大。第三产业在菲律宾国民经济中地位突出，农业和制造业也占相当比重。2018 年，中菲双边贸易额达 556.7 亿美元，同比增长 8.5％。其中对中国出口额为 350.6 亿美元，增长 9.3％；进口额为 206.1 亿美元，增长 7.1％。③

一、菲律宾教育体系

菲律宾的教育历史可分为 4 个时期：16 世纪到 19 世纪末西班牙殖民地时期，1899 年后沦为美国殖民地时期，1935—1946 年自治政府时期和 1946 年独立后共和国教育发展新时期。④

在西班牙殖民地时期，菲律宾的教育目的以宗教为导向，主要由传教士承担教育任务，且教育对象主要为社会中的精英群体，普通民众没有接受教育的权利。1863 年颁布的教育法令规定每个城镇必须建立 1 所小学，由市政府直接管理。这一时期菲律宾的小学教育是面向大众的、免费的，西班牙语是必修科目。

在美国军队击败西班牙后，西班牙维持了 3 个多世纪的学校暂时关闭，后于 1898 年重新开放。美国殖民统治菲律宾后实行了新的教育管理制度，进一步扩大了免费初等教育的范围，同时教学语言变为英语。在这一时期，近代菲律宾教育制度逐渐形成，1901 年菲律宾开始建立公立学校体系，1908 年创立了菲律宾大学。

1935 年，菲律宾自治政府成立，自治政府对公立小学教育制度进行了修订，简化了课程，并强调工业技术训练；同时重视发展公立与私立中学、中等职业学校、工业技校和农业技校，以满足生产要求。⑤

在第二次世界大战期间，菲律宾沦为日本殖民地，战后依然被美国统治。

① 吴杰伟：《菲律宾社会文化与投资环境》，56、61～62 页，广州，世界图书出版广东有限公司，2012。

② Word Bank, "Philippines GDP," https://data. worldbank. org. cn/country/philippines? view=chart, 2019-09-03.

③ 中华人民共和国外交部：《菲律宾国家概况》，https://www. fmprc. gov. cn/web/gjhdq_676201/gj_676203/yz_676205/1206_676452/1206x0_676454/，2019-09-03。

④ 蔡昌卓：《东盟教育》，243 页，桂林，广西师范大学出版社，2009。

⑤ 蔡昌卓：《东盟教育》，244 页，桂林，广西师范大学出版社，2009。

1946 年，菲律宾正式独立，开始建设新的教育事业。① 如今，菲律宾的基础教育由教育部(Department of Education)统一管理，目前实行 K12 教育体制，即 1 年学前教育加 12 年中小学教育(小学 6 年，初中 4 年，高中 2 年)。

小学阶段开设的课程主要包括菲律宾语、英语、数学、自然科学、社会科学、体育和艺术；初中阶段的课程主要包括菲律宾语、英语、数学、自然科学、社会科学、体育和艺术；普通高中教育分为 4 个方向，分别是学术方向、技术—职业—生活方向、运动方向、艺术和设计方向，其中技术—职业—生活方向课程与职业教育有一定的关联性。②

菲律宾高等教育由高等教育委员会(Commission on Higher Education)负责，高等教育机构为学生提供从本科到研究生阶段的学术教育，授予学士、硕士和博士学位。菲律宾职业教育则由职业教育和技能发展局(Technical Education and Skill Development Authority，TESDA)管理。

菲律宾教育体系如表 1-1 所示。

表 1-1　菲律宾教育体系③

年龄	教育年限/年	教育等级	普通教育体系	职业教育体系
24 岁以上	3	高等教育	博士学位	—
23～24 岁	2		硕士学位	—
18～22 岁	5		学士学位	职业教育机构（3 年）
16～17 岁	2	中等教育	高中	
12～15 岁	4		初中	
6～11 岁	6	初等教育	小学	
6 岁以下	1	学前教育	幼儿园	

(一)小学教育

菲律宾小学教育共有 6 年，从一年级到六年级，学生的年龄为 6～11 岁。在 K12 改革通过之前，小学教育是唯一实行义务教育的学段。在 K12 改革之后，

---

① Department of Education，"Historical Perspective of the Philippine Educational System," https://www.deped.gov.ph/about-deped/history/，2019-09-03.

② WENR，"Education in the Philippines," https://wenr.wes.org/2018/03/education-in-the-philippines，2018-10-23.

③ WENR，"Education in the Philippines," https://wenr.wes.org/2018/03/education-in-the-philippines，2018-10-23.

教育部要求学生在进入小学教育之前还需要接受 1 年的学前教育。小学入学没有单独的要求，小学的课程包括菲律宾语、英语、数学、自然科学、社会科学、体育和艺术等。

(二)初中教育

菲律宾初中教育共 4 年，从七年级到十年级，学生年龄为 12～15 岁。在公立学校，学生完成小学教育后自动进入初中接受教育，没有单独的入学要求；而私立学校会有单独的入学考试。初中教育的核心课程与小学教育相同，菲律宾语和英语都是教学语言。学生的学业成绩由书面作业、平时表现和测试成绩组成。学生在每个科目的考试中必须达到及格分数，否则必须参加补习班，成绩合格后才能进入下一年级的学习。初中教育没有毕业考试。

对于职业教育感兴趣的学生可以在七年级和八年级学习职业和生计教育 (technology and livelihood education)，并可以选择在九年级和十年级更深入地学习这些课程，在职业和生计教育科目中完成足够学习时间并通过菲律宾职业教育和技能发展局测评的学生可以获得职业教育和技能发展局国家资格证书。

(三)高中教育

菲律宾高中教育共 2 年，从十一年级到十二年级，学生年龄为 16～17 岁。学生在入学前可以在学术、技术—职业—生活、运动、艺术和设计 4 个方向中选择一个。学术方向是为学生进入高等教育做准备的，它分为 4 种类型：通用学术；会计、商业和管理(accounting, business and management, ABM)；人文和社会科学(humanities and social sciences, HUMSS)；科学、技术、工程和数学(science, technology, engineering and mathematics, STEM)。技术—职业—生活方向是为即将进入工作场所或毕业后想继续接受职业教育的学生开设的，它分为 4 种类型：家庭经济，农业/渔业，工业艺术，信息与通信技术。运动方向及艺术和设计方向选择的人数较少。

(四)高等教育

菲律宾于 1994 年 5 月 18 日通过了第 7722 号《共和国法案》，也称 1994 年《高等教育法案》。菲律宾高等教育委员会负责制定有关菲律宾高等教育的计划、政策和战略，同时负责管理菲律宾的高等教育机构。菲律宾高等教育机构的数量在过去几十年中迅速增长，主要分为公立高等教育机构和私立高等教育机构。公立高等教育机构分为州立大学、地方大学和其他由政府管理的大学 3 类，全国综合排名第一的大学菲律宾大学(University of the Philippines)就是公立高等教育机构。相较于公立高等教育机构，私立高等教育机构的招生规模较小，教育质量也普遍低于公立高等教育机构，但学校数量较多，填补了公立高等教育机构招生的缺口，使更多的菲律宾人可以接受高等教育。

二、菲律宾职业教育体系

菲律宾职业教育的历史不长，但其职业教育体系和管理模式有很多特色。菲律宾职业教育共有 4 种类型，分别是基于学校的职业教育、基于培训中心的职业教育、基于社区的职业教育和基于企业的职业教育，如表 1-2 所示。按照经费来源，职业教育机构可分为公立职业教育机构和私立职业教育机构 2 种。根据教育时间的长短，职业教育项目可分为短期项目（3 个月以内）、中期项目（3 个月至 1 年）和长期项目（1 年至 3 年）3 类。

表 1-2　菲律宾职业教育机构类型①

类型	具体机构或模式
基于学校的职业教育	职业教育和技能发展局学校，私立职业学校，高等教育机构。
基于培训中心的职业教育	职业教育和技能发展局地区级培训中心，职业教育和技能发展局省级培训中心，其他政府部门下属的培训中心。
基于社区的职业教育	社区培训和就业中心，非政府组织项目，地方政府单位项目，政府机构项目。
基于企业的职业教育	学徒培训，实习与见习培训，双元制培训。

（一）基于学校的职业教育

菲律宾学校提供的职业教育有短期项目、中期项目和长期项目 3 种类型，以长期项目为主，短期和中期项目所占比例较小。职业学校提供的长期职业教育项目根据时长可以分为一年制、两年制和三年制 3 种不同类型。在学校提供的长期职业教育项目中，不同学校根据自身的办学定位提供职业资格证书项目和职业教育文凭项目。

根据资金的来源，菲律宾职业教育学校可分为公立学校和私立学校 2 大类，除了职业教育和技能发展局直属学校是公立学校，90％以上的职业学校都是私立学校。职业教育和技能发展局直属职业教育学校共 57 所，其中农业类 19 所、渔

---

① TESDA："TVET Program," https://www.tesda.gov.ph/About/TESDA/24，2018-10-23.

业类 7 所、贸易类 31 所。① 以碧瑶市艺术与贸易学校（Baguio City School of Arts & Trades）为例，该校成立于 1994 年，隶属于职业教育和技能发展局。该校的理念是提供基于能力的职业教育，并将双元制作为学校人才培养的特色。该校主要提供两年制职业教育文凭项目，包括烹饪艺术专业和餐厅服务专业；除此之外，还提供短期项目，涉及面包制作、调酒、餐饮服务、家政服务、烹饪等一系列专业，学习时间从 20 天至 55 天不等。②

菲律宾的很多高等教育机构除提供高等教育外，还提供包括中等教育、职业教育等多种形式的教育。一些高校的学士学位项目和高等教育文凭项目在探索阶梯化培养模式，在学生专业学习的不同阶段分别为学生提供职业和学术性质的教育。在阶梯化培养模式的四年制学士学位项目中，第一年主要进行职业培训，学年结束后学生可以参加职业教育和技能发展局资格证书考试，从而获得国家资格证书，后续 3 年的教育将学术教育与职业教育融合，学生毕业时能够获得本科文凭和学士学位。也有一些大学设立专门的职业教育学院来提供职业教育项目。

案例一：菲律宾理工大学

菲律宾理工大学（Polytechnic University of The Philippines）的职业学院（The Institute of Technology）提供 6 个职业教育文凭项目，包括计算机工程技术、电气工程技术、电子通信工程技术、信息通信技术、机械工程技术、办公管理技术。计算机工程技术主要培养学生的计算机软件和硬件操作能力，学生在每一个学年都会获得不同级别的资格，如表 1-3 所示。

表 1-3　计算机工程技术文凭项目阶梯化培养概况③

学年	资格	工作导向
1	计算机工程技术证书	计算机维修店助理，计算机技师，计算机操作员，系统维护技师，初级计算机维修技师。
2	计算机工程技术副文凭	高级计算机维修技师，计算机外部设备技师。
3	计算机工程技术职业教育文凭	计算机工程师助理，计算机系统设计师助理，高级程序员，网页设计师/开发人员，网页管理员，系统管理员，计算机培训师，系统研究员，技术支持，主管/经理。

① TESDA, "School Based Program," https://www.tesda.gov.ph/About/TESDA/35, 2018-10-23.

② BCSAT, "Program," http://www.bcsat.edu.ph/programs/, 2018-10-23.

③ Polytechnic University of the Philippines, "Diploma in Computer Engineering Technology," https://www.pup.edu.ph/ITECH/dcet, 2019-09-03.

（二）基于培训中心的职业教育

菲律宾基于培训中心的职业教育机构以提供短期和中期项目为主，除少数中心会提供长期项目外，大部分项目的培训周期不会超过 1 年。职业教育和技能发展局下属的培训中心主要包括地区级培训中心和省级培训中心，其中地区级培训中心的培训项目种类和级别相较于省级培训中心更高。此外，还有一小部分培训中心是与其他国家合作建立的，或者由其他国家提供援助建立的，如职业教育和技能发展局女子培训中心（日本政府援助项目）、韩国—菲律宾信息技术培训中心（Korea-Philippines Information Technology Training Center，韩国政府与职业教育和技能发展局的合作项目）。以塔利赛地区培训中心（Regional Training Center Talisay）为例，该地区级培训中心提供汽车维修、机械加工、焊接、交通运输、烹饪、卫生保健等专业的 6 个国家资格证书一级培训项目和 36 个国家资格证书二级培训项目。培训时长根据项目的要求从 40 小时到 636 小时不等。[①]

除职业教育和技能发展局下属的培训中心外，一些隶属于其他国家部委的培训中心也提供职业教育培训。菲律宾农业部有 34 个培训中心，为农民和渔民提供培训服务，其宗旨是通过培训农业和渔业从业人员，促进农业和边远地区的发展，确保研究成果在农业、渔业及相关领域推广。少数培训中心与职业教育和技能发展局有较为密切的合作关系。此外，其他政府机构也提供类似的职业教育服务，但这些机构与职业教育和技能发展局及其培训项目的合作较少，它们的培训项目也不受职业教育和技能发展局的监督和管理。这些培训中心包括：劳动与就业部下属的国家海洋技术学院，科技部下属的冶金工业研究与发展中心及菲律宾纺织研究所，贸易与工业部下属的建筑与人力发展基金会、菲律宾商贸培训中心及棉花产业技术中心，社会福利与发展部提供的面向残疾人和贫困人群的生计培训中心。

案例二：职业教育和技能发展局女子培训中心

该中心始建于 1993 年，1998 年正式投入使用，由日本政府捐资建设，建造总额达 26 亿日元（约合 2382 万美元）。该中心建立的背景是职业教育和技能发展局要求每年培训的学员中至少有 10% 是女性，使女性可以接受传统上由男性主导的工业课程培训。该中心最初被命名为"全国女性职业培训和发展中心"，后来改为"职业教育和技能发展局女子培训中心"。从建立至今，该中心共培训了近 5000 名女性，学员以菲律宾女性为主，还有部分来自亚太其他国家和地区的女性。该中心与许多知名企业建立了合作伙伴关系，其教师很多都在国外接受过培

---

① Regional Training Center Talisay，https://tesdacourse.com/Regional-Training-Center-Talisay-3505.html，2018-10-18.

训。该中心与日本国际协力机构（Japanese International Cooperation Agency）保持较为密切的关系。该中心在女性能力提升方面做出了很多贡献，不仅发展了她们的工作技能，而且提高了她们的综合能力和社会地位，这将对菲律宾社会的长远发展起到重要作用。该中心的课程项目如表1-4所示。该中心在2008年获得了亚太认证委员会（Asia Pacific Accreditation and Certification Commission）银奖荣誉，是第一个获得该奖项的国际认证培训机构，因此它也被称为世界级女性技能培训中心。①

表1-4　职业教育和技能发展局女子培训中心项目概况②

课程项目	培训时长
汽车维修国家资格证书二级	1268学时，7个月
咖啡师国家资格证书二级	266学时，2个月
调酒师国家资格证书二级	440学时，3个月
烹饪国家资格证书二级	836学时，5个月
女装裁制国家资格证书二级	616学时，4个月
电气安装与维护国家资格证书二级	294学时，2个月
电子产品组装和维修国家资格证书二级	1040学时，6个月
餐饮服务国家资格证书二级	480学时，3个月
食品制作国家资格证书二级	632学时，4个月
家政服务国家资格证书二级	600学时，4个月
摩托车/小型发动机维修国家资格证书二级	1036学时，6个月
水暖工国家资格证书一级和二级	218学时，1个月
保护金属电弧焊国家资格证书一级和二级	268学时，2个月

案例三：韩国—菲律宾信息技术培训中心

韩国—菲律宾信息技术培训中心由韩国国际合作署（Korean International Cooperation Agency）与职业教育和技能发展局共同资助，由奎松市政府管理。该中心主要培养信息技术方面的人才，与许多机构合作，包括菲律宾动画委员会（Animation Council of the Philippines）和多媒体图形工作室JLCG，为动画专业和商业视觉图形专业提供支持。不仅如此，该中心还与菲律宾教育部合作，提供

---

① Women Center, "History," http://twc. tesda. gov. ph/index. php? page＝herstory&viewerID＝herstory, 2019-09-03.

② Women Center, "Programs and Services," http://twc. tesda. gov. ph/index. php? page＝links&linksID＝2, 2019-09-03.

高中教育的技术、职业方向课程。①

韩国—菲律宾信息技术培训中心提供的课程有动画国家资格证书二级，数码摄影和JAVA项目。动画国家资格证书二级项目的培训时长为516学时，入学要求是至少完成十年级的学习，年龄在18岁以上，具有基本绘画技巧。该课程主要培养学生在动画领域的核心能力，包括知识、技能和个性品质，使他们能够胜任动画相关工作。该中心不仅有Adobe Flash和Toon Boom等主流软件操作实践，而且有小组合作的机会，以提高学生的沟通能力、合作能力。数码摄影项目是该中心的一个短期培训课程，共有18学时，入学要求是至少完成十年级的学习，年龄在18岁以上，必须拥有自己的数码相机。该课程涵盖数码摄影的基本概念和实践，包括对相机、镜头和其他基本摄影设备的理解和使用。学生在培训过程中能够学会职业摄影师所需的基本职业知识和技能。Java项目是该中心的另一个短期培训项目，共有35学时。该项目对申请者的学历没有要求，年龄在18岁以上、具有基本的计算机技能者均可申请。该项目课程主要介绍如何使用Java语言进行计算机编程，如何在实践活动中创建Java相关应用程序。在学习过程中，学生可获得Java操作的基础技能，这些技能可以帮助他们在计算机编程领域完成基本的工作任务。

案例四：韩国—菲律宾职业培训中心

韩国—菲律宾职业培训中心（Korea-Philippines Vocational Training Center）是韩国政府和菲律宾政府在菲律宾达沃市建立的培训中心。根据1983年签署的两国经济和技术合作协定，韩国政府为执行该项目提供了500万美元的赠款援助，用途包括为达沃市职业教育和技能发展局培训中心提供设备、在韩国培训菲律宾教师、向菲律宾派遣韩国专家。该中心的执行组织是韩国政府的分支机构——韩国国际合作署，以及菲律宾政府下设的职业教育和技能发展局。该中心于2004年2月6日举行了奠基仪式，2004年12月完工。其培训项目包括三年制文凭项目、短期技能项目、基于社区的技能项目和线上培训项目。其中长期项目概况如表1-5所示，短期项目概况如表1-6所示。

表1-5 韩国—菲律宾职业培训中心长期项目概况②

序号	名称	类型	时间
1	食品加工项目	长期	1年

---

① KPITTC，"Korea-Philippines Information Technology Training Center," https://www. academia. edu/32583734/KOREA-PHILIPPINES _ INFORMATION _ TECHNOLOGY _ TRAINING_CENTER，2020-03-22.

② RTC-KORPHIL DAVAO，"Program," http://www. korphildavao. com/pages/programs/，2019-09-03.

续表

序号	名称	类型	时间
2	农业和生物系统工程技术文凭项目	长期	3 年
3	汽车技术文凭项目	长期	3 年
4	土木工程技术文凭项目	长期	3 年
5	供暖、通风和空调/制冷技术文凭项目	长期	3 年
6	酒店餐饮技术文凭项目	长期	3 年
7	工业自动化与机电一体化技术文凭项目	长期	3 年
8	信息技术文凭项目	长期	3 年
9	机械工程技术文凭项目	长期	3 年
10	焊接技术文凭项目	长期	3 年

表 1-6　韩国—菲律宾职业培训中心短期项目概况①

序号	名称	类型	时间
1	二维动画国家资格证书三级	短期	105 天
2	动画国家资格证书二级	短期	未说明
3	汽车维修国家资格证书一级	短期	36 天
4	汽车维修国家资格证书二级	短期	66 天
5	调酒国家资格证书二级	短期	36 天
6	面包糕点生产国家资格证书二级	短期	15 天
7	数控车床操作国家资格证书二级	短期	30 天
8	数控铣床操作国家资格证书二级	短期	34 天
9	木工国家资格证书二级	短期	21 天
10	建筑绘图国家资格证书二级	短期	17 天
11	烹饪国家资格证书二级	短期	40 天
12	驾驶国家资格证书二级	短期	15 天
13	驾驶国家资格证书三级	短期	未说明
14	电气安装与维护国家资格证书二级	短期	51 天
15	食品加工国家资格证书二级	短期	71 天
16	餐饮服务国家资格证书二级	短期	42 天
17	气体保护电弧焊国家资格证书一级	短期	25 天
18	气体保护电弧焊国家资格证书二级	短期	34 天
19	钨极气体保护电弧焊国家资格证书二级	短期	未说明
20	叉车国家资格证书二级	短期	25 天

---

① RTC-KORPHIL DAVAO："Program," http://www. korphildavao. com/pages/programs，2019-09-03.

（三）基于社区的职业教育

基于社区的职业教育是菲律宾的一种非正规的成人教育形式，主要致力于职业技能培训，培训对象主要是贫困群体和边缘群体，如失学青年、失业的成年人等。大多数基于社区的职业教育培训主要根据当地的需求和资源，为培训者提供一些基本的职业技能。这些公共项目旨在帮助边缘群体增加就业机会，同时支持非政府组织和地方政府帮助贫困群体从事生产性工作，从而促进个人和社区的发展。① 基于社区的职业教育项目主要有社区培训和就业中心、非政府组织项目、地方政府单位项目、政府机构项目4种类型。

（四）基于企业的职业教育

基于企业的职业教育培训项目包括学徒培训、实习与见习培训和双元制培训这3种培训模式。企业职业教育的目标是将工作场所的培训与学校的理论教学相结合，根据企业人才需求建设课程体系，从而培养适应企业需要的合格人才。

学徒培训是企业提供学徒岗位的一种培训模式。菲律宾学徒培训的学习时间最短为4个月，最长为6个月。只有经职业教育和技能发展局批准并注册了学徒计划的公司才能雇用学徒。它旨在提供一种机制以确保培养符合行业企业需要的合格技术工人。它的目标是通过雇主、工人、政府和非政府机构的参与，共同建立国家学徒计划，制定学徒培养的标准，提供训练有素的通用型技术人才。

实习与见习培训是一种在职培训项目，主要形式是到企业实习和见习，通过进入企业、进行实地的实习和见习，达到了解工作实践的目的，学习时长一般不超过3个月，学员通过阶段考核拿到资格证书后可以被企业录用。只有经过职业教育和技能发展局批准并注册的企业才能招收学员。

双元制培训是菲律宾基于企业的职业教育的另一种形式，学生在培训中心（学校）和企业2个场所交替进行学习，学习时长为1年半至2年；旨在通过企业和技术职业学校之间的积极合作，为企业培养合适的员工。双元制培训的优势在于学徒在企业的实践与在学校的学习之间可以互相转换与促进。

双元制培训的受益者主要有学生、公司、学校、培训中心、培训机构、行业协会、非政府组织、政府组织、家长、教师和培训师等。双元制培训通过提供高质量的培训和必备的技能训练，帮助学徒改进自己的工作方式、增加专业知识、提高工作能力、为岗位的流动提供更好的机会；同时，帮助公司提高工人的劳动技能，从而提升工作效率和工作质量，降低生产成本。双元制培训能够帮助学生

① TESDA，"Competency Standards Development," https://tesda. gov. ph/About/TESDA/85，2018-10-23.

减少对复杂设备和设施的不熟悉感，最大限度地使用设备和设施，为毕业生提供良好的就业机会。

三、菲律宾职业教育管理

（一）菲律宾职业教育的政府职能

为了鼓励产业界、地方政府单位、职业技术教育机构和劳动者充分参与国家人力资源的开发，减少各种公立和私立机构发起的职业技能教育活动的重叠，并为国家整体的职业教育体系提供统一指导，菲律宾政府在1994年颁布了《职业教育和技能发展法》。根据该法，菲律宾政府在1994年设立了职业教育和技能发展局，作为负责监督和管理菲律宾职业教育的专门政府机构。职业教育和技能发展局在为菲律宾职业教育建立标准和制度、提供政策指导、制定发展规划、管理培训机构等方面发挥了重要作用。此外，职业教育和技能发展局还与菲律宾政府、企业、培训机构合作，为社会提供行业信息，支持青年人就业与创业。[①] 职业教育和技能发展局的主要职能有以下四方面。

1. 制定国家职业能力标准

职业教育和技能发展局为教育对象制定了能力标准，以能力单元的形式描述工作。能力单元可以整合成资格，与社会领域中的职业和关键工作及菲律宾职业教育资格框架（Philippines Qualifications TVET Framework）中的等级对应。职业教育和技能发展局颁布的《国家培训条例》包含各个专业领域的国家资格证书的能力标准、培训标准和测评流程，是能力测评、专业课程设置、职业教育项目注册和认证的基础。[②] 在能力标准中，《国家培训条例》将能力先分为基本能力、通用能力和关键能力三个大类，再根据具体的专业情况进行细分。培训标准包含明确的培训时间、学习方法和测评方法。

以汽车维修国家资格证书二级为例，它指一个人能够根据制造商的要求维修轻型汽车和重型汽车的机械部件与电气部件，包括发动机、冷却系统、润滑系统和底盘等。其基本能力包括沟通能力、团队合作能力、实践能力、职业健康和安

---

① TESDA, "Vision, Mission, Value and Quality Statement," https://www. tesda. gov. ph/About/TESDA/11, 2018-10-23.

② TESDA, "Competency Standards Development," https://www.tesda.gov.ph/About/TESDA/85, 2018-10-23.

全意识。其通用能力包括涂抹适当的密封剂/黏合剂，移动和定位车辆，测量和计算，阅读、解释和应用规范手册，使用并涂抹润滑剂/冷却液，完成车间维修，对工作进行评价，绘制并解释技术图纸，检查工作的技术质量，维护质量体系，提供工作技能说明，识别和选择原装汽车零部件和产品。关键能力包括维修汽车电池和点火系统，测试和维修接线/照明系统，维修启动系统、充电系统、发动机机械系统、离合器系统、变速器和前桥、转向系统、制动系统、悬挂系统，进行底盘预防性维修，检修手动变速器，等等。

《国家培训条例》在能力描述中给出了详细的说明，如关键能力中的维修发动机机械系统，其能力描述对冷却系统、润滑系统、燃油系统、喷油器几个部分的维修标准进行了说明（如表 1-7 所示）。除此之外，《国家培训条例》对每种资格的课程标准做了具体的要求，汽车维修国家资格证书二级的培训共计 676 学时，其中基本能力培训为 18 学时，通用能力培训为 40 学时，关键能力培训为 618 学时。这些标准旨在为职业教育机构提供信息和要求，为培训项目设计提供参照。

表 1-7 维修发动机机械系统的标准

组成部分	维修标准
维修冷却系统	使用指定的工具和设备，按照制造商手册对发动机机械系统（如冷却系统）进行维修； 按照公司操作标准，遵守安全规定。
维修润滑系统	根据说明书检查油压； 根据说明书检查机油油位和状况； 根据说明书操作指示灯。
维修燃油系统	根据维修手册修理化油器； 根据维修手册检查燃油泵； 根据维修手册设置尾气分析仪； 检查尾气排放，按标准操作程序进行必要的调整。
维修喷油器	按照维修手册进行检查和修理； 按照标准操作程序进行燃油系统清洁。

2. 组织能力测评和认证

能力测评是收集证据并判断能力是否达到要求的过程，其目的是判断个人能否达到工作场所要求的能力标准。能力标准规定了在工作场所胜任工作所需要的知识、技能、态度和价值观，它是测评的依据。具有国家资格证书要求的所有能力单元的个人，在根据有关能力标准通过评估后，职业教育和技能发展局会为其颁发能力资格证书或国家资格证书。能力测评通常针对两类人群：一类是在职业教育机构接受培训的人，他们的培训项目是在职业教育和技能发展局注册过的，并且是按照《国家培训条例》规定的能力标准和培训标准制定的。这类人群的测评和认证是强制性的，只有通过测评和认证才能获得国家资格证书并从学校毕业。另一类是没有在职业教育机构接受过培训的人，当他们认为自己具备相应的技能，也可以去规定地点申请测评。① 职业教育和技能发展局主要通过菲律宾职业教育能力测评和认证体系对申请者的能力进行测评和认证，判断学习者是否达到了相应的能力要求。职业教育和技能发展局设立了专门的查询系统，提供全国范围内各职业领域的人员认证信息。此外，职业教育和技能发展局还有专门的测评中心和评审员，为申请认证的人员提供能力测评服务。②

3. 负责培训项目的注册与认证

在菲律宾开展职业教育的机构，无论是公立学校还是私立学校，都需要在统一的职业教育项目注册和认证系统（Unified TVET Program Registration and Accreditation System，UTPRAS）中完成强制性注册。这一制度设立的目的在于保证学习者无论在哪里接受培训，都能达到《国家培训条例》所要求的最低标准，从而保证培训的质量。因此，职业教育机构在为学习者提供培训项目之前，需要到职业教育和技能发展局注册报备，在完成所有的注册步骤后，可获得项目注册证书（Certificate of Program Registration，COPR），同时该培训项目会被正式列入职业教育和技能发展局注册项目名录。如果该培训项目出现问题或遭到投诉，职业教育和技能发展局会对它进行管理与审核。③

4. 加强职业教育教师管理

职业教育教师承担着教学和学生管理的主要工作，教师的水平对整个职业教育体系至关重要。2017年，职业教育和技能发展局成立了国家职业教育教师学院，监督菲律宾职业教育教师的发展。国家职业教育教师学院主要通过东亚峰会职业教育质量保证框架（East Asia Summit，Technical and Vocational Education and Training，Quality Assurance Framework，EAS TVET QAF）、职业教育和技能发展局星级评价系统、亚太认证委员会来提高学院的培训能力。职业教育和技能发展局人力资源管理部门和菲律宾职业教育教师资格框架制定了职业教育教师的能力标准。根据该标准，国家职业教育教师学院针对不同的教师群体设计不同的培训项目，例如，针对职业教育行政管理人员的执行发展项目，针对职业教

---

① Andrea Bateman & Mike Coles, *Towards Quality Assurance of Technical and Vocational Education and Training*, Paris, UNESCO, 2017, pp. 174-176.

② TESDA, "Assessment and Certification," https://www.tesda.gov.ph/About/TESDA/25，2018-10-23.

③ TESDA, "Program Registration and Accreditation," https://www.tesda.gov.ph/AboutL/TESDA/26，2018-10-23.

育机构监督人员的监督发展项目，针对职业教育教学工作人员的教学人员发展项目，针对其他职工如辅导员、图书馆管理人员的非教学人员发展项目。

职业教育和技能发展局教师职业资格一级培训是一个短期课程培训项目，为职业教育机构的工作人员提供必备的知识和技能，包括沟通能力、数学和科学知识、信息技术、领导力，共计265学时。它的入学要求是申请人员需要具备本科学历或在职业教育领域有一定的工作经历，且已经拥有比所教授课程更高等级的国家资格证书。获得职业教育和技能发展局教师职业资格一级证书的人员可以从事职业教育机构的教学工作、行政或管理工作。

（二）菲律宾职业教育立法

为了使职业教育的制度更规范，菲律宾政府陆续出台了一系列与职业教育相关的法律法规。1982年菲律宾颁布的《教育法》为现在的菲律宾教育体系建立了框架，它规定了教育体系的目标是：①提供通识教育，帮助人们融入社会；②为经济社会培养所需要的中级技能人才；③培养知识领域的带头人；④通过教育规划和评价系统有效地应对不断变化的经济需求。① 1994年《职业教育和技能发展法》规定，职业教育和技能发展局是菲律宾职业教育的管理机构，这为职业院校提供高质量的职业教育和培训提供了制度保障。② 2013年，菲律宾颁布了《加强基础教育法》，也被称为"K12计划"，该计划涵盖1年学前教育、6年小学教育、4年初中教育和2年高中教育。在该计划中，基础教育增加了职业方向的选择，普及生活中必要的中级技能，为学生在全球人力资源市场上获得更多就业机会做准备。③ 为了使职业教育和高等教育之间实现衔接，2014年，菲律宾颁布了《阶梯化教育法》，使阶梯化教育项目有了明确的制度，有利于职业教育的学生进入高等教育领域学习。④ 2014年，菲律宾颁布《开放远程教育法》，推广开放学习理

---

① Congress of the Philippines，"Batas Pambansa Blg. 232：An Act Providing for the Establishment and Maintenance of an Integrated System of Education," https://www. lawphil. net/statutes/bataspam/bp1982/bp_232_1982. html，2020-03-04.

② "Republic Act 7796：An Act Creating the Technical Education and Skills Development Authority，Providing for its Powers，Structure and for Other Purposes," http：//www. tesda. gov. ph/uploads/File/REPUBLIC%20ACT%20NO. %207796. pdf，2020-03-04.

③ Congress of the Philippines，"Republic Act 10533：An Act Enhancing The Philippine Basic Education System by Strengthening its Curriculum and Increasing the Number of Years for Basic Education，Appropriating Funds Therefor and for Other Purposes," https：//www. lawphil. net/statutes/repacts/ra2013/ra_10533_2013. html，2020-03-04.

④ Congress of the Philippines，"Republic Act 10647：An Act Strengthening the Ladderized Interface between Technical-Vocational Education and Training and Higher Education," https：//www. lawphil. net/statutes/repacts/ra2014/ra_10647_2014. html，2020-03-04.

念，计划把远程教育作为提供优质职业教育的方式来实施。① 在财政支持方面，2015 年颁布的《高等教育学生资助法案》规定政府对于资源的分配、使用必须合理化。由于高等教育机构也有职业教育项目，这一法案使职业教育学生可获得的资助也得到了提高。② 2016 年颁布的《普及优质高等教育法案》规定公立高等教育机构、公立职业教育机构实行免学费制度，建立补助和贷款制度，进一步促进了《高等教育学生资助法案》的实施。③ 在就业方面，菲律宾在 2016 年颁布了《绿色就业法》，主要强调人们在农业、工业和服务业工作中要注意保护环境。该法案还要求劳动就业部和其他政府机构协调制订国家绿色就业人力资源开发计划，以促进劳动力技能和职业素养的提高。④

近年来，菲律宾在职业教育方面继续保持积极发展态势，在 2012 年建立菲律宾国家资格框架(Philippine Qualifications Framework)后，又于 2017 年颁布了《菲律宾资格框架法案》，使资格框架成为一个有质量保证的国家体系。⑤ 2018 年，《国家职业教育日法案》规定每年的 8 月 25 日为国家职业教育日。⑥ 为了进

---

① Congress of the Philippines, "Republic Act 10650: An Act Expanding Access to Educational Services by Institutionalizing Open Distance Learning in Levels of Tertiary Education and Appropriating Funds Therefor," https://www. lawphil. net/statutes/repacts/ra2014/ra＿10650_2014. html, 2020-03-04.

② Congress of the Philippines, "Republic Act 10687: An Act Providing for a Comprehensive and Unified Student Financial Assistance System for Tertiary Education (Unifast), thereby Rationalizing Access Thereto, Appropriating Funds Therefor and for Other Purposes," https://www. lawphil. net/statutes/repacts/ra2015/ra_10687_2015. html, 2020-03-04.

③ Congress of the Philippines, "Republic Act 10931: An Act Promoting Universal Access to Quality Tertiary Education by Providing for Free Tuition and Other School Fees in State Universities and Colleges, Local Universities and Colleges and State-run Technical-Vocational Institutions, Establishing The Tertiary Education Subsidy and Student Loan Program, Strengthening the Unified Student Financial Assistance System for Tertiary Education, and Appropriating Fund Therefor," https://www. lawphil. net/statutes/repacts/ra2017/ra_10931_2017. html, 2020-03-04.

④ Congress of the Philippines, "Republic Act 10771: An Act Promoting the Creation of Green Jobs. Granting Incentives and Appropriating Funds Therefor," https://www. senate. gov. ph/republic_acts/ra％2010771. pdf, 2020-03-04.

⑤ Congress of the Philippines, "Republic Act 10968: An Act Institutionalizing the Philippine Qualifications Framework (PQF), Establishing the PQF-National Coordinating Council (NCC) and Appropriating Funds Therefor," https://thecorpusjuris. com/legislative/republic-acts/ra-no-10968. php, 2020-03-04.

⑥ Congress of the Philippines, "Republic Act 10970: An Act Declaring the Twenty-Fifth Day of August of Every Year as the National Tech-Voc Day," http://www. thecorpusjuris. com/legislative/republic-acts/ra-no-10970. php, 2020-03-04.

一步鼓励和发展职业教育，提高菲律宾人力资源的全球竞争力，《国家职业教育和技能发展规划(2018—2022 年)》规定为职业教育的发展和优质服务提供有利的环境，培养具备 21 世纪技能和全球竞争力的绿色经济工作者，使菲律宾劳动力为应对第四次工业革命带来的挑战做好准备，确保具有较高经济和就业增长潜力的行业获得所需数量的优质劳动力，促进社会公平和经济包容，在各个行业中传递职业教育的价值理念，并逐步将职业教育课程标准与世界接轨。

(三)菲律宾职业教育经费来源

菲律宾职业教育经费的来源主要有国家及地方政府、企业、学生、国际劳工组织、亚洲开发银行、世界银行等。国家对职业教育的财政拨款制定了标准和计划，而捐款一般由捐助者决定。公立职业教育机构的经费主要来源于职业教育和技能发展局、地方政府、内政部、农业部及社会福利与发展部。私立职业教育机构的资金通常来源于学生、企业及其他非政府组织。

四、菲律宾职业教育的质量保证

职业教育和技能发展局是菲律宾唯一的职业教育质量认证和管理机构。它包括两个旨在维护职业教育质量的系统，即统一的职业教育项目注册和认证系统以及菲律宾职业教育能力测评和认证系统。这些系统为课程注册、评价和认证及制定培训条例与能力测评工具(capability assessment tool，CAT)提供了质量管理的保障。

职业教育和技能发展局于 1998 年 1 月颁布了第 98-03 号决议，建立了统一的职业教育项目注册和认证系统，该系统与追求高质量的职业技术教育和培训体系相配合。该系统通过职业教育和技能发展局强制注册职业教育项目来保障职业教育项目的质量，包括定期审查及认证机构对职业教育项目和机构所进行的自愿认证。职业教育课程若通过审核，则意味着它会符合职业教育和技能发展局的《国家培训条例》所规定的最低要求。菲律宾职业教育能力测评和认证系统根据能力标准来确定毕业生或工人能否达到工作场所预期的能力水平，对符合能力标准的人员进行认证，确保中层技术人员的生产力、质量和全球竞争力。

五、菲律宾职业教育的问题与发展趋势

尽管菲律宾职业教育的规模近年来有了较大的增长，但其质量仍然有待提

高。一方面，菲律宾国内对职业教育的重视和管理程度不够；另一方面，不断扩大的职业教育规模对测评工作和质量保障提出了更高的要求。

（一）菲律宾职业教育面临的问题

1. 职业教育学生就业存在困难

菲律宾社会看重高等教育学历和文凭，对职业教育不够重视，职业教育通常被看作低一等的教育，社会对职业教育在劳动力市场中的重要性认识不足。技术工人技能的国际化程度较低，在国际竞争中不具备优势。此外，菲律宾劳动力市场还存在着由供求不匹配造成的结构性失业，工作任务与技能水平不匹配的现象也时有发生。在菲律宾计划发展的 10 个竞争性行业中，技术人员的技能水平没有达到既定的标准、技术工人流动到其他行业的情况比较多。[1] 尽管菲律宾职业技术教育与培训的毕业生合格率达到了 88.0%，但就业率仍处于 60.9% 的较低水平。[2] 职业教育毕业生的就业情况不好与职业教育的质量不高、学校学习脱离企业实际工作有很大的关系。

2. 职业教育管理中存在着较明显的条块分割现象

菲律宾职业教育的管理机构是职业教育和技能发展局，而基础教育的管理机构是教育部，所有高等教育事务由高等教育委员会管理。菲律宾的普通高中和很多高等院校都开设职业教育性质的课程，职业教育与普通高中、职业教育与高等教育之间的融通与衔接需要不同管理机构的协同和互助，而这种条块分割的管理方式为职业教育的向上延伸与发展带来了管理上的挑战。虽然在高等教育内部也出现了一些阶梯化项目，试图融通职业教育与普通教育，但从总体上看，由于管理机制的问题，职业教育与普通教育的衔接与融合还面临很多挑战。

3. 职业测评工作质量不高

近年来，菲律宾职业教育规模发展迅速，测评工作量随之增加。然而，菲律宾共有 5606 个测评中心和 7643 名评审员，因为测评业务工作量较大而工作人员较少，所以在测评过程中无法按照要求保证质量。过去颁布的一些费用标准尚未根据当前实际情况进行调整，因而很多情况下测评中心收取的费用不足以覆盖其成本，这进一步降低了评审员的工作积极性。虽然测评中心是职业教育和技能发

---

[1]　YPT，"Technical Vocational Education Training（TVET）Program-The Philippines，" https://yptoolbox. unescapsdd. org/portfolio/technical-vocational-education-training-tvet-program-philippines/，2018-10-23.

[2]　YPT，"Technical Vocational Education Training（TVET）Program-The Philippines，" https://yptoolbox. unescapsdd. org/portfolio/technical-vocational-education-training-tvet-program-philippines/，2018-10-23.

展局下属的能力测评服务部门，但只有地区级测评中心受职业教育和技能发展局的直接管理。①

（二）菲律宾职业教育的发展趋势

根据当前职业教育的发展现状，菲律宾政府采取了一系列相关措施，在发展职业教育资格框架、更新职业教育培训内容和提高职业教育认可度等方面做出了努力，以提高其职业教育质量。

1. 制定和完善职业教育资格框架

2012 年，菲律宾政府颁布了菲律宾国家资格框架。该资格框架的目标是为不同学习成果提供互认的标准，使学习成果能够在菲律宾不同教育和培训部门之间获得认可，并能够实现流动；同时，菲律宾国家资格框架致力于与国际资格框架保持一致，以促进菲律宾国家资格证书与国际证书和文凭互认。资格框架的范围涵盖基础教育、职业教育和高等教育三大领域，资格框架的等级从 L1 到 L8，如图 1-1 所示。

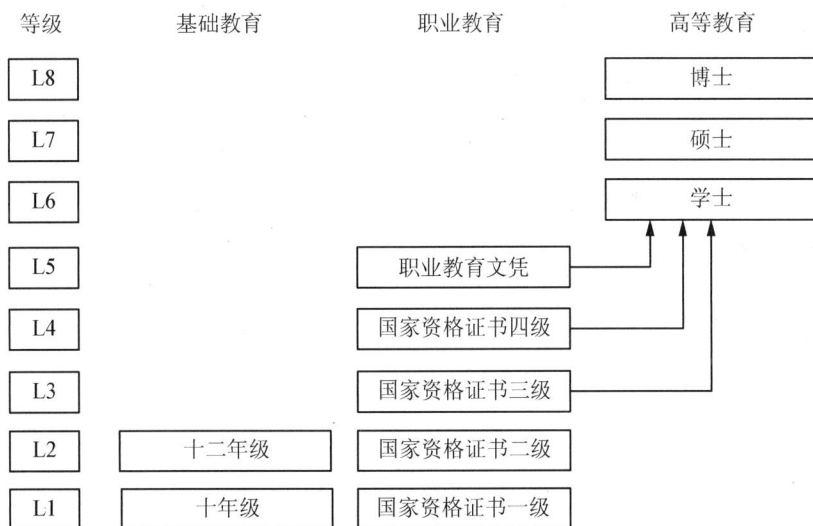

等级	基础教育	职业教育	高等教育
L8			博士
L7			硕士
L6			学士
L5		职业教育文凭	
L4		国家资格证书四级	
L3		国家资格证书三级	
L2	十二年级	国家资格证书二级	
L1	十年级	国家资格证书一级	

图 1-1　菲律宾国家资格框架②

菲律宾国家资格框架涉及五个级别的职业教育资格，其中国家资格证书一级和国家资格证书二级对应中级职业资格，旨在证明证书持有人在一定程度上具备

① Andrea Bateman & Mike Coles, *Towards Quality Assurance of Technical and Vocational Education and Training*, Paris, UNESCO, 2017, pp. 178-180.

② WENR, "Education in the Philippines," https://wenr. wes. org/2018/03/education-in-the-philippines，2018-10-23.

较为熟练的技能。国家资格证书三级、国家资格证书四级和职业教育文凭对应高级职业资格。为了获得这三类职业资格，申请者需要已获得一级和二级的国家资格证书或中学毕业证书。高级职业资格的培训复杂程度高，理论性更强，目的是培养具有一定管理能力的技能型人才。国家资格证书项目侧重于应用，主要反映工作领域的职业资格；而以学士、硕士和博士为代表的高等教育学位则更多侧重于理论，代表学术水平，主要在大学里获得。[1] 菲律宾的职业教育强调基于能力本位进行设计，与此相对应的是，一些职业教育项目往往没有固定的学期或学年，主要以模块化的方式实施，学生参加职业教育可能不需要严格遵循固定的课程时间表。想要获得国家资格证书，学生就必须完成相应的职业教育项目，并通过资格证书考试。菲律宾国家资格证书的有效期是 5 年，5 年后，这些资格证书的持有者必须申请更新资格证书并重新注册。如果职业教育和技能发展局在原先的资格证书颁发后更新了能力标准，申请人须依据新的能力标准重新接受能力评估。[2]

2. 多方参与管理，为职业教育提供实践依据

雇主是职业教育体系的最终用户，因此有必要让他们参与职业教育质量保证的各个方面，包括政策制定、标准制定、方案实施、监测和评估。在菲律宾，雇主和行业协会在职业教育中扮演着重要的角色，他们是职业教育和技能发展局制定标准时关于所需技能和资格的重要信息来源，其中行业协会的专家负责开发能力标准、培训标准和测评工具。在某些情况下，行业协会还会为职业教育和技能发展局的测评中心提供评审员。几乎所有专业领域的能力标准和培训标准的制定都有行业协会和雇主组织的参与。工人群体为职业教育提供咨询服务并成为促进、支持和实施职业教育的合作伙伴。其中一些群体，如建筑行业工人协会和旅游工人组织，与一些在职业教育和技能发展局注册的培训中心建立了合作伙伴关系。[3] 职业教育和技能发展局根据行业反馈的意见，每三年更新一次《国家培训条例》，包括相关的能力标准和培训标准。在更新《国家培训条例》的同时，对原先注册的课程、教师的资质和评估中心的测评认证工作都做出相应调整，从而使通过职业教育获取的技能水平和工作场所的任务要求匹配。

3. 加强国际合作交流，提高职业教育认可度

在质量保证的过程中，要想提高职业教育资格的认可度，就必须扩大职业教

---

① WENR，"Education in the Philippines，" https://wenr. wes. org/2018/03/education-in-the-philippines，2018-10-23.

② WENR，"Education in the Philippines，" https://wenr. wes. org/2018/03/education-in-the-philippines，2018-10-23.

③ Andrea Bateman & Mike Coles，*Towards Quality Assurance of Technical and Vocational Education and Training*，Paris，UNESCO，2017，pp. 176-177.

育资格的能力范围，这意味着要将职业能力扩展到更多领域、更多层次和更多地区，以满足国内外对劳动者职业技能的需求。为了增加职业教育在国际上的认可度，菲律宾同世界其他国家一样，寻求能够比较的能力标准和职业资格。目前，菲律宾的职业教育能力测评和认证系统多以职业教育体系不发达的国家为基准；在未来，菲律宾将会参照那些拥有更为先进的职业教育体系的国家来制定标准。

此外，职业教育和技能发展局还与亚洲其他国家的相关机构展开合作，交流并分享实践成果。东盟各国关于旅游行业专业人员的互认协议是第一个东盟国家职业教育资格互认协议，该互认协议为将职业资格互认推广到其他专业领域奠定了基础。2017年，职业教育和技能发展局与阿联酋国家资格局签署互认协议，双方相互认可职业教育体系的工作。互认协议签订之前，阿联酋国家资格局的代表对菲律宾职业教育体系、测评标准和认证流程进行了考察。在未来，职业教育和技能发展局将继续推广与其他国家和地区的职业教育双边互认工作，进一步提高菲律宾职业教育资格的国际认可度。

为了配合其他部门，职业教育和技能发展局也在不断改革其管理职能。由于菲律宾各个地区的社会经济发展差异较大，职业教育和技能发展局将进一步向地方管理部门下放权力，以实现地区间的发展平衡。职业教育和技能发展局在制订技能发展计划时，将进一步加大开发职业教育资源、管理职业教育财政的力度，保证职业教育体系顺利实施。

第二章　柬埔寨职业教育

柬埔寨王国(the Kingdom of Cambodia),位于中南半岛南部,与越南、泰国和老挝毗邻,面积约18.10万平方千米,首都金边。截至2020年5月,柬埔寨总人口约为1600万,高棉族占总人口的80%,华人华侨约110万。2013年时,超过一半的人口为25岁以下。官方语言为柬埔寨语(又称高棉语)。

柬埔寨实行君主立宪制,国王是终身制国家元首、武装力量最高统帅、国家统一和永存的象征;国会是国家最高权力机构和立法机构,每届任期为5年;参议院有权审议国会通过的法案,参议院主席系柬埔寨二号领导人,在国王因故不能理政或不在国内时代理国家元首。参议院任期为6年。政府首脑由赢得国会议席50%+1简单多数的政党候选人担任。

柬埔寨是传统的农业国,工业基础薄弱,实行对外开放和自由市场经济政策。但长期依靠外资,贫困人口约占总人口的14%。柬埔寨国土面积中20%为农业用地。如今,柬埔寨重点发展农业、基础设施建设、私人经济、人力资源开发四个方面。柬埔寨的矿藏主要有金、磷酸盐、宝石和石油,还有少量铁、煤;林业、渔业、果木资源丰富,盛产贵重的柚木、铁木、紫檀、黑檀等热带林木,并有多种竹类。洞里萨湖是东南亚最大的天然淡水渔场,素有"鱼湖"之称。2017年,柬埔寨国内生产总值为222.8亿美元,2018年经济增长率约为7%。柬埔寨的社会经济目标为:2030年成为中高等收入国家,2050年成为发达国家。

柬埔寨奉行独立、和平、永久中立和不结盟的外交政策,迄今已经同172个国家建交。柬埔寨政府加强同周边国家的睦邻友好合作,重视发展同日本、法国、美国等国的关系;1998年恢复在联合国的席位,1999年加入东盟,2012年任东盟轮值主席国。柬埔寨实行义务兵役制度,18岁至30岁的柬埔寨籍男性公民均有义务服兵役。①

2003 年 9 月，柬埔寨加入世界贸易组织。2013 年，柬埔寨对外贸易总额近 159 亿美元，2017 年对外贸易总额为 238 亿美元。主要出口产品为服装、鞋类、橡胶、大米、木薯。主要贸易伙伴为美国、欧盟国家、中国、日本、韩国、泰国、越南和马来西亚等。② 柬埔寨鼓励外商投资，前五大外资来源国分别为中国、越南、泰国、韩国和日本，主要的投资领域为基础设施建设、农业、工业和手工业、旅游业等。中国是柬埔寨第一大贸易伙伴和第一大进口来源地，是柬埔寨最大的外资来源国和最大的外来援助国。2017 年，中柬双边贸易额为 57.9 亿美元，同比增长 21.7％。截至 2017 年年底，我国企业在柬埔寨累计签订承包工程合同额达 175.4 亿美元，完成营业额 110.8 亿美元。中方统计，2017 年中国对柬埔寨非金融类直接投资为 5.5 亿美元，同比增长 45.0％。③

一、柬埔寨教育体系

（一）概况

在原始氏族公社时期，柬埔寨的教育掌握在氏族公社的祭司或首领手中；在封建社会时期，柬埔寨的教育是贵族和特权阶层才能享受的权利。1935 年，法国殖民者在柬埔寨建立了第一所高级中学，独立后，诺罗敦·西哈努克亲王推动了柬埔寨现代教育的发展，基础教育机构广泛建立，高等教育机构和教师培训中心也有了一定的发展，建立了较为系统的现代教育体系。然而，伴随红色高棉政权的统治，柬埔寨教育在 20 世纪 70 年代陷入瘫痪。1975 年，共产党执政后开展了一系列扫盲工作。1979 年，金边政权成立后开始重建教育，2006 年成人非文盲率达到了 75.6％。1993 年，柬埔寨联合政府成立后，大中小学纷纷复课，建立新学制。1996 年，教育部改称为教育、青年与体育部（Ministry of Education，Youth and Sport），形成了较为完善的教育行政结构。④

---

① 中华人民共和国外交部：《柬埔寨国家概况》，https://www.fmprc.gov.cn/web/gjhdq_676201/gj_676203/yz_676205/1206_676572/1206x0_676574，2019-07-08。

② 中国驻柬埔寨经商参处：《柬埔寨 2013 年宏观经济形势及 2014 年预测》，http://cb.mofcom.gov.cn/article/zwrenkou/201404/20140400563948.shtml，2019-07-08。

③ 中华人民共和国驻柬埔寨王国大使馆：《经贸关系》，http://kh.china-embassy.org/chn/zgjx/jmgx/，2019-11-17。

④ 蔡昌卓：《东盟教育》，53～55 页，桂林，广西师范大学出版社，2009。

目前，柬埔寨的教育制度包括四个层次：学前教育、小学教育、中等教育（包括初中和高中）、高等教育。六年制小学和三年制初中构成该国的义务教育阶段，初中及以下的所有教育都是免费的（个别学前学校除外）。

完成初中教育后，学生既可以选择继续接受高中教育，也可以选择参加劳工与职业培训部（Ministry of Labour and Vocational Training）提供的中级职业培训课程。完成高中教育后，学生可以参加职业培训或进入大学。职业培训课程为期1～3年，大学则提供两年制副学士学位、四年制学士学位和七年制医学学位课程（如表 2-1 所示）。

表 2-1　柬埔寨教育体系

年龄	教育年限/年	教育等级	普通教育体系			职业教育体系
22～24 岁	3	高等教育	—	硕士学位（3 年）	医学学位（7 年）	—
18～21 岁	4		副学士学位（2 年）	学士学位（4 年）		职业培训（1～3 年）
15～17 岁	3	中等教育	高中			中级职业培训
12～14 岁	3		初中			
6～11 岁	6	初等教育	小学			
3～5 岁	3	学前教育	幼儿园			

根据世界银行的统计数据，柬埔寨 2012—2017 年小学及初中阶段的毕业率与辍学率如表 2-2 所示。[①]

表 2-2　柬埔寨 2012—2017 年小学及初中阶段毕业率与辍学率

毕业率与辍学率		2012 年	2013 年	2014 年	2015 年	2016 年	2017 年
小学毕业率	男生	93.6%	97.8%	96.7%	94.8%	90.6%	87.3%
	女生	92.8%	90.6%	96.7%	96.2%	94.3%	91.9%
	总计	93.2%	94.2%	96.7%	95.5%	92.4%	89.6%
小学辍学率	男生	0.3%	—	3.9%	6.0%	7.2%	9.2%
	女生	4.9%	—	6.0%	3.4%	7.2%	9.7%
	总计	2.6%	—	4.9%	4.7%	7.2%	9.4%

---

① Global Partnership for Education，"Cambodia，" https://www.globalpartnership.org/country/cambodia，2019-07-08.

续表

毕业率与辍学率		2012 年	2013 年	2014 年	2015 年	2016 年	2017 年
初中毕业率	男生	45.6%	44.0%	44.9%	47.4%	46.2%	—
	女生	44.1%	43.6%	45.6%	49.0%	48.7%	—
	总计	44.8%	43.8%	45.2%	48.2%	47.4%	—
初中辍学率	男生	26.4%	—	15.5%	12.5%	—	—
	女生	27.3%	—	18.9%	14.1%	—	—
	总计	26.9%	—	17.2%	13.3%	—	—

高中毕业后,约有 50% 的学生进入大学深造,30% 的学生就业,17% 的学生参加职业培训,1% 的学生帮助家庭劳动,2% 的学生选择其他方向。①

除正规教育外,柬埔寨教育、青年与体育部下设非正规教育部门,面向辍学者和成人提供识字和生活技能的课程及短期职业培训。

柬埔寨于 2013 年出台了《2014—2018 年教育战略规划》,2016 年进行了中期审核与更新,重点调整了教育计划、行动和部分指标,以及 2020 年之前的财务预算,2019 年则启动了新一轮教育战略规划。②

该国还成立了教育联合技术工作小组,由柬埔寨教育、青年与体育部和其他合作伙伴共同构成,合作伙伴包括亚洲开发银行、欧盟、日本国际协力机构、韩国国际合作署、联合国教科文组织、联合国儿童基金会、世界银行、世界粮食计划署、美国国际开发署等国际组织与其他国家政府机构。③

当前扫盲减贫是柬埔寨教育的核心。柬埔寨教育水平整体偏低,一些少数民族地区由于语言障碍,文盲率高于全国平均水平;同时,教育领域还存在一些问题,如考试作弊、贿赂教师等现象;此外,柬埔寨教育系统还存在教育资源分配不均衡问题,男性的入学率和成年男性的识字率均高于女性,城乡之间师资及基础设施也有明显差异。人才培养无法满足国内和国际劳动力市场的需求也是柬埔寨面临的重要问题。

(二)学前教育

柬埔寨的学前教育招收 3~5 岁的儿童,由公立学前学校、社区学前学校和

---

① ILO-CAMFEBA, *Youth & Employment: Bridging the Gap*, Cambodia, HRInc, 2008, p.55.

② Ministry of Education, Youth and Sport., "Education Strategic Plan 2014-2018," http://www.moeys.gov.kh/en/policies-and-strategies/559.html, 2019-08-20.

③ Global Partnership for Education, "Cambodia," https://www.globalpartnership.org/country/cambodia, 2019-07-08.

城市私立学前学校等机构组成，在非公立学前学校中，社区学前学校一般不收取学费，城市私立学前学校则会收取少量费用。

柬埔寨学前教育重点培养与儿童年龄相适应的生活技能和情感、社会、道德等方面的价值观。学前教育不属于义务教育范畴，学前教育的毛入学率在20%左右。

根据柬埔寨教育、青年与体育部的统计数据，2016—2017年柬埔寨共有7241所学前学校，其中公立学前学校4014所，城市私立学前学校393所，社区学前学校2834所。①

（三）初等教育

柬埔寨初等教育为六年制，属于义务教育；以提高学生的精神素质、心理素质，关注学生个性发展为目标；为学生的生活技能与工作技能提供基本的训练。小学阶段的主要课程包括高棉语、外语、数学、科学、艺术、技术等，其中高棉语所占的课时比例最高。

目前，柬埔寨小学面临的问题主要包括：农村学校和贫困地区缺乏具有公务员身份的教师；教师教学水平有限；学校需要加强领导和管理能力；国家教育行动计划和报告没有在国家和地方一级充分整合；部分计划省份覆盖不全面；残疾儿童全纳教育和教学方法培训不够广泛；部分学校没有充分遵守国家关于课程和教学时数的规定；贫困地区缺乏校舍；等等。

（四）中等教育

柬埔寨中等教育分为初中和高中两个部分，初中分为三个年级（七年级至九年级），主要的任务是巩固小学阶段学到的知识，并为其提供生活技能与学习技能，初中课程主要包括高棉语、数学、外语、科学、社会等科目。

初中教育的社会科目设置了入职必备的职业技能课程，以帮助学生未来顺利参与社会生活或接受职业培训。虽然初中阶段属于义务教育，但辍学率仍然较高，近年来下降到10%左右，但城乡间的辍学率有很大的差异。

初中毕业后，学生可以自主选择升入高中或参加中级职业培训项目，2009—2010学年柬埔寨高中的净入学率仅有19.4%。② 从初中升入高中，学生需要参加全国统一的入学考试，试卷内容和考试时间由教育、青年与体育部决定，阅卷

---

① Ministry of Education, Youth and sport, "The Education, Youth and Sport Performance in the Academic Year 2015-2016 and Goals for the Academic Year 2016-2017," https://planipolis. iiep. unesco. org/sites/planipolis/files/ressources/cambodia _ education _ congress_report_2015-2016_eng. pdf, 2020-03-21.

② UNESCO, "TVET Policy Reviews of TVET in Cambodia," Paris, UNESCO, 2013, p. 26.

与升学标准则由各省自主管理。中级职业培训项目涉及汽车修理、计算机、农业、电力等多个行业，分为一级至三级三个层次。[1]

柬埔寨高中学制为三年制（十年级至十二年级），高中阶段的主要目标是拓展和巩固基础教育阶段所学习的知识，为学生进入大学深造打下基础。高中阶段主要学习高棉语、数学、公民道德、外语、自然科学、社会科学、日常生活技能等课程。学生高中毕业需要接受高三年级的分数评估，并参加全国统一考试，一般达到满分的 50％ 即可获得毕业资格。

（五）高等教育

柬埔寨高等教育机构主要分为三个层次：皇家学院、大学和独立专科学校。柬埔寨皇家学院仅招收硕士生和博士生，作为高校智库为国家发展提供建议和咨询。独立专科学校一般只开设两年制课程，提供某一领域的专门教育。

柬埔寨的大学分为综合性大学和专业大学两类，综合性大学只有金边皇家大学一所，其余是国立管理大学、皇家农业大学、皇家美术大学、皇家经济与法律大学和国家教育学院等专业大学。公立大学由教育、青年与体育部及农林渔业部、健康部等多个部门分别管理，私立大学则均由教育、青年与体育部进行管理。1997 年前，柬埔寨只有公立大学，学生免费接受高等教育，学校享受政府拨款。自第一所私立大学诺顿大学建立后，柬埔寨的私立大学蓬勃发展，目前数量已经超过公立大学。

柬埔寨教育评估委员会负责高等教育质量的监督工作，该委员会建立了系统的评估机制，向社会公开教育机构的办学质量，并为用人单位提供毕业生的质量参考。

二、柬埔寨职业教育概况

柬埔寨的职业技术教育以消除贫困为主要目标，通过提供技术培训、创造就业机会促进就业，提高职业教育毕业生的收入水平。此外，柬埔寨政府也希望通过职业技术教育为产业界培养高水平的技能人才。柬埔寨国家工业技术学院院长提出，以交通技术方面为例，柬埔寨劳动力市场缺乏熟练劳动力，职业院校每年培养的学生数量不足，无法满足劳动力市场对高水平技术工人的需求。[2]

---

[1]　杨文明：《柬埔寨职业教育现状与发展趋势》，载《深圳职业技术学院学报》，2018(1)。
[2]　黄小异：《东盟国家职业教育共享"中国机遇"》，载《光明日报》，2017-08-08。

为实现 2050 年成为发达国家的目标，柬埔寨需要大量高质量、有能力的熟练劳动力，这对加快国家工业化进程发挥着重要作用。

（一）柬埔寨青年就业现状

根据联合国的数据，柬埔寨每年约有 30 万年轻人进入就业市场，预计未来这一数字将增加到 40 万人。① 与许多东盟国家相似，柬埔寨将青年熟练劳动力的培养看作经济发展的重要基础，力图建立起一套针对性强、灵活度高的教育和培训系统，使学生具备劳动生产所必需的知识和技能。

根据柬埔寨国家统计局的数据，2016 年 12 月柬埔寨的失业率为 0.2%。随着人口的增长，柬埔寨仍处于人口红利阶段，在创造青年就业方面较为成功。

在产业结构方面，柬埔寨以农业为国民经济支柱产业，工业基础薄弱，第三产业发展迅速。2015 年，农业、工业、服务业占 GDP 的比例分别为 29%、26% 和 39%。② 世界经济论坛 2017 年的报告表明，柬埔寨在经济竞争力的某些方面仍然落后，低水平的教育限制着经济多样化和产业升级。③ 虽然小学净入学率显著提高，但中学毕业率在 2013 年仅有 43%，明显低于世界中低收入经济体 71% 的平均水平。④

柬埔寨职业教育质量较低，用人单位往往不重视工人的证书与文凭，更加关注工人的工作能力。此外，社会对职业技术教育持有负面看法，导致入学率偏低，职业院校的专业设置与产业的技能需求符合程度不高。

（二）柬埔寨职业教育国家政策

2011 年 2 月，柬埔寨首相洪森提出职业技术教育与培训的五项优先政策，以促进职业教育质量和效果的提升。这些政策强调技能发展的重要性，向不同人群提供基本技能的培训，从而减少农村贫困人口，支持个人发展。政策主要包括以下方面。

- 将培训与市场需求挂钩。
- 确保培训质量，提高生产力。

---

① UNICEF Cambodia："Situation Analysis of Youth in Cambodia," https://data.opendevelopmentmekong. net/library_record/situation-analysis-of-youth-in-cambodia，2020-03-21.

② 胡怡：《柬埔寨产业结构及专业技术人才需求分析》，载《职业教育研究》，2018(7)。

③ Klaus Schwab, "The Global Competitiveness Report 2017—2018," World Economic Forum，Geneva，2017.

④ World Bank, "Cambodia—Sustaining Strong Growth for the Benefit of All：A Systematic Country Diagnostic," http://documents. worldbank. org/curated/en/620151496155 751423/pdf/115189-replacement-PUBLIC-SCD-Cambodia-web. pdf，2019-07-05.

- 加强公私伙伴关系。
- 确保教育公平。
- 扩大职业技术教育与培训的规模，促进社会经济发展。①

为加强公私伙伴关系，柬埔寨举办政府与社会资本合作论坛（Public-Private Partnership，PPP 论坛），该论坛是柬埔寨发展资源研究所（Cambodia Development Resources Institute，CDRI）2017—2020 年的核心活动之一，由瑞士发展与合作署资助。整个论坛以研究、能力发展和对话为主要内容，集中在技术和职业教育与培训领域。该论坛强调学徒制与基于工作的学习，要求私营部门在制定和设计培训内容、提供培训场地、评估培训成果和资助培训等方面做出积极贡献。②

2017 年，柬埔寨劳工与职业培训部制定了《国家职业技术教育培训纲要（2017—2025 年）》，提出职业技术教育培训的核心是在竞争激烈的全球化经济中，为所有人提供终身就业、生产力和经济发展所需的知识、技能和素质。其中有四个优先发展领域（又称"四角战略"），具体如下。

- 持续提高教育质量和市场相关性。
- 持续提升入学率和教育公平。
- 促进公立部门与私立机构的伙伴关系。
- 持续加强政府管理和监督。③

这一文件与柬埔寨社会经济发展目标密切结合，为柬埔寨在 2030 年成为中高等收入国家贡献力量。该文件要求教育系统高度关注无法接受正规职业技术教育与培训的适龄青年与辍学者，强调职业院校要与工厂合作提供培训。为促进经济发展，柬埔寨需要利用青年人口众多的优势，培养高技能的熟练劳动力，以吸引外资。

（三）柬埔寨职业教育发展阶段

柬埔寨于 2008 年提出国家职业技术教育与培训规划，将职业教育的发展划分为四个阶段。④

---

① UNESCO, "Policy Review of TVET in Cambodia," https://unesdoc. unesco. org/ark:/48223/pf0000225360, 2019-07-05.

② Phnom Penh, "Partnerships for Work-Based Learning: Experiences and Possibilities," Public-Private Partnership Forum 2018, Cambodia, 2018-08-07.

③ KEO Siekly, "Current Situation of TVET in Cambodia and Future Direction," 3rd High Officials Meeting on SEA-TVET Advancing towards Harmonisation and Internationalisation, Malaysia, 2017-05-26.

④ TEP OEUN, "Current Status & Future TVET Policy Direction," http://www. ilo. org/gimi/gess/ShowRessource. action? ressource. ressourceId=26079, 2019-07-05.

1. 1995—2004 年教育发展计划

在这一阶段，柬埔寨开始建立以能力为基础的国家职业技术教育培训体系，成立国家培训委员会（National Training Board，NTB），设立国家培训基金（National Training Fund，NTF），发展国家技术培训学院（National Technical Training Institute，NTTI），促进教师培训。此外，柬埔寨还在各省建立或升级职业技术教育培训的基础设施，同时制定出基本的国家资格框架。

2. 2005—2008 年教育发展计划

在这一阶段，柬埔寨以减少贫困和降低辍学率为目标，加强国家培训委员会和国家培训基金的合作，形成新的职业技术教育培训财务模式。加快权力下放，加强省级培训委员会的作用，发展省级培训中心（Provincial Training Center，PTC），以支持基于社区的技能训练，为省级培训中心开发财政投入与终身学习模型。同时，加强职业技术教育培训部门对教育培训的支持能力，初步试行公社培训券项目，将国家技术培训学院作为所有职业技术教育培训的典型，提高私立部门职业技术教育培训的质量与数量。

3. 2009—2014 年教育发展计划

在这一阶段，柬埔寨开始加强技术学院与行业协会的联系，行业协会负责管理与财务，学院负责提供培训，并将基于省级培训中心的培训和培训券体系在各省推广。国家资格框架趋于完善，能力标准与测试项目进一步扩大，更加关注员工行业技能的提升。

4. 2015—2020 年教育发展计划

在这一阶段，柬埔寨建立国家技术培训学院区域中心，并在各省建立技术学院。推广远程技术教育，同时增加符合国际标准的行业培训提供方的数量。

三、柬埔寨职业教育体系

（一）正规培训课程与项目

柬埔寨国家基础教育体系包括六年制小学教育和三年制初中教育，由教育、青年与体育部负责。完成小学和初中的课程后，学生可以选择继续接受高中教育或接受中级职业培训。目前，柬埔寨的职业技术教育与培训主要由劳工与职业培训部负责，全国共有 39 所公立职业技术教育机构，受政府资助。劳工与职业培训部和教育、青年与体育部共同设立专门委员会，共同探讨培养熟练劳动力技能的机制。

中级职业培训涉及汽车修理、计算机、农业机械等多个领域。① 辍学的学生可以参加社会组织的扫盲及生活技能课程，以便未来参加职业技术的训练课程。高中毕业后，不论是何种类型的学生，都可以选择进入高校学习或参加职业培训，高等职业教育持续1～3年不等。一般在完成2～3年的技能学习后，学生可以获得技术类或商业类的高级文凭。目前，提供高等职业教育的机构包括理工院校、科技专科学校、少数职业培训中心或职业培训学校。

截至2013年，柬埔寨共有14所理工院校及科技专科学校等提供证书、文凭和学位等级的职业培训课程。②

案例一：柬埔寨国家技术培训学院③

柬埔寨国家技术培训学院成立于2001年，是柬埔寨领先的高质量技术和职业培训教育学院之一，在劳工与职业培训部的监督下运营。近20年中，柬埔寨国家技术培训学院一直致力于培养技术、职业和工程方面的人才。

国家技术培训学院的目标如下。

● 为青年提供专业教育，使他们自信、自豪地为国家服务。

● 教授青年男性和女性土木工程、电气工程、电子、建筑和信息技术领域的知识。

● 为开展有利于国家和个人的研究提供机会。

● 为毕业生提供所需的适当的相关知识和技能，开设课程，满足整个国家的政府机构、私营企业和公共部门的需要。

● 为教育、青年与体育部及教育学院和培训中心培养合格的职业技术教育教师。

国家技术培训学院的教学、评价及专业设置如表2-3所示。

表2-3　国家技术培训学院教学、评价及专业设置

方面	具体内容
教学方法	讲授、小组讨论、研究、问答、学生展示。
评价方法	任务（学期考试＋教学实践）、最终检查。
主要专业	汽车机械、通用机器、农艺学、空调、电力、兽医学、数码产品、英语、土木工程、水产养殖、信息技术、电气工程、管理、旅游、法学、建筑、法语、金融与银行、经济、农业机械、会计、营销。

---

① 李建求：《"一带一路"沿线国家职业教育概览》，91页，北京，商务印书馆，2018。

② UNESCO, "Policy Review of TVET in Cambodia," https://unesdoc. unesco. org/ark:/48223/pf0000225360，2019-07-05.

③ National Technical Training Institute, "Home-National Technical Training Institute," www. ntti. edu. kh，2019-07-05.

根据国家发展目标，柬埔寨各地区政府及劳工与职业培训部、国家技术培训学院在培养优秀的大学生成为有能力的专业人才方面负有主要责任，其中一个重要的工作就是培养合格的职业技术教育教师。国家技术培训学院职业技术教育教师培训计划如表2-4所示。

表2-4　国家技术培训学院职业技术教育教师培训计划

方面	具体内容
愿景	促进职业教育师范生(未来职业技术教育教师)与职业教育学生之间良好的沟通和团结，使他们能够利用自己的知识、技能、经验和其他资源，为职业教育师范生、职业教育学生和国家的共同利益服务。
培训目标	鼓励学生互相交流，树立目标； 建立社交和专业项目，让他们在友好和负责任的环境中分享自己的知识、技能和经验； 为国家人力资源的有效开发做出贡献； 为师范生和所有职业教育学生提供机会。
课程目标	使用适当的教学方法； 根据课程和学生的需要设计和开发教学辅助工具； 利用适当的教学法教育学生； 根据课程内容和学生的知识计划课程； 以有效和专业的方式讲授和管理课堂； 具备教师职业道德； 掌握教育心理学的知识； 进行切实有效的培训。
课程内容	心理学、课程开发、教学方法、教育学、教学辅助设备和计算机、创业发展、社区发展、全面质量管理、职业道德和行政研究、人体解剖学、教育哲学、教学实践。

案例二：普雷克飞跃国家农业学院

普雷克飞跃国家农业学院(Prek Leap National College of Agriculture)成立于1951年，是一所非营利性公立高等教育机构，位于柬埔寨首都金边。普雷克飞跃国家农业学院经柬埔寨农林渔业部正式认证，每年入学人数为2000～2999人。普雷克飞跃国家农业学院提供职业课程和项目，学生完成学习后可以获得官方认可的证书、文凭或高等教育学位。普雷克飞跃国家农业学院采取选择性录取政策，根据学生过去的学习成绩决定学生的录取，学院的录取率为50%～60%。①

① "Prek Leap National College of Agriculture," https://www.4icu.org/reviews/12430.htm，2019-07-05.

学院的愿景是成为柬埔寨领先的农业教育和研究机构。

普雷克飞跃国家农业学院的使命如下。

● 为批判性思维、实践经验和合作提供创新培训。

● 鼓励有助于知识建构和政策制定的研究。

● 培养企业家精神和态度，有效地应对生活和工作中的变化。

● 通过社会及文化活动促进社区发展。

普雷克飞跃国家农业学院的价值观如下。

● 相信品质、创新和创造力。

● 重视专业能力和批判性思维。

● 相互尊重地沟通和合作。

● 对自己的行为负责，为自己的命运奋斗。

普雷克飞跃国家农业学院可以授予农业科学副学士学位和学士学位，相关的院系包括：基础学年（预科）系、基础科学与环境学系、农业科学系、林业科学系、渔业科学系、动物科学与兽医系、园艺系、农业推广和农村发展系、农业经济系、食品加工学系、农业工程学系、信息技术系。

除了向全日制学生提供课程，普雷克飞跃国家农业学院还向在职人员提供培训，主要应用在线教育的方法，课程内容如表 2-5 所示。

表 2-5　普雷克飞跃国家农业学院在职人员培训课程①

方面	具体内容
总体目标	为农业工作人员和其他农业推广工作人员提供在职培训，以提高他们的技能，并使其获得正式的学术资格。
具体目标	解释农业推广工作者的作用； 解释如何在农业推广工作中使用成人学习原则； 确定和讨论项目规划、实施和评估过程中的关键组成部分； 通过口头、大众媒体和书面报告进行表达； 了解如何在工作中使用信息和通信技术； 了解气候变化并解释其对柬埔寨农业的影响； 了解农场业务； 了解智能农业，提升应对气候变化的恢复力。
课程单元	根据整个主题分为多个单元。
课程模式	在家学习和电子化学习（在线学习）模式。

---

① Prek Leap National College of Agriculture，"Courses," http://www.nia.pnsa.edu.kh/course，2019-07-05.

方面	具体内容
课程设计	结合不同的学习活动设计课程； 呈现——呈现给学习者一小段材料进行阅读； 演示或行为建模——演示任务和程序的视频或动画； 案例研究或基于问题的学习——学习者必须分析问题、提供建议或解决方案，并给出详细解释； 在线学习课程中的插图——利用静止或动态的图形、照片和图表来表达内容或说明流程； 音频——语音旁白，配合屏幕上的文本； 互动——综合教学，学生通过提出问题与测验来探索课程、应用知识和检查理解； 模拟——模拟真实工作情境和条件，建立交互式环境； 混合学习——将电子学习方法与传统的教学方法结合。

普雷克飞跃国家农业学院根据个人或团体的要求提供农业领域的短期培训课程和其他专业课程，目前主要推行的项目包括：农业推广及通信，农产品加工技术，猪和牛的饲养技术，家禽饲养技术，鸡、猪、牛的疾病和治疗，农场管理，农民田间学校管理，鱼生长技术，鱼种生产技术，果树繁殖与管理，害虫综合治理，农村发展领导管理，蘑菇栽培技术，蘑菇孢子生产，项目策划及管理，参与式农村评估，农药安全使用，母猪饲养技术，农村信贷管理，蔬菜种植技术，小型动物的兽医护理，辣椒酱加工，稻鱼一体化，等等。

短期培训课程由来自学院不同部门具备相应资质的教师与其他合作伙伴合作开展。教师用高棉语授课，培训方法包括课堂讲授、现场实践、演讲和讨论，师生分享交流知识与经验。如有需要，培训可在学校内或其他地点举行。

学院的培训费用为 95 美元/人·周或 185 美元/天（不限人数），包括学费、训练用品费、物料费及茶点费，住宿费和餐费需另行支付。报名截止日期为开课前 3 天，课程费用需预先缴付 15%。

（二）非正规培训课程与项目

柬埔寨非正规职业教育主要依托省级培训中心、社区学习中心、非政府组织、妇女发展中心、私人提供者和小型企业开展。柬埔寨有很多私立机构和非政府组织提供基于工作场所的技能培训项目，课程多为农业、手工艺、服装和纺织等。截至 2013 年，柬埔寨约有 750 家私营企业提供收费的职业技术培训，其中比例最高的是计算机和英语培训，除此之外，驾校、舞蹈学院、小型汽车和电力车间也提供非正规的学徒制培训。①

另一个重要的非正规职业教育提供者是国家培训委员会下设的省级培训中心，主要提供农业、手工业等基本的职业技能培训，不同省份的培训中心在招生数量、培训时间和授课方式上有一定的自主权。

社区学习中心受教育、青年与体育部管理，提供识字教育和一些基本的职业培训，以满足社区公民的学习需要。统计数据显示，2013年柬埔寨全国共有157个社区学习中心。②

（三）学徒制

学徒制是柬埔寨职业技术教育与培训的重要组成部分。通过工作进行学习可以让学生更快速地适应工作内容，提高学习的质量和效率，使学生掌握关键技能、挖掘自身潜力。对企业来说，由于员工已经在学徒阶段掌握了岗位需要的技能，入职后的员工培训成本便降低。

柬埔寨《劳工法》第八条将"学徒"定义为：与雇主或技工签订学徒合同，学习职业需要的技能，同时根据合同的条件和期限为雇主工作的人。《劳工法》第五十七条规定，员工数在60人以上的企业，必须有相当于企业员工数1/10的学徒。学徒制的执行由劳工与职业培训部监管。

虽然法律有明确的规定，但学徒制在企业落实的效果并不佳。根据劳动力市场信息委员会提供的数据，2010年，柬埔寨只有92家企业有学徒，总数为5569人；以服装行业为主，女性所占比例达到了92%；遵守法律规定的企业只有10%左右，学徒占员工总数的1.5%左右。③2013年，柬埔寨有448家企业通过劳工与职业培训部的战略规划进一步推广学徒制。④

可以看到，柬埔寨目前开展工作场所学习的企业偏少，以非政府组织为主，这种情况一方面要求企业积极落实国家政策，另一方面也要求柬埔寨将基于工作的学习在理工院校、科技专科学校或大学中普遍开展。

（四）STED计划

STED是"Skills for Trade and Economic Diversification"的简称，意为"促进

① UNESCO, "Policy Review of TVET in Cambodia," https://unesdoc. unesco. org/ark:/48223/pf0000225360，2019-07-05.

② UNESCO, "Policy Review of TVET in Cambodia," https://unesdoc. unesco. org/ark:/48223/pf0000225360，2019-07-05.

③ UNESCO, "Policy Review of TVET in Cambodia," https://unesdoc. unesco. org/ark:/48223/pf0000225360，2019-07-05.

④ Phnom Penh, "Partnerships for Work-Based Learning：Experiences and Possibilities," Public-Private Partnership Forum 2018，Cambodia，2018-08-07.

贸易和经济多样化的技能"。STED 计划由国际劳工组织发起,旨在培养学生从事国际贸易所需要的技能,由各国政府向学生提供教育与技术支持,从而增加出口,促进经济增长与多样化,创造更多体面的就业岗位。①

目前柬埔寨出口行业存在的问题主要是工人技能短缺和商业能力薄弱。一方面,现有工人的技能与招聘需求之间仍有差距;另一方面,柬埔寨国际贸易的效率低,质量监管不足,国内市场也没有完全打开,需要进一步发展本地供应商。

因此,柬埔寨政府将 STED 的重心放在轻工制造业和食品加工业,这两个行业属于《柬埔寨贸易一体化战略(2014—2018 年)》划定的重点出口行业。根据行业调查的结果,柬埔寨政府进一步确定了 22 个轻工制造职业和 15 个食品加工职业。

STED 方案的制定由国家就业局指导,国家统计局和国际劳工组织的顾问提供支持。② 针对具体的职业和水平,柬埔寨制定了职业技能概要、标准及基于能力的课程,并交由国家培训委员会下属的行业委员会审核。其中重点为四个行业设置了不同等级,分别是焊接一至四级、机械加工一至二级、果蔬加工一至二级、烘焙一至二级。

为了发展 STED,柬埔寨政府积极试点专业培训教师项目,国家工业技术学院等机构也开设了许多以能力为导向的试点课程,并将公司实习列为课程的重要组成部分。2017 年,已经有 60 人参加机械加工、果蔬加工及烘焙二级培训课程,40 人参加了焊接一级和二级培训课程。③

四、柬埔寨职业教育管理

(一)劳工与职业培训部

近年来,柬埔寨政府对职业技术教育管理体系进行了改革,主要表现在四个方面:一是建立一个实体机构,具体负责职业技术教育的标准制定、认证和评

---

① International Labour Organization, "Skills for Trade and Economic Diversification (STED)," https://www. ilo. org/africa/technical-cooperation/WCMS_ 329962/lang--en/index. htm, 2019-07-23.

② Tep Navy, "TVET and the STED Experience in Cambodia," Inter-regional Technical Forum, Cambodia, 2017-05-30.

③ Tep Navy, "TVET and the STED Experience in Cambodia," Inter-regional Technical Forum, Cambodia, 2017-05-30.

估；二是向地方政府下放权力；三是学校赋权和自治；四是鼓励公民和社会伙伴参与决策。

2005年以前，正规的职业技术教育培训隶属于教育、青年与体育部下设的技术和职业培训办公室。该办公室负责行政管理、培训方案的制定及各个培训机构的管理。从2005年起，职业技术教育与培训工作由劳工与职业培训部接管。非正规的职业培训与短期课程也由社会福利部转移到劳工与职业培训部进行管理。

劳工与职业培训部包括两个核心业务部门，分别负责就业与职业技术教育；包括一个行政财务机构和一个督察机构，分别由一位国务秘书和一位副国务秘书领导。劳工与职业培训部下设24个省、市办事处。

除劳工与职业培训部负责管理正规和非正规的职业技术教育与培训外，教育、青年与体育部，妇女事务部，卫生部，农林渔业部等部门也都参与其中，分别制定了这些部门下属学校和教师的管理办法，共同管理职业技术教育的国家预算。

私立机构和非政府组织也可以参与职业技术教育与培训项目，但需要向教育、青年与体育部或劳工与职业培训部提出申请，一般不受限制，通过率较高。

（二）国家培训委员会

柬埔寨国家培训委员会全面负责职业技术教育与培训工作，包括职业教育与培训的决策、咨询和质量监测等方面。国家培训委员会更加强调劳动力市场对技能的需求，而不是培训供应方的需求。劳工与职业培训部下属的职业教育与培训总局（Directorate General Vocational Education and Training，DGVET）作为国家培训委员会的秘书处，为国家培训委员会提供政策和指导方针，包括制定职业技术教育法规，制定贷款政策，制定国家技能发展基金政策，管理公共、私人、国际组织、非政府组织负责的职业教育与培训机构，等等。

国家培训委员会由副首相领导，包括16名高级政府官员。国家培训委员会中有5个职位由私立部门或雇主协会的代表担任，2个职位由工会代表担任，3个职位由非政府组织代表担任，4个职位由政府培训机构代表担任。①

国家培训委员会包括执行委员会及3个技术次级委员会（技能标准和测试委员会，认证课程、项目和职业技术教育机构委员会，劳动力市场信息委员会）。不同的次级委员会还下设独立的技能评估团队、质量检验与技术支援团队、行业咨询小组等分支机构。

---

① UNESCO，"Policy Review of TVET in Cambodia，"https://unesdoc. unesco. org/ark:/48223/pf0000225360，2019-07-05.

国家培训委员会在各省成立省级培训委员会,各省级培训委员会均设置秘书处(省级培训中心),定期向执行委员会报告。[①]

目前,通过国家培训委员会和劳工与职业培训部的合作,各部门、机构和利益相关方已形成了良好的内部协调机制,可对市场需求变化进行更迅速的反应,为国家战略提供更多的支持。

(三)国家就业局

柬埔寨国家就业局于2009年成立,为就业和职业指导服务提供更加可靠的保障。国家就业局和职业教育与培训总局共同服务于国家培训委员会的执行委员会,主要负责提供方针和政策。[②]

除此之外,国家就业局建立了网络就业信息库,雇主可以在该平台发布招聘需求,向应届毕业生、校外青年和失业者提供职位信息。国家就业局还为公民提供就业安置、职业健康、工作安全、技能再培训和海外就业等方面的信息与服务。目前国家就业局的主要职能如下。

● 做好协调组织工作,传播就业和劳动力市场信息,增加职业技术培训服务。

● 以开放的方式,为求职人士、雇员、雇主、培训机构及社会公民提供有效的信息服务,并通过职业介绍所的出版物和相关项目把所有利益相关者聚集在一起。

● 研究和开发符合当前和未来经济增长的劳动力市场信息系统。

● 通过国家就业局的网站和其他可靠的方法,推广有关就业和劳动力市场的信息、专业技术能力要求及有关职业介绍的出版物。

● 与有劳动力、技术和职业技能需求的部门、机构、合作伙伴和社会组织进行合作与协调,提出可行的建议。

● 提供准确的劳动力市场数据,协助政府管理人力资源开发和劳动力市场信息,通过职业技术教育与培训为公民创造就业机会,实现减贫战略目标。

(四)柬埔寨国家资格框架

为确保全国各地区在国家资格和区域资格标准上平等,柬埔寨于2014年制

---

① UNESCO, "Policy Review of TVET in Cambodia," https://unesdoc. unesco. org/ark:/48223/pf0000225360,2019-07-05.

② UNESCO, "Policy Review of TVET in Cambodia," https://unesdoc. unesco. org/ark:/48223/pf0000225360,2019-07-05.

定了国家资格框架，使普通教育体系与职业技术教育体系可以互相比较和认可。[①]

该框架出台后，学习者所取得的教育和培训的资格认证可以得到全国一致的承认；学生也更容易在不同的教育和培训部门之间、学校和劳动力市场之间进行流动，从而鼓励更多人进行终身学习；此外，完善资格框架、明确工作与职业要求也能够鼓励教育机构提升教学质量，促进国家经济的发展。

柬埔寨国家资格框架中资格等级的划分主要依据五个方面，分别是：知识水平（回忆、理解和表达信息），认知技能（批判性思维和创造性地解决问题），心智技能（根据指示准确和谐地完成任务），人际关系技巧及责任（对自己和团队负责，具备高道德标准），信息技术、数学和统计技能。[②] 例如，一级和二级的学生只需学习基本的操作程序和规则，很少学习相关概念，学生也只对自己的工作负责。而在五级和六级，学生需要对规则、基础理论及其与新技术的相关性有全面了解，同时对自己和团队中其他人的表现负责。柬埔寨国家资格框架如表 2-6 所示。

表 2-6　柬埔寨国家资格框架[③]

等级	职业技术教育体系	普通教育体系
八	博士学位	博士学位
七	技术/商业硕士学位	硕士学位
六	技术/商业学士学位	学士学位
五	技术/商业高级文凭	副学士学位
四	职业技术教育与培训三级证书	高中毕业证书
三	职业技术教育与培训二级证书	
二	职业技术教育与培训一级证书	
一	职业证书	初中毕业证书

---

① Royal Government of Cambodia, "Cambodia National Qualification Framework," http://www. aeu. edu. kh/media/tinymce/uploads/pictures/guideline/NQFC_Book. pdf, 2019-07-19.

② Royal Government of Cambodia, "Cambodia National Qualification Framework," http://www. aeu. edu. kh/media/tinymce/uploads/pictures/guideline/NQFC_Book. pdf, 2019-07-19.

③ Yok S, Chrea S, Pak R, "Technical and Vocational Education and Training in Cambodia: Current Status and Future Development," in *Vocational Education and Training in ASEAN Member States*, Singapore, Springer, 2019, p. 28.

职业证书课程通常指不超过一年的短期课程，包括家禽/家畜养殖、蔬菜种植、计算机设计等领域，对参与学习者没有任何教育经历或获得证书的要求，公民均可参与该课程。一般由省级培训中心或社区提供证书。

要获得职业技术教育与培训一级证书，学生必须先完成九年义务教育或获得职业证书，之后每个证书/文凭的获得，都必须建立在完成前一阶段的课程学习的基础上。

要获得高级文凭，学生必须完成 12 年教育，并完成 2 年理工院校或科技专科学校的高级文凭课程。

获得技术/商业学士学位有两种途径：一是完成 12 年普通教育，即取得高中毕业证书，之后接受 4 年（商业类）或 4.5 年（技术类）正规职业培训；二是在获得技术/商业高级文凭后继续接受 2 年（商业类）或 2.5（技术类）正规职业培训。

目前，参与短期课程的学生最多，获得技术/商业高级文凭的学生多于获得职业技术教育与培训一至三级证书的学生，这说明在普通高中毕业后选择职业教育的学生要多于初中毕业后接受职业培训的学生。柬埔寨职业教育与培训总局对取得各类资格的毕业生的数量进行了统计，结果如表 2-7 所示。[1]

表 2-7 2004—2005 学年与 2009—2010 学年柬埔寨取得各类资格的毕业生的数量

资格类型	2004—2005 学年		2009—2010 学年	
	总计/人	女性/人	总计/人	女性/人
学士学位及以上	1041	212	1981	458
高级文凭	1237	416	3308	842
一至三级证书	594	51	746	342
职业证书	25022	11641	114142	56882
总计	27894	12320	120177	58524

虽然柬埔寨已经形成了比较成熟的国家资格框架，但不同教育系统之间的连接仍然存在许多限制因素。比如，普通教育和职业技术教育之间的联系很少，缺乏对职业技术教育教师的联合培训，相关部门和机构之间缺乏资料和信息共享，跨部门的技能培训和资格认证没有广泛实施，等等。[2]

（五）柬埔寨职业教育的经费来源

从长远看，由于经济发展对劳动力质量的要求，柬埔寨迫切需要加大对职业

---

[1] TEP OEUN, "Current Status & Future TVET Policy Direction," https://www.ilo.org/gimi/gess/ShowRessource.action? ressource.ressourceId=26079, 2019-07-05.

[2] The Royal Government of Cambodia, "National Technical Vocational Education and Training Policy 2017-2025," the Plenary Meeting, Cambodia, 2017-06-16.

技术教育的资金投入。目前，柬埔寨职业技术教育的资金主要来自中央财政拨款、非政府组织和私人组织的资金支持、外国贷款与技术援助、地方学校与社区的税收等渠道。政府财政预算主要划拨给职业教育与培训总局，用于收益管理、工资发放、奖学金及其他经常性支出。

2013年后，柬埔寨政府在教育上的投入基本维持在GDP的1.9%左右。由于国家财政资源不足，柬埔寨教育基础设施的建设和教育管理开发对国际组织和外国援助的依赖较大。目前，向柬埔寨提供教育赠款和贷款的国际组织和国家主要有亚洲开发银行、中国、韩国、印度、日本和德国等。

劳工与职业培训部下设国家培训基金，所有的省级培训中心、部分非政府组织和高等学院都受到国家培训基金的资助。培训资金主要用于资助短期的职业培训项目，其来源为国家经济和财政部。柬埔寨《国家职业教育发展规划（2006—2010年）》提出，国家培训基金的重点是通过为贫困社区制定方案来减少贫困，在满足当地需求的基础上，帮助公民提升基础的收入能力。

五、柬埔寨职业教育的国际合作

（一）与中国的合作

中国是柬埔寨重要的教育合作伙伴。2011年以来，共有204名柬埔寨学生来中国参与多边或双边援外培训项目，涉及农业、制造业、加工业等多个领域。中国2013年提出"一带一路"倡议后，对柬埔寨进行了较大规模的教育援助，包括基础设施建设、师资培训、留学生招生与短期技术培训等多项内容。截至2017年8月，已有30名学生在贵州交通职业技术学院和浙江交通职业技术学院进修。[1] 近几年，柬埔寨还派出多名教师到中国攻读硕士学位。2018年是中柬两国建交60周年。近年来，中国为柬埔寨提供了优质的教育资源，培养了许多适合劳动力市场需求的专业人才。2018年3月，温州职业技术学院和浙江亚龙教育装备股份有限公司合作开展"柬埔寨职业教育教师培训班"，得到了温州市教育局、温州市人力资源和社会保障局、中国—东盟中心、柬埔寨劳工与职业培训部的大力支持。[2]

同时，中国也积极地开拓对外办学渠道，鼓励职业教育"走出去"。2016年2

---

① 黄小异：《东盟国家职业教育共享"中国机遇"》，载《光明日报》，2017-08-08。

② 温州职业技术学院：《"柬埔寨职业教育教师培训班"开班仪式隆重举行》，http://www.wzvtc.cn/show/20/14302.html，2019-07-11。

月，广西职业技术学院应柬埔寨朗禾农业有限公司邀请，派出有 30 多年热带果汁加工经验的行业专家团队，赴柬埔寨开展热带水果深加工项目研究和技术交流，为柬埔寨提供加工厂房设计和生产工艺调试等专业技术服务，并签订校企合作协议。中国部分科技公司向柬埔寨提供了数字教育和智慧校园支持，同时提供编程等课外内容供学生选择。中国与柬埔寨在教育领域的合作正逐渐从政府走向社会，从政府合作走向企业共赢。

（二）与其他东南亚国家的合作

近年来，柬埔寨与多个东南亚国家组织了职业技术教育培训的项目与活动，2015—2016 年，柬埔寨分别与越南的 3 所职业学校、老挝的 1 所职业学校、印度尼西亚的 2 所职业学校开展了职业技术教育培训机构的合作办学。2016—2017 年，柬埔寨与印度尼西亚的 16 所职业学校、菲律宾的 1 所职业学校开展了合作。

除此之外，柬埔寨的教师和学生也经常与其他东南亚国家职业技术教育培训机构进行交流，表 2-8 呈现了 2015—2017 年的部分数据。

表 2-8　2015—2017 年柬埔寨与其他东南亚国家职业教育交流状况①

内容	2015 年	2016 年	2017 年
与其他东南亚国家签订院校间协议的数量	—	18	20
与其他东南亚国家开展管理和教师能力发展项目的数量	90	108	89
到其他东南亚国家交流的教师数量	5	5	1
到其他东南亚国家交流的学生数量	0	13	0

六、柬埔寨职业教育的问题与发展趋势

在柬埔寨民众心中，职业技术教育往往是穷人、社会边缘群体或辍学者的选择，社会对职业技术教育还持有一定的偏见，民众通常以接受普通高等教育为求学生涯的目标，社会对职业技术教育的认可度偏低。这对希望通过培养高技能和新型行业的劳动力来促进国家经济发展的柬埔寨来说是很大的挑战。

---

① KEO Siekly，"Current Situation of TVET in Cambodia and Future Direction，"3rd High Officials Meeting on SEA-TVET Advancing towards Harmonisation and Internationalisation，Malaysia，2017-05-26.

除了社会观念的影响，亚洲发展银行 2014 年的报告显示，制约柬埔寨职业教育发展的主要因素包括以下几个方面。

- 缺乏企业关注。
- 缺乏质量保证体系与劳动力市场信息。
- 对职业技术教育课程与机构的质量控制较差。
- 与企业和公司间的联系薄弱。
- 农村地区劳动力缺乏获得正规培训的机会。
- 在提供培训方面缺乏清晰度和灵活性。
- 财政资源不足。①

柬埔寨国家就业局的调查显示，目前柬埔寨的职业教育毕业生普遍缺乏软技能。由于毕业生缺乏实践工作的经验，往往在阅读、写作、计算机、人际交往、团队合作等技能上存在缺陷，相关的教育培训机构需要加强对学生软技能的培养。

此外，柬埔寨的职业技术教育目前仍然以供应驱动为主，教育培训机构培养出的学生往往类别单一，无法满足企业和劳动力市场的要求。因此，柬埔寨职业教育需要从供应驱动转型为需求驱动。未来的职业技术培训需要更关注市场对毕业生的反馈，对毕业生进行跟踪调查，增加工作实习机会，等等。

总体来看，目前柬埔寨面临的主要问题是劳动力市场需求与熟练工人供应在质量与数量上不匹配，还需要进一步完善职业技术教育培训的法律法规、课程结构，通过增加财政支持，提升师资水平，调动社会组织与公司的积极性；增加与外国政府和资本的合作，在进行人才培养时，尽可能地与国际接轨，提高柬埔寨职业技术教育的效率和质量。针对具体的行业需求及《2015—2025 的工业发展计划》的要求，柬埔寨计划在 2025 年前，将制造业在 GDP 中的比重从 2013 年的 24.1% 提高到 30.0%；促进出口产品多元化，重点发展高附加值新型工业、制造业、医药、建材、包装、家具制造等领域的中小企业。为支持经济的发展，柬埔寨将重点发展五个职业技术教育培训行业，分别是制造业、建筑业、汽车维修、农业和电气工程。②

未来柬埔寨职业教育管理部门需要在教育过程中强调雇主在管理结构中的作用；定期进行跟踪研究，并相应调整教学与课程计划，为符合市场标准的课程开发人员支付薪酬；按工作表现而不是按预定的质量和数量标准支付薪酬，如

① Asian Development Bank，"Cambodia：Country Partnership Strategy（2014—2018），" https://www. adb. org/sites/default/files/institutional-document/150147/cps-cam-2014-2018. pdf，2019-07-07.

② 工信部国际经济技术合作中心：《柬埔寨：〈2015—2025 的工业发展计划〉和 ICT 2020 总体规划》，http://www. ccpitecc. com/article. asp? id=7575，2018-05-08。

按实习生的工作进度、毕业生达到的能力标准计算；劳动力市场向职业教育提供部分预算，支持教育机构自治，在适当的保障和经费控制下做出独立的决定。①

---

① Asia Development Bank，"Good Practice in Technical and Vocational Education and Training，" https：//www. adb. org/sites/default/files/publication/28624/good-practice-education-training. pdf，2019-07-07.

第三章 老挝职业教育

老挝人民民主共和国（the Lao People's Democratic Republic）属于东南亚国家，东盟成员国之一，位于中南半岛北部，北邻中国，南接柬埔寨，东临越南，西北达缅甸，西南毗连泰国，国土面积约 23.68 万平方千米，人口为 700 万（2018 年），首都万象。老挝共有 50 个民族，主要民族有老龙族、老听族、老松族，通用老挝语，居民多信奉佛教，华侨华人有 3 万多人。老挝全境水利资源丰富，雨量充沛。老挝实行社会主义制度，老挝人民革命党是老挝唯一政党。老挝国会是国家最高权力机构和立法机构，负责制定宪法和法律。

在经济发展方面，老挝以农业为主，工业、服务业基础较为薄弱，是世界最不发达国家之一。老挝 1986 年起实施改革开放政策，调整国民经济结构，对农林业、工业和服务业进行相应调整，优先发展农林业。老挝在改革过程中取消了高度集中的经济管理体制，转入经营核算制，实行多种所有制形式并存的经济政策，逐步完善市场经济机制。2016—2018 年，老挝工业年平均增长率为 10.4%，农业年平均增长率为 2.7%。2017 年，老挝经济增长率为 6.9%，GDP 约为 170 亿美元，人均 GDP 约为 2472 美元。2018 年经济增长率为 6.5%，GDP 约为 179 亿美元，人均 GDP 约为 2599 美元。老挝货币名称是基普，2019 年 11 月与美元汇率约为 88701：1。

老挝通过实行对外开放政策，同 50 多个国家和地区建立了贸易关系，与 19 个国家签署了贸易协定，中国、日本等 35 个国家和地区向老挝提供优惠关税待遇。老挝的主要外贸对象为泰国、越南、中国、日本、欧盟、美国、加拿大和其他东盟国家。1997 年 7 月，老挝正式加入东盟，积极参与东盟事务，发展与东盟国家的友好合作关系，并于 2004 年与 2016 年担任东盟轮值主席国，在东盟内发挥积极作用。① 2015—2016 财年，老挝共吸引外资 12.7 亿美元；2014—2015 财年，老挝获得了 3 亿美元的国际发展援助资金，主要援助国家及组织有：日本、瑞典、澳大利亚、法国、中国、美国、德国、挪威、泰国及亚洲开发银行、联合国开发计划署、国际货币基金组织、世界银行等。这些国际援助主要用于老挝境内的公路、桥梁、码头、水电站、通信、水利设施等基础建设项目。②

1961 年中老建交，2009 年两国建立全面战略合作伙伴关系。2017 年 11 月，双方共同宣布构建中老具有战略意义的命运共同体。据中国海关总署的统计数据，2019 年 1 月至 9 月，中老贸易平稳增长，双边贸易额达 28.6 亿美元，同比增长 18.7%，增幅在东盟国家中排名第二。其中，中国对老挝出口额为 12.8 亿美元，同比增长 33.1%；中国从老挝进口额为 15.8 亿美元，同比增长 9.0%。③ 据中国商务部统计，截至 2019 年 8 月，中国对老挝期末在外各类劳务人员达 25681 人，位居东盟国家第二，全球第七；其中工程承包项下期末在外人数达 22973 人，劳务合作项下期末在外人数达 2708 人。④

近年来，随着农业人口就业比例的持续减少，老挝工业和服务业就业比例不断增加。老挝农业和林业的就业比例从 2005 年的 78.5% 降到 2010 年的 75.1%，工业和建筑业的就业比例从 4.8% 升至 5.5%，服务业从 16.7% 升至 19.5%，这对相关领域职业技术人员的培训提出了新的要求。⑤

世界银行 2010 年的企业调查显示，劳动力技能不足和低生产率是老挝企业面临的主要制约因素。老挝目前主要存在两个问题：一是劳动力留存率低，大批熟练技术工人向泰国移民，使老挝企业更难找到合适的工人；二是基础教育辍学率高、教育质量低，劳动力素质较低，服务部门工作人员技能短缺。与亚太地区的其他国家相比，老挝的熟练劳动力相对缺乏。

在过去的 20 年里，老挝主要通过扩大以采矿和水力发电为主的资源部门来实现经济增长。然而，这对创造就业岗位的影响相当有限，老挝的国民经济仍然由低生产率的农村经济主导。老挝政府第八个五年（2016—2020 年）经济社会发展规划提出，"八五"规划期间，老挝 GDP 年增幅将达到 8.5% 到 9.0%，到 2020

① 中华人民共和国外交部：《老挝国家概况》，https://www.fmprc.gov.cn/web/gjhdq_676201/gj_676203/yz_676205/1206_676644/1206x0_676646/，2019-07-07。

② 中华人民共和国驻老挝人民民主共和国大使馆：《老挝国家概况》，http://la.china-embassy.org/chn/lwdt/t942076.htm，2020-03-21。

③ 中国驻老挝经商参处：《2019 年 1—9 月中老贸易平稳增长》，http://la.mofcom.gov.cn/article/zxhz/201910/20191002908415.shtml，2019-11-17。

④ 中国驻老挝经商参处：《截至 2019 年 8 月我对老派出各类劳务人员达 25681 人》，http://la.mofcom.gov.cn/article/jmxw/201910/20191002903175.shtml，2019-11-17。

⑤ UNESCO, "Policy Review of TVET in Lao PDR," https://unesdoc.unesco.org/ark:/48223/pf0000221146，2019-11-17。

年，老挝人均 GDP 将达 3200 美元。① 因此，发展非资源型经济，增加职业技术教育与培训的规模，改进整个教育和培训系统，是促进就业与产业转型、提供符合社会经济发展要求的劳动力的重要举措。

一、老挝教育体系

（一）老挝教育概况

在法国殖民统治阶段，老挝的教育形式主要为当地佛寺传授文化知识。直到 19 世纪末，老挝的正规教育才开始出现，但发展比较缓慢。1902 年和 1905 年，法国殖民者分别在老挝琅勃拉邦和万象开办了 2 所成人正规教育学校；1909 年建立了 4 所师范学校，培养僧侣小学教员。20 世纪 40 年代，老挝国内仍然没有大学，学生要上大学就必须去越南河内或法国巴黎，这些学生主要是王族、官僚、富农子弟。1954 年法国殖民统治即将结束时，老挝仍以寺庙学校为主，只有 5 所完全小学和 1 所中学。1963 年，王国政府颁布教育改革敕令，建立 3 所高等院校；解放区也积极发展中小学和各种群众性教育事业，截至 1973 年，老挝已有师范学校 19 所。② 1975 年，老挝人民民主共和国成立后，政府针对教育发展制定了多项方针，不断加大教育投入力度。

目前，老挝基础教育的学制是小学 5 年、初中 3 年、高中 4 年。2010 年以前高中为 3 年，为了使基础教育年限达到 12 年，老挝将高中的学制改为 4 年。职业教育从高中阶段开始。老挝在小学阶段实行义务教育、免费教育和全民教育。然而，由于高昂的书本费和用品费，以及农村地区教师匮乏，许多儿童仍然无法上学。

老挝政府在教育上的投入较少。2010 年，老挝教育支出占国家预算的比例为 13.4％（占 GDP 的 3.3％），2014 年提高到了 15.5％。近年来，老挝每年接受约 2000 万美元的教育补助和外国援助贷款。③ 由于贫穷状况长期存在，老挝的教育质量偏低，而经济的不发达又制约着老挝对教育事业的资金投入。

老挝国内教育不平等的现象较为严重，男孩和女孩、富人和穷人、城市和农

---

① 中国驻老挝经商参处：《老挝"八五"规划经济增长目标将达 8.5％》，http://la.mofcom.gov.cn/article/jmxw/201305/20130500133682.shtml，2019-07-16。

② 蔡昌卓：《东盟教育》，120～124 页，桂林，广西师范大学出版社，2009。

③ Global Partnership for Education，"Lao PDR,"https://www.globalpartnership.org/country/lao-pdr，2019-07-16.

村在教育方面存在明显的差距。2010 年相关报告显示，老挝女孩的识字率比男孩约低 10%。女孩的入学率也低于男孩。① 一些少数民族群体仍然认为女孩接受教育既不必要，也没有太大的用处。在城乡差异方面，教育的不平等也非常明显，偏远地区的很大一部分儿童失学，特别是女童和少数民族儿童。

目前，老挝教育系统面临的主要挑战是：降低高辍学率，保证教育公平，提高教育质量。根据全球教育合作组织（Global Partnership for Education）的统计数据，2016 年老挝初等教育辍学率为 5.3%，2017 年为 6.7%；初中阶段辍学率 2015 年为 18.3%，2016 年为 22.6%。②

老挝教育体系可概括为表 3-1。

表 3-1　老挝教育体系③

年龄	教育年限/年	教育等级	普通教育体系		职业教育体系
24 岁以上	3	高等教育	博士学位		—
23～24 岁	2		硕士学位		—
18～22 岁	5		学士学位（>4 年）	学士学位（≥1.5 年）	学士学位（≥1.5 年）
				副学士学位（2～3 年）	高等职业技术教育文凭（1～3 年）
14～17 岁	4	中等教育	高中		中等职业教育证书（6 个月至 4 年）
11～13 岁	3		初中		—
6～10 岁	5	初等教育	小学		—
6 岁以下	3	学前教育	托儿所/幼儿园		—

（二）学前教育

老挝的学前教育包括托儿所和幼儿园：托儿所主要招收 2 个月至 2 岁的儿童；幼儿园主要招收 3～5 岁的儿童。学前教育的目的是让儿童在身体上、情感

① U. S. State Department, "2010 Human Rights Report: Laos, Bureau of Democracy, Human Rights, and Labor," https://2009-2017. state. gov/documents/organization/160091. pdf, 2020-03-21.

② Global Partnership for Education, "Lao PDR," https://www. globalpartnership. org/country/lao-pdr, 2019-07-16.

③ UNESCO International Bureau of Education, "World Data on Education, VII Ed. 2010/11," http://www. ibe. unesco. org/fileadmin/user _ upload/Publications/WDE/2010/pdf-versions/Lao_PDR. pdf, 2019-07-16. 表格内容有所改编。

上、社交上和心理上都做好进入小学一年级的准备。老挝为学前教育制定的具体目标如下。

- 促进儿童的身体发育。
- 训练儿童听从教师的指导。
- 适当地培养儿童成为领导者和追随者。
- 鼓励儿童的想象力和创造力。
- 训练儿童遵守纪律。
- 促进不同动作的学习。
- 训练儿童勇敢。
- 为儿童创造一个愉快且可以享受自我的环境。
- 训练儿童的记忆力。
- 为儿童的发展提供一系列经验。

老挝目前学前教育的入学率低，各地之间差异很大。学前教育的费用相对较高，并不是所有家庭都能送孩子上托儿所/幼儿园，老挝政府也没有足够的资金实现全部儿童接受免费学前教育。

(三)初等教育

老挝的小学为五年制，实行义务教育，小学净入学率达到 98.6%，小学教育性别平等率为 99%。[1] 小学教育由老挝教育与体育部全面负责协调、规划、制定政策和监控质量。在村一级的教育管理中，由村长、村学校管理委员会和校长直接负责学校的运行和维护。

1995 年，老挝根据东盟的规划，提出了一项持续至 2020 年的长期改革议程。[2] 该规划指出，老挝教育系统要通过提高内部效率和学生成绩来提高小学和初中教育的质量。为实现这一目标，教育与体育部要求各个学校和地区修订学校课程、教科书和教学材料，同时改革教师培训和教学支持服务。该改革还包括以下几方面。

- 职前教师培训标准化。
- 通过大规模增加学校基础设施，提升教育服务的普及度。
- 选择性地扩增成人扫盲和职业教育项目，特别是针对女童、妇女和少数民族的项目。
- 加强中央、省、社区多层级教育规划管理。

---

[1] Global Partnership for Education,"Lao PDR," https://www.globalpartnership.org/country/lao-pdr, 2019-07-16.

[2] "Primary Education in Laos," http://factsanddetails.com/southeast-asia/Laos/sub5_3d/entry-2981.html#chapter-6, 2019-07-16.

● 加强教育部门与外部机构的协调与合作。

老挝教育与体育部还成立了教师发展中心，作为小学教师素质改善计划的一部分，以改善职前及在职教师培训的质量。

目前，老挝小学教育主要服务于熟练工人供给及农民生产需要。这就要求学校既能提供过渡到中学的有关学术内容，也要注重基础技术和应用科学。在贫困的农业社区中，许多少数民族并不以老挝语为第一语言，而他们自己的语言又没有书面形式，故必须使这些社区引进初等教育的内容。

(四)中等教育

老挝的中学教育为 7 年，其中初中为 3 年，高中为 4 年。高中阶段分为普通高中和职业高中两类；职业教育由职业学校提供，课程或培训持续 6 个月到 4 年不等。初中和高中毕业后，学生均需参加学业考试以进入新的教育阶段，通过考试后可以取得相应的文凭。初中毕业考试由各省教育厅负责实施，高中毕业考试由教育与体育部在全国范围内实施。

提供中等教育的学校有 3 类：初级中等学校、高级中等学校和完全中等学校（同时提供初中和高中教育）。中等教育的核心课程主要包括老挝语、老挝文学、数学、绘画、艺术和体育；初中阶段不单独开设生物、物理和化学课程，而统合为自然科学一门课程，高中阶段才开始单独学科的学习。

目前老挝的初中和高中都是完全免费的，但学校可以收取一定的注册费，用以维持学校的运作和补贴教师的工资。

(五)高等教育

老挝现在有 5 所大学，即老挝国立大学、占巴塞大学、苏发努冯大学、沙湾拿吉大学及和中国合办的老挝苏州大学；另有一所直属于卫生部的医学院；在首都万象还有 2 所技术学院。有 3 个机构提供大学水平的项目：大学教育学院、国立理工学院及健康科技学院。每一所学校都向高中毕业生提供至少 4 年的专业培训。[①] 这些机构的入学名额是根据教育与体育部规定的省级配额制度确定的。

老挝国立大学是老挝排名第一的精英大学，位于首都万象，成立于 1996 年，是老挝唯一一所国立大学。老挝国立大学招收来自世界各地的优秀学生，包括美国常青藤联盟的毕业生。老挝国立大学的教授有许多是国际知名学者，其中一些是中国一线大学的骨干教授，该校每学期还聘请海外知名人士及高级经理人开展讲座。老挝的高等教育面临着教师学历较低等问题，教师的深造依赖于出国

---

① Weidman J，"Reform of Higher Education in the Lao People's Democratic Republic，" Annual Meeting of the Association for the Study of Higher Education，Orlando，Fl，1995.

留学。

(六)老挝教育的重点发展领域

老挝《2016—2020 年教育发展计划》提出了 10 个未来教育重点关注领域，具体如下。

- 实施义务初等教育，扩大义务教育覆盖面，普及初中教育。
- 通过支持终身学习，在所有民族中消除文盲。
- 扩大、加强和促进中等教育、职业技术教育和培训、高等教育，以适应劳动力市场未来的需求，提高经济效益。
- 提高职业技术教育和培训体系的响应能力。
- 通过提高高等教育和职业技术教育和培训的质量，确保毕业生有能力进入劳动力市场。
- 确保技术、专业和学术人员拥有特定的知识，能够使用现代科学技术。
- 提高教育的质量和相关性，向青年提供推动社会经济发展所需的知识。
- 应用信息及通信科技，将之作为改善教育行政管理的工具。
- 把教育政策研究和评估从中央扩大到地方。
- 把体育事业从中央扩大到地方。[1]

二、老挝职业教育概况

目前，老挝政府大力支持教育与人力资源开发，以实现老挝从最不发达国家之一转变为工业化、现代化国家的目标。为此，老挝政府提出了多项策略，包括提高教育质量、促进终身学习、提高生活质量、提供熟练劳动力，以满足世界劳动力市场竞争的需求。

老挝政府在《国家教育系统改革策略（2006—2015 年）》中将扩大职业技能培训列为四大改革目标之一。[2] 通过该策略框架及《2011—2015 年教育发展计划》的发布，职业教育在老挝日益成为适应经济高速变革的关键教育模式。

老挝全国共有 101 所职业院校，在政府推动初中或高中水平的学生接受职业

---

[1] Global Partnership for Education，"Lao PDR," https://www.globalpartnership.org/country/lao-pdr，2019-07-16.

[2] Ministry of Education，"National Education System Reform Strategy（NESRS）2006-2015," https://planipolis.iiep.unesco.org/sites/planipolis/files/ressources/lao_pdr_education_reform_strategy_2006-15.pdf，2020-02-21.

教育的努力下，目前接受职业教育的学生已经达到学生总数的 60%。[①] 老挝职业院校主要包括高中与大学两个层次，学生完成职业高中的学业后可获中等职业教育证书或培训证书。大学阶段的职业教育包括文凭和证书课程，有大专和本科两个层次，学生可通过全日制、继续教育或培训完成学业。[②] 在完成学业后，学生可以获得相应的毕业文凭或证书。

老挝的职业院校分为公立和私立两类，2008—2009 年，教育与体育部下设的公立职业院校共接收近 1.8 万名学生入学，59% 的学生修读高等职业技术教育文凭课程；[③] 78 所私立职业院校的入学新生约为 2.2 万人，私立职业院校主要开设英语、信息技术、商务、机械、食品加工、汽车和电子工程等专业文凭级别的课程。[④]

根据德国成人教育组织国际合作部对老挝 1752 名取得高等职业技术教育文凭的毕业生进行的跟踪调查，有 68% 的毕业生能找到就业岗位，15% 面临失业，17% 选择继续深造。85% 具有中等职业教育证书的毕业生能找到工作，但大多数（63%）的毕业生就职于国有机构，25% 就职于私营企业，这显示出老挝职业教育方案与劳动力市场需求不匹配。[⑤]

三、老挝职业教育体系

（一）中等职业技术教育

老挝中等职业技术教育包括职业技术教育与培训和综合职业教育与培训两大

---

① Ministry of Education and Sports，"Technical and Vocational Education and Training Development Plan 2016—2020," http://www. moep. gov. la/tvet/images/phocagallery/PDF/nitikum/TVET%20Dev%20plan%20English%20final%20PPD. pdf，2019-07-16.

② UNESCO International Bureau of Education，"World Data on Education，VII Ed. 2010/11," http://www. ibe. unesco. org/fileadmin/user_upload/Publications/WDE/2010/pdf-versions/Lao_PDR. pdf，2019-07-16.

③ Asian Development Bank（ADB）Lao PDR，"Preparing the Strengthening Technical Vocational Education and Training Project Final Sector Assessment Report," https://www. adb. org/sites/default/files/project-document/65078/40555-cam-tacr. pdf，2020-03-21.

④ Asian Development Bank（ADB）Lao PDR，"Preparing the Strengthening Technical Vocational Education and Training Project Final Sector Assessment Report," https://www. adb. org/sites/default/files/project-document/65078/40555-cam-tacr. pdf，2020-03-21.

⑤ DVV international，"Life Skills，Learning Needs，Training Inputs：News from the Field of Working with Partners of DVV International in Lao PDR," 转引自 UNESCO，"Policy Review of TVET in Cambodia," https://unesdoc. unesco. org/ark:/48223/pf0000225360，2019-07-05.

部分，其中职业技术教育与培训的院校又分为职业培训院校和技术教育院校。职业培训院校针对初中毕业生开展三年制学习项目，技术教育院校则为初中毕业生提供三年或四年的高中层次学习项目，两类院校均由教育与体育部等政府机构管理。技术教育院校招生人数多于职业培训院校。

目前，老挝教育与体育部下属的职业技术教育与培训学校和学院采用配额制度与全国性考试制度相结合的方式招收学生，10%的学生来自农村和落后地区，教育与体育部专门为这些地区留出部分招生名额。同时，其他政府部门、私立院校和50多家培训中心也提供职业技术课程，包括劳动与社会福利部、革命青年联合会、妇女联合会、社区学习中心和一些非政府组织。

案例一：万象技术学校①

万象技术学校是教育与体育部职业技术教育司负责管理的学校，于1988年在万象维根汉姆区成立，由教育与体育部提供资金支持。

2005—2006学年，万象技术学校的在校生约1819人。课程类型包括常规课程与特别课程两种，特别课程需要单独付费。常规课程又分为技能工人水平课程与技术人员水平课程。技能工人水平课程面向初中毕业生开设，课程类型主要包括电力、建筑、家具、缝纫、餐厅及酒店服务。技术人员水平课程则面向高中毕业生开设，课程类型主要包括农业（种植业及畜牧业）、工商管理、电力、建筑、餐厅及酒店服务。

需要单独付费的特别课程面向高中毕业生和在职的办公人员与工人，主要课程包括工商管理、农业（种植业及畜牧业）、电力。

万象技术学校2005—2006学年学生的结构如表3-2所示。

表3-2　2005—2006学年万象技术学校学生数量

课程类别	专业	学生数量/人	
		总计	其中女性
技能工人水平课程	电力	301	2
	建筑	52	0
	家具	23	0
	缝纫	21	20
	餐厅及酒店服务	74	71

---

① Alexis Beasley, "Welcome to Lao PDR Welcome to Technical School of Vientiane Province," https://slideplayer.com/slide/10237159/, 2019-07-19.

续表

课程类别	专业	学生数量/人	
		总计	其中女性
技术人员 水平课程	农业（种植业及畜牧业）	367	130
	工商管理	961	555
	总计	1799	778

（二）高等职业技术教育

老挝的高等职业技术教育由教育与体育部全权负责，职业教育的提供者包括师范院校、公立大学、职业学校和私立学校这四类学校。1909 年，老挝在万象建立了第一所师范院校；1958 年，在万象建立了第一所大学。目前，大部分的职业技术教育学生选择在高等教育阶段进行职业技术的学习，2007—2008 年，2500 名高等职业技术教育文凭学生毕业于老挝国立大学的林业、工程和农业专业，300 名高等职业技术教育文凭学生毕业于占巴塞大学的农业、商业和工程专业；2009—2010 年，私立学校和公立大学的职业技术学生入学人数达到了53800 人。[1]

通过高等教育阶段的学习，学生可以获得技术教育文凭、高等职业技术教育文凭和学士学位证书。2011 年，参加普通职业文凭课程的职业技术学生共 18859人，其中进入公立学校的学生为 14821 人；参加高等职业技术教育文凭课程的职业技术学生共 40134 人，其中进入公立学校的学生为 22789 人，进入私立学校的学生为 17345 人；参加学士学位课程的职业教育类学生共 68935 人，其中进入公立学校的学生为 54433 人，进入私立学校的学生为 14502 人。除此之外，取得硕士学位的学生人数也在持续增加，由 2009 年的 387 人上升到了 2011 年的1296 人。[2]

高等职业技术教育中大约 80％的资金用于教师工资与学生补助，很少用于教学设备的更新，老挝高等职业教育的发展部分依靠外国的资金支持和帮助。

案例二：老挝—德国技术学院[3]

老挝—德国技术学院是由老挝教育与体育部主办的一所职业培训院校。它成

---

① UNESCO，"UNESCO National Education Support Strategy Lao PDR 2010-2015，"转引自 UNESCO，"Policy Review of TVET in Cambodia，" https://unesdoc. unesco. org/ark:/48223/pf0000225360，2019-07-05.

② Ministry of Education，"Strategy for Promoting Private Education，" Vientiane，2011.

③ The Lao Experience，"Lao-German Technical College Vientiane，" http://www.thelaosexperience. com/lao-german-technical-college-vientiane/，2019-07-19.

立于 1964 年，是当时德国对老挝发展援助的一部分，得到了当时德意志联邦共和国的支持。老挝—德国技术学院为老挝初中或高中毕业生提供不同的职业培训课程。资格等级从熟练工人到学士学位不等。学校现有在校生 1300 余人，2016年 9 月招收新生 670 人。

对于初中毕业生，学院提供"9+2"和"9+3"培训课程，即 9 学年的普通教育加上 2 或 3 学年的职业培训。对于高中毕业生，学院提供"12+2"和"12+2+1"培训课程。一学年分为两个学期，冬季学期从 9 月到次年 3 月中旬，夏季学期从3 月底到 7 月中旬。

老挝—德国技术学院主要有 5 个专业：金属机械、电气、焊接管道、重型设备和农业机械。每个专业都有自己的实训车间，理论课则统一在主楼讲授。

因为老挝—德国技术学院与德国有着紧密的联系，并且应用双元制培训体系，所以学院提倡让越来越多的企业参与培训课程，为学生提供以实践为导向的职业教育。

在德国，职业培训是由职业学校（理论部分）和企业（实践部分）两部分组成的，与之不同的是，老挝—德国技术学院开发了一个在学校同时进行理论与实践两部分教育的模式。由于合作企业内部车间往往缺乏机器设备或人员进行教学，合作企业会派出工作人员进入学院，使用学院内的机器和培训设备在学院提供培训课程。但只要有可能，合作企业仍然会在自己的车间提供企业内部实践。

由于良好的管理和设备支持，老挝—德国技术学院已经与许多当地和国际企业达成合作，具体合作关系如表 3-3 所示。

表 3-3　老挝—德国技术学院各系与国际企业的合作关系

系	企业
汽车系	丰田、福特
金属机械系	福比亚矿业
农业机械系	久保田
电气系	恩德斯豪斯、南屯Ⅱ电力公司
机电工程系	博凯机械

（三）技能培训中心

劳动与社会福利部、卫生部、财政部、农业部、信息文化部、司法部、老挝银行、妇女联合会等部门都下设数量不等的公共职业教育机构和培训中心，一部分私立学校和管理机构也提供职业教育。①

———————

① 罗萍：《老挝职业教育教师培养及其学士学位标准探析》，载《现代教育论丛》，2018(5)。

劳动与社会福利部开办了 4 个技能发展中心,提供短期和长期的职业培训课程,主要面向辍学儿童和成年人。授课领域集中在信息技术、汽车维修、木工、家具、服装、电子、电力、酒店和建筑等方面。2008—2009 年,共有 2660 名学员参加由技能发展中心提供的短期课程。此外,老挝—韩国职业技术中心也提供运算处理方面的短期收费课程。

许多非正式的职业培训机构也提供教育服务,教育与体育部下属的部分职业技术教育机构,如位于万象、琅勃拉邦和占巴塞的 3 个职业技术教育中心,以及全国 321 个社区学习中心,都面向公众提供为期 5 天至 3 个月不等的短期技能训练课程,主要包括木材加工、建筑、家禽养殖、蘑菇种植、烹饪及美容等基本职业技能。

此外,一些社会组织也积极开展职业教育,老挝印刷协会就于 2009 年 8 月在首都万象成立了老挝第一所印刷学校——老挝印刷专业学校,以改善、提高其成员的印刷专业技能和知识水平。①

四、老挝职业教育管理

(一)老挝国家资格框架

为了确保学术等级和职业资格之间的平等,实现职业教育与技能发展不同的层次和类型与普通教育体系之间的相互对应,老挝制定了较为完整的国家资格框架。老挝的职业教育资格包括中等职业教育证书和高等职业技术教育文凭。2010 年,全国共有 14 所职业技术教育与培训机构和 8 所综合职业教育与培训机构提供不同等级的职业资格证书。②

在完成小学及初中阶段 8 年的学习后,学生若继续完成 3 年的职业教育课程,即可获得中等职业教育证书;再连续学习 6 个月后,可以获得综合职业教育与培训一级证书;继续学习 6 个月后,可以获得综合职业教育与培训二级证书;再学习 1 年,则可以获得综合职业教育与培训三级证书;之后继续学习 1 年,可以获得综合职业教育与培训四级证书。

高等教育阶段的职业教育文凭包括技术教育文凭、职业教育文凭、高等职业

---

① 王以俊:《老挝印协计划开办印刷专业学校》,载《印刷世界》,2009(5)。

② Asian Development Bank(ADB)Lao PDR,"Preparing the Strengthening Technical Vocational Education and Training Project Final Sector Assessment Report,"https://www.adb.org/sites/default/files/project-document/65078/40555-cam-tacr.pdf,2020-03-21.

技术教育文凭三种。技术教育文凭可以在完成高中阶段学习或取得职业教育证书，并进行2年的职业教育课程学习后获得；已持有综合职业教育与培训四级证书的学生，在完成1～2年的持续课程后，可取得职业教育文凭。高中毕业的学生完成2～3年的常规课程，或已持有技术教育文凭或职业教育文凭者完成1～2年课程后，均可取得高等职业技术教育文凭。学生在获得高等职业技术教育文凭并接受不少于1.5年的定期或持续的职业课程后，可以取得学士学位证书。

以上教育证书和文凭由教育与体育部颁发，劳动与社会福利部主要负责技能的发展与认证，其中技能水平1(学习6个月)对应半熟练工人，技能水平2(学习1年)对应熟练工人，技能水平3(学习1.5年)对应商业贸易人员，技能水平4(学习2年)对应管理人员。两者之间的等级可以相互对应。

老挝国家资格框架概括为表3-4。

表3-4　老挝国家资格框架

证书级别	职业技术教育	技能发展认证	普通教育
十	—	—	博士学位
九	—	—	硕士学位
八	学士学位	—	学士学位
七	高等职业技术教育文凭	技能水平4	—
六	技术教育文凭	技能水平3	—
五	综合职业教育与培训四级证书	技能水平2	—
四	综合职业教育与培训三级证书	技能水平1	—
三	综合职业教育与培训二级证书	—	—
二	综合职业教育与培训一级证书	—	—
一	职业教育证书	—	高中毕业证书

(二)职业教育管理部门

老挝的职业教育机构主要由教育与体育部负责，同时卫生部、农业部等政府部门和私立学校也提供非正式的职业教育与培训。

老挝职业教育的管理部门主要是教育与体育部及劳动与社会福利部，卫生部、农业部等政府部门及妇女联合会等社会组织也参与其中。

《2016—2020年老挝职业技术教育和培训发展计划》指出，该计划由教育与体育部教育标准与质量保障中心和劳动与社会福利部等职业技术教育的管理部门合作实施。① 该计划明确了教育与体育部负责职业技术教育的管理,劳动与社会福利部发挥技能发展与认证测试的职能。从教育培训的时长来看,劳动与社会福利部主要管理少于 12 个月的短期技能发展培训,教育与体育部负责管理超过 12 个月的职业技术教育长期培训。但是,该计划将职业教育和技能发展直接分开,也导致了一些混乱和重复,可能出现两个部门为同一职业制定标准的情况。

国家培训委员会是老挝所有职业技术教育的联盟组织,主要发挥咨询机构的作用,其预算来自教育与体育部,主要用于员工工资、设备和项目支持。国家培训委员会是一个跨部门组织,包括青年、妇女、工会、雇主和政府各部门的代表,主要由教育与体育部、劳动与社会福利部和国家工商联会人员构成。该委员会主席通常来自教育与体育部,副主席由劳动与社会福利部副部长和国家工商联会的主席担任。

(三)职业教育质量保障

2010 年老挝通过总理法令,颁布《2011—2020 年教育质量保障战略规划》。该战略规划由 7 个部分组成,其中有 6 个涉及职业技术教育与培训,包括考试、评估、教育竞赛和国家资格框架等。② 该规划的有关内容详细说明了职业技术教育机构的质量标准、自我评价与内外部评价机制、各机构质量保证部门与主管评估小组的设立、部门员工管理及在教育标准与质量保障中心支持下设立职业技术教育机构质量认证委员会的各项要求。

教育标准与质量保障中心的任务是对学生进行测试及评价,为包括职业技术教育在内的不同类型与层次的教育提供标准与质量保障程序。该中心还为职业技术教育学校编写了质量保障手册。目前评价过程面临的主要问题是缺少针对评估结果的实际改进与问题解决方案,且未能将改革课程内容与改革评估形式相结合。

(四)职业教育经费来源

老挝政府对教育的支出整体偏低,教育与体育部的数据显示,教育预算中职业技术教育的份额已经从 2016 年的 2.7% 提升到了 2020 年的 4%。由于设备成本较高,高等教育阶段的预算要高于中小学阶段,2016—2020 年老挝总体职业

---

① Ministry of Education and Sports,"Technical and Vocational Education and Training Development Plan 2016—2020,"http://www.moe.gov.la/tvet/images/phocagallery/PDF/nitikum/TVET%20Dev%20plan%20English%20final%20PPD.pdf,2020-03-21.

② UNESCO,"TVET Policy Review:Lao PDR,"https://unesdoc.unesco.org/ark:/48223/pf0000221146/,2019-07-19.

教育预算约为 1.85 亿美元。①

即使教育与体育部拨款逐渐增加,老挝职业技术教育的发展仍然依赖若干双边和多边捐助者的资金和技术支持。亚洲开发银行 2010 年的数据显示,德国(1000 万欧元)、卢森堡(770 万欧元)和比利时(175 万欧元)都对老挝职业教育的设备、技术、课程开发和教师培训提供了资金支持。② 一些亚洲国家如韩国、泰国、越南也对选定的部分老挝职业技术学校进行了支持和援助。

国际组织领导的多边项目同样为老挝职业教育的发展提供了许多帮助,联合国工业发展组织和联合国开发计划署提供了 560 万美元的援助,亚洲开发银行在强化职业技术教育与培训项目中投入了 2300 万美元,世界银行组织的技能研究项目目前也在进行中。

五、老挝职业教育教师

(一)老挝职业教育教师概况

2011 年,老挝将职业教育教师培训部门更名为职业教育教师教育部,主要负责老挝职业教育教师的培养工作。此外,国家职业教育发展中心也提供职业教育教师的培训服务。目前,一些职业学校和大学也有资格培训职业教育教师,学生需要在完成 12 年的普通教育后,先接受 2 年的技术教育,再接受 1 年的教师教育,才能得到教师资格;老挝—德国技术学院则要求完成 9 年的普通教育并有 3 年的技术工作经验,之后分别进行 1.5 年的技术教育和教师教育才能获得教师资格。

为了保持和提升职业教育教学实践的质量,老挝教育与体育部于 2013 年出台了老挝职业教育教师学士学位标准,包括榜样示范能力领域、教育能力领域、教学能力领域、评价能力领域、自我发展与创新能力领域共 5 大领域的 80 条细则。③

近年来,老挝逐渐拓展在职教师与行政人员的培训项目,以做好职后的职业教育教师发展服务。根据联合国教科文组织的文件,2008—2009 年,老挝职业

---

① Ministry of Education and Sports,"Technical and Vocational Education and Training Development Plan 2016—2020," http://www. moe. gov. la/tvet/images/phocagallery/PDF/nitikum/TVET％20Dev％20plan％20English％20final％20PPD. pdf,2019-07-19.

② Ministry of Education and Sports,"Technical and Vocational Education and Training Development Plan 2016—2020," http://www. moe. gov. la/tvet/images/phocagallery/PDF/nitikum/TVET％20Dev％20plan％20English％20final％20PPD. pdf, 2019-07-19.

③ 罗萍:《老挝职业教育教师培养及其学士学位标准探析》,载《现代教育论丛》,2018(5)。

技术教育的行政人员和教师在国内外进行了 61 项为期 1 天至 1 年不等的培训或学习；职业教育发展学院每年为 150 名教育和技术领域的教师提供在职培训。[1]

老挝《职业技能教育与训练发展策略计划（2006—2020 年）》要求，每年在所有教师培训系统中，于职业教育教师系统毕业的学生应达到全部教师的 60%，但目前的情况还有很大差距，反映了职业教育教师的专业训练不足。[2] 2012 年，总理第 177 号法令提出职业教育的师生比应为 1∶20。根据教育与体育部的统计数据，目前在老挝职业教育系统内的学生大约有 2 万人，教师约有 1500 人，已经达到了法令的要求。但实际上由于各个学校师生比差异较大，实现这个目标的学校非常少。老挝—德国技术学院（1∶8）、华潘综合职业教育学校（1∶4 至 1∶3）等高水平职业院校的师生比较高，而多数低水平的职业院校，如综合性工艺学校和巴巴萨技术学院的师生比都小于 1∶30。

（二）老挝职业教育教师队伍建设存在的问题

目前老挝职业教育教师的学历仍然偏低，职业教育系统中拥有博士和硕士学位的教师极少，并且许多教师缺乏实践工作经验。2010 年亚洲开发银行评估报告显示，2009 年，老挝职业教育仅有 20% 的教师拥有学位，42% 的教师拥有高级文凭，37% 的教师拥有中级文凭或较低学历。[3] 因此，参加高等职业技术教育文凭课程的学生往往是由具有同等资格的教师授课的。

此外，职业教育系统教师的工资较低。在老挝，职业技术院校的教师并不是一个有吸引力的职业，只有 42% 的职业技术院校毕业生在职业学校担任教师。老挝中学教师的工资仅占人均 GDP 的 96.5%，而在部分邻国，教师的工资水平可以达到人均 GDP 的 2.5 倍。[4] 尽管目前已经设立了部分奖学金来激励实习教师，但由于额度非常低，激励作用非常有限。

职业教育教师职业发展空间受限，根据联合国教科文组织的统计，职业技术教师在他们最初受雇的学校里的职业发展几乎是静态的。教师往往是长期工作人

① 王冰峰、罗欢：《老挝职业教育现状与发展趋势》，载《深圳职业技术学院学报》，2017(6)。

② Ministry of Education, "Strategic Plan for the Development of TVET from 2006 up to 2020," https://planipolis. iiep. unesco. org/sites/planipolis/files/ressources/lao_pdr_tvet_strategic_plan_2006-2020. pdf，April，2007，2019-07-19.

③ Asian Development Bank, "Preparing the Strengthening TVET Project: Final Sector Assessment Report," https://www. adb. org/sites/default/files/project-document/65078/40555-cam-tacr. pdf，2020-03-21.

④ GIZ, "Institutional Development of Vocational Teacher Education in Lao PDR 2010-2020," 转引自 UNESCO, "Policy Review of TVET in Cambodia," https://unesdoc. unesco. org/ark:/48223/pf0000225360，2019-07-05.

员，尽管有些课程一年只授课几周或几个月，但也很少有短期雇员。一般而言，在职业教育教师 15 年的职业生涯中，职业发展一般限于每 2 年加薪 1.5％。

六、老挝与中国职业教育的合作

中国与老挝之间有着密切的合作关系，两国于 1961 年 4 月 25 日建交。一直以来，中老双方都致力于打造互惠互利命运共同体，中国为老挝提供了人才、物质、资金与经验上的众多支持。

2008 年 11 月 11 日，时任中国教育部副部长章新胜会见了来华访问的老挝教育与体育部副部长李杜·波宝一行，章新胜向客人介绍了我国改革开放以来在教育领域所取得的成就、经验及面临的任务，双方认为两国在教育领域的合作与交流前景十分广泛，愿意继续加强在专业职业技术教育领域的合作，联合培养实用技术专门人才，促进两国教育合作迈上新台阶。

（一）中方主导的合作

目前我国已有多所职业教育院校派教师赴老挝授课，或接收老挝的留学生来华学习。宁波职业技术学院积极承接我国商务部、国家国际发展合作署、世界银行等开展的援建项目。该校迄今已派出教师和管理人员 60 余人次赴老挝、贝宁、斯里兰卡、缅甸、卢旺达、孟加拉国等国授课、调研。长沙民政职业技术学院与中兴通讯在马来西亚共建"ICT（信息通信技术）培训中心"，招收 23 名来自马来西亚和老挝的全日制留学生，服务于"一带一路"倡议。①

浙江育英职业技术学院自 2016 年起，已经招收三届老挝留学生，为老挝国家经济发展特别是旅游产业的发展培养人才。2018 年 10 月，浙江育英职业技术学院和老挝教育与体育部职业技术教育司在浙江共同成立"中国—老挝职业教育发展研究中心"，响应"一带一路"倡议，加强与老挝教育与体育部的教育合作，促进中老友谊发展的新进程。这一研究中心致力于旅游、酒店、旅行社经营与管理、电子商务等专业的研究与课程开发，培养适合老挝经济社会发展需要的国际化人才。②

我国部分高校也积极参与与老挝的合作，北京交通大学在境外开设办学机构，筹建"詹天佑学院"，在老挝、乌拉圭等国开展轨道交通涉外高端研修项目，

---

① 中国新闻网：《老挝与长沙民政职院签订合作协议 共同研发职业教育专业标准》，http://www.chinanews.com/gn/2018/08-29/8613584.shtml，2019-07-20。

② 中国浙江育英职业技术学院：《学院举行中国·老挝职业教育发展研究中心揭牌仪式暨 2018 级老挝留学生开学典礼》，http://www.sohu.com/a/271552337_756736，2019-07-07。

实现教育"走出去",开展"订单式"涉外培训,为包括老挝在内的 38 个"一带一路"沿线国家组织了 66 期轨道交通涉外高端研修项目,累计研修 1556 人次,涉及泰国高铁、坦赞铁路、两洋铁路等亚非拉多条重要铁路干线。① 北京科技大学成立中国"一带一路"发展研究院,每年选派 15 名学生赴老挝、越南等"一带一路"沿线国家开展主题研学活动,努力打造"一带一路"教育合作与人文交流新亮点。②

(二)老挝职业院校、大学与我国职业院校的交流

在两国政府与教育部门的推动下,老挝当地的职业院校、大学积极与我国优秀职业院校进行交流,开展联合办学与项目研究等多种形式的合作。

案例三:老挝巴巴萨技术学院

老挝巴巴萨技术学院是一所专业性极强的职业教育学校,位于万象市中心。巴巴萨技术学院在老挝高等职业教育院校中排名第一,已开设工商管理类和工程技术类共 10 多个专业。在"一带一路"倡议的背景下,巴巴萨技术学院积极与中国各职业院校开展交流合作,深化项目合作,并取得了实质性进展。

巴巴萨技术学院与中国各职业院校展开的合作交流主要如表 3-5 所示。

表 3-5　巴巴萨技术学院与中国职业院校的合作③

合作交流的中国职业院校	合作交流内容
云南国土资源职业学校	人才培养,留学生招生(测绘地理信息学院、旅游休闲管理学院)。
南宁职业技术学院	专业建设,师资培训,学历招生。

① 北京交通大学:《北京交通大学积极发挥专业优势服务"一带一路"建设》,https://www.lit.edu.cn/fzghc/info/1017/2215.htm,2019-07-07。

② 中华人民共和国教育部:《北京科技大学建设"三桥三路"助力"一带一路"建设》,http://www.moe.gov.cn/jyb_xwfb/s6192/s133/s137/201901/t20190117_367202.html,2019-07-17。

③ 云南国土资源职业学院:《我校与老挝万象巴巴萨技术学院签订合作办学协议》,www.yngtxy.net/yngtxy/new/149792719076545125.html,2019-07-07;人民网:《南宁职业技术学院与老挝教育部职教司、巴巴萨技术学院、万象省技术学院签署合作协议》,http://gx.people.com.cn/n2/2019/0512/c179462-32929366.html? appinstall=0,2019-07-07;中山职业技术学院:《老挝同行眼中的中山职业技术学院:神奇、有趣、专业》,www.zspt.cn/info/1064/14941.htm,2019-07-07;广州铁路职业技术学院:《广州铁职院举行首批留学生开学典礼:17 名来自老挝的留学生分别入读 3 个轨道类专业》,www.gtxy.cn/newx/153751728267751295.html,2019-07-07。

续表

合作交流的中国职业院校	合作交流内容
中山职业技术学院	交流研习协议(电梯工程技术专业、家具专业、旅游酒店管理专业、服装与服装设计专业)。
广州铁路职业技术学院	留学生招生(铁道供电专业、铁道机车专业和铁道交通运营管理)。

案例四：老挝国立大学

老挝国立大学农学院与广西农业职业技术学院开展合作与交流,主要项目有：互派师生、农业技术研发、农业成果与作物品种推广、农业生产试验示范、人员培训及境外农业生产基地建设。①

七、老挝职业教育的问题与发展趋势

在过去 20 年里,老挝通过发展以采矿和水力发电为主的资源部门,经济取得了迅速增长。然而,由于产业结构的限制,经济活动的参与者仍然以低水平劳动力为主,经济的发展没有充分带动就业,也没有对相关技能需求产生影响。系统地进行正式和非正式的职业技术教育培训改革,能够培养出更加熟练的劳动力,从而加速产业升级,实现老挝社会经济的可持续发展。

近年来,老挝政府越来越重视职业技术教育的发展。政府编制了若干政策文件,并在外部捐助者的大力支持下,大幅度增加预算拨款。未来,老挝职业技术教育制度改革将继续进行,包括恢复"9＋3"职业技术教育方案,促进课程目标向以能力为基础转型,推行质量保障规划,促进中等教育职业化,等等。

《2016—2020 年老挝职业技术教育和培训发展计划》为老挝职业教育制定了以下总体目标。

● 在必要地区建立职业学校和职业培训中心；改进和扩增高等学校、职业学校、技工学校和职业培训机构；在一些省份升级职业技术学校,以提供多种形式的职业培训。

● 扩大职业教育和培训的招生范围,覆盖全国约 60％的初高中毕业生,照顾贫困、妇女、少数族裔和残疾人口。

---

① 广西农业职业技术学院院办：《广西农业职业技术学院概况》,http://www.gxnyxy.com.cn/DBYB/XYGK/pPCxygk.html,2019-07-17。

● 根据国家教育改革战略发展职业教育和培训体系，制定教育资格框架、职业标准、标准化课程，推行学分制，以促进对先前学习和连续课程的认定。

● 运用传播学技术，将中小企业经营管理的知识和对环境的认识纳入职业教育培训课程。

● 将职业教育课程纳入通识教育，并在可能的情况下在部分学校进行试点测试。

● 组织职业指导，提升职业教育和培训的入学率，为学生提供专业的咨询和培训，使之为未来工作做好准备。

● 建立和扩大职业技术教育教师培训机构，使其成为全国教师培训的中心，并在数量和质量上满足市场对劳动力的要求；增加技术、技能和教育学方面的教师培训，培养职业教育的行政人员和员工顾问，定期掌握与区域和国际有关的技术信息。

● 建立职业教育培训的质量保障和评估体系，确保教育的有效性。

● 完善和扩大中央、省、社区等各级职业教育培训管理，支持职业教育培训分散化。

● 监督职业技术教育相关法律和行政命令、通知的执行情况，研究和改进技术创收、生产、管理、计费、公私合营等必要的规章制度。①

---

① Ministry of Education and Sports, "Technical and Vocational Education and Training Development Plan 2016—2020," http://www. moep. gov. la/tvet/images/phocagallery/PDF/nitikum/TVET％20Dev％20plan％20English％20final％20PPD. pdf，2019-07-07.

第四章　马来西亚职业教育

马来西亚(Malaysia)位于东南亚地区，面积约为 33.03 万平方千米，首都为吉隆坡。马来西亚国土被南中国海分隔成东、西两部分。西马来西亚位于马来半岛南部，北与泰国接壤，南与新加坡隔柔佛海峡相望，东临南中国海，西濒马六甲海峡。东马来西亚位于加里曼丹岛北部，与印度尼西亚、菲律宾、文莱相邻。马来西亚人口约为 3266 万，其中马来人占 69.1%，华人占 23.0%，印度人占 6.9%，其他种族占 1.0%。马来西亚的国语为马来语，通用英语，华语使用较广泛。马来西亚的国教为伊斯兰教，其他宗教有佛教、印度教和基督教等。

马来西亚的最高元首为国家首脑、伊斯兰教领袖兼武装部队统帅，由统治者会议选举产生，任期 5 年。最高元首拥有立法、司法和行政的最高权力，以及任命总理、拒绝解散国会等权力。国会是最高立法机构，由上议院和下议院组成。

在经济方面，20 世纪 70 年代前，马来西亚的经济以农业为主，依赖初级农产品出口。20 世纪 70 年代以来，马来西亚不断调整产业结构，大力推行出口导向型经济，电子业、制造业、建筑业和服务业发展迅速。2015 年，马来西亚公布了第十一个五年计划(2016—2020 年)，重点是推进经济转型，关注改善民生。2016 年，马来西亚政府提出 2050 国家转型计划(TN50)，对马来西亚 2020—2050 年的发展进行了远景规划。2016 年，马来西亚国内生产总值各产业的贡献率分别为：农业 8.7%，工业 37.0%，服务业 54.3%。① 马来西亚 2016—2018 年主要经济数据如表 4-1 所示。

---

① Razali Hassan, Lee Ming Foong, Asnidatul Adilah Ismail, "TVET in Malaysia," in *Vocational Education and Training in ASEAN Member States*, Singapore, Springer, 2019, p. 110.

表 4-1　2016—2018 年马来西亚主要经济数据①

年份	GDP/亿美元	GDP 增长率	人均 GDP/美元
2016 年	2967.53	4.22％	9671
2017 年	3147.07	5.90％	10118
2018 年	3543.48	4.72％	11239

　　2018 年，马来西亚的进出口总额达到 18760 亿林吉特（约合 4510 亿美元），外汇储备达到 1030 亿美元。主要出口市场为中国、新加坡、美国，主要进口来源国为中国、新加坡和美国。目前，马来西亚正在大力吸引外国资本，主要外资来源地为日本、欧盟国家、新加坡、中国、韩国和美国。2018 年，马来西亚吸引外国直接投资约 805 亿林吉特（约合 193 亿美元）。②据统计，2017 年，中马双边贸易额为 960 亿美元，同比增长 10.5％，占中国与东盟贸易额的 18.7％；其中中国对马来西亚出口 417 亿美元，增长 10.8％；中国自马来西亚进口 543 亿美元，增长 10.2％。中国对马来西亚贸易逆差为 126 亿美元。③

一、马来西亚教育体系

　　19 世纪以前，马来西亚没有正规学校，只有马来人的古兰经塾和华人的私塾。1816 年，英国传教士创办了马来西亚第一所学校——槟城义学，之后学校基本为教会所垄断，民族教育受资金与师资的限制发展缓慢。马来西亚建国初期，政府公布了《教育政策报告书》等文件，针对教育体系与管理政策提出改革方案，1957 年颁布《教育法令》，强调教育政策的最终目标是实行以国语为教学语言的全国统一的教育制度，马来西亚教育从此走上了普及化、规范化、综合化的道路。④

　　目前，马来西亚学校教育体系由学前教育、小学教育、中学教育和高等教育

---

　　①　World Bank Group, "World Bank Open Data," https://data.worldbank.org/country/malaysia，2019-07-31.

　　②　中华人民共和国外交部：《马来西亚国家概况》，https://www.fmprc.gov.cn/web/gjhdq_676201/gj_676203/yz_676205/1206_676716/1206x0_676718/，2019-07-31。

　　③　中国驻马来西亚经商参处：《2017 年中马双边贸易额达 960 亿美元，同比增长 10.5％》，http://www.mofcom.gov.cn/article/i/jyjl/j/201801/20180102705913.shtml，2019-11-17.

　　④　潘懋元：《东南亚教育》，81～83 页，南京，江苏教育出版社，1988。

组成，由教育部总体负责管理，每个州有一个教育部门来协助联邦政府管理教育事务。特殊教育由特殊教育部门负责，体育学校由青年与体育部负责。

马来西亚的学制为"6＋3＋2"结构，分别为六年制小学、三年制初中和两年制高中，构成了11年免费教育体系。马来西亚学生必须在小学、初中和高中结束时参加普通公共考试。高中结束后，他们可以选择进入就业市场，或在公立和私立学院、理工学院、培训机构及大学接受大专及以上教育。马来西亚教育体系如表4-2所示。

表 4-2　马来西亚教育体系①

年龄	教育年限/年	教育等级	普通教育体系	职业教育体系
26～28 岁	3	高等教育	博士学位(≥3 年)	—
24～25 岁	2		硕士学位(1～2 年)	
20～23 岁	4		学士学位(3～4 年)	理工学院(2～3 年)
18～19 岁	2	中等教育	中学延修班/大学预科班 (1～2 年)	
16～17 岁	2		高级中学	技术学校/职业学院
13～15 岁	3		初级中学	
7～12 岁	6	初等教育	小学	

(一)学前教育

马来西亚的学前教育包括两个阶段。阶段一为面向 0～4 岁婴幼儿的早期保育项目，由妇女、家庭和社区发展部进行管理，幼儿早期保育中心、托儿所负责教育活动的具体开展。阶段二为面向 4～6 岁儿童的学前班，由教育部、农村和区域发展部、民族团结司等政府机构提供，一部分私立机构和公益组织也开设学前班。在马来西亚，6 岁儿童需参加至少 1 年的学前教育。

学前教育教师需要进行学前教育培训，确保儿童的学习过程与国家学前教育课程标准同步。公立学校一般都开设学前班，但这类学校只面向低收入家庭招生。2016 年马来西亚的统计数据显示，在私立学前教育机构学习的儿童数量是

---

① Malaysia，Kementerian Pendidikan，"Pelan Pembangunan Pendidikan Malaysia 2013-2025," https://www.moe.gov.my/dasarmenu/pelan-pembangunan-pendidikan-2013-2025，2020-03-21.

在公立学前教育机构的 2 倍。①

马来西亚学前教育的学习内容包括语言与沟通、认知发展、社交—情感发展、精神与道德发展、身体发展、审美和创造性发展六个学习领域。② 除正常授课外，学前教育机构还为学生提供学生档案，记录学生的进步与发展。

（二）小学教育

马来西亚的小学教育为六年制，属于义务教育阶段，是学生学习读写和打下良好的数学与科学基础的教育阶段，马来语和英语是小学的必修课程。

马来西亚的小学教育有两种，分别是以马来语为教学语言的国民学校，以及以泰米尔语或汉语为教学语言的民族类型的泰米尔语和汉语学校。泰米尔语和汉语学校中成绩较低的学生需要在进入中学前参加一年的过渡班（预备班），以强化他们的语言、科学和数学知识。③ 同时，马来西亚还有专门为听力障碍和视力障碍学生开设的特殊教育学校。马来西亚 2017 年公立小学主要数据如表 4-3 所示。

表 4-3　马来西亚 2017 年公立小学主要统计数据④

项目	数量
学校	7772 所
教师	239850 人
在校学生	2685403 人

马来西亚小学阶段的主要课程包括马来语、英语、数学、科学、伊斯兰教育或道德教育、音乐教育、健康教育、体育、艺术教育、生活技能、乡土研究等。其中乡土研究是围绕家庭、社区、地方、国家等领域开展的研究型课程，鼓励学生探索人与环境的互动机制，培养家乡和国家自豪感。

国民学校和民族类型学校都有公开考试，考试安排在小学六年级进行，用来评估学生的表现，如果成绩合格，学生可以获得初等学校证书，作为升入初中的凭证。

---

① Razali Hassan, Lee Ming Foong, Asnidatul Adilah Ismail, "TVET in Malaysia," in *Vocational Education and Training in ASEAN Member States*, Singapore, Springer, 2019, p. 114.

② 中国—东盟中心：《东盟国家教育体制及现状》，123 页，北京，教育科学出版社，2014。

③ 李俊、Lai Chee Sern、白滨：《马来西亚职业技术教育的现状与挑战》，载《职教论坛》，2016(36)。

④ Razali Hassan, Lee Ming Foong, Asnidatul Adilah Ismail, "TVET in Malaysia," in *Vocational Education and Training in ASEAN Member States*, Singapore, Springer, 2019, p. 115.

（三）中等教育

马来西亚的中等教育分为初中和高中两部分，初中为三年制（一至三年级），高中为两年制（四至五年级）。

中学阶段的课程强调学生基本读写算技能的掌握，以马来语、英语、数学等学科为重点，同时注重培养学生的价值观、智力、情感、健康等，鼓励学生的求知热情，提倡终身教育。

初中三年级的学生需要参加初级中等评估考试（PT3）。根据考试的结果，学生从理科、文科或职业技术学科中选择未来发展的方向，进而进入学术类学校（高级中学）或技术类学校（职业学院）。即将完成高中阶段的学业时，学生要参加马来西亚资格认证考试（SPM）。

马来西亚资格认证考试结束后，选择学术方向的学生可以选择参加1～2年的大学预科班或中学延修班（1.5年）继续他们的学习。中学延修班的学生可以参与马来西亚高级中等学校证书考试或某些地方大学的入学考试。学生如果完成了技术类学校教育，则可以获得马来西亚资格证书（职业类），学生可以继续在理工学院或其他高等教育机构学习，或者直接就业。

（四）高等教育

马来西亚高等教育机构主要分为公立高校和私立高校两类，它们均可为学生提供证书、文凭及学士、硕士和博士学位的课程。公立高等教育机构包括公立大学、理工学院、社区学院和由政府资助的教师培训机构；私立高等教育机构包括私立大学、大学学院、外国大学分校、私立学院等。[1]

马来西亚高等教育的学习时长为1～5年不等。其中职业或专业类的证书课程一般需要学习1～2年，文凭课程则需要2～3年。在大学获得学士学位需要3～4年，医学和牙科项目则需要5年；硕士学位需要1～2年，博士学位则至少需要3年。马来西亚比较著名的大学有马来亚大学、马来西亚理科大学、博特拉大学、马来西亚国民大学等。

马来西亚的高等教育主管部门为教育部，对高校的设立行使行政审批权。高等教育机构所开设的课程必须由教育部及国家学术鉴定局进行双重核准。国家学术鉴定局还负责对课程质量进行监督审查。[2]

---

[1] Razali Hassan, Lee Ming Foong, Asnidatul Adilah Ismail, "TVET in Malaysia," in *Vocational Education and Training in ASEAN Member States*, Singapore, Springer, 2019, p. 117.

[2] 中华人民共和国教育部教育涉外监管信息网：《马来西亚》，http://www.jsj.edu.cn/n1/12027.shtml, 2019-08-05。

二、马来西亚职业教育体系

对于职业类课程内容，马来西亚教育体系的各阶段均有所涉及，早在小学教育阶段，马来西亚就通过职业预备课程提供技术教育，有一门叫作"生活技能"的职业预备课程，让学生接触各种职业内容，学习基本的职业技能。进入初中教育阶段后，学生则可以选择接受专门的职业教育。

（一）初等职业教育

马来西亚在初级中学阶段对学生进行学术方向和职业方向的分流。针对职业方向的学生，马来西亚实施基础职业教育计划，基础职业教育计划从 2012 年开始在 15 所学校进行试点。学生从初中一年级到初中三年级，通过三个等级的培训，即可获得由人力资源部技能发展中心颁发的马来西亚技能二级证书。

初中的职业教育课程参照国家职业技能标准，让学生直接参与相关主题的工作实践。职业课程的全部科目中有 70％ 为技能课程，30％ 为学术课程。通过三年职业课程的学习，那些对职业教育感兴趣、动手能力强、学术能力较弱的学生获得了更多的就业机会，避免由于文化课成绩不佳而被主流教育抛弃的情况。在初级中学阶段选择职业方向的学生，毕业后一般进入职业教育院校学习，或参加职业教育院校提供的技能训练项目。

（二）技术学校与职业学院

初中毕业生通过初级中等评估考试后进入高中阶段的学习，并根据其成绩进行学术与职业的再次分流。马来西亚高级中学分为普通学校、技术学校、职业学院、宗教学校、体育学校 5 种类型，对职业技术感兴趣的初中毕业生一般选择在技术学校或职业学院进行课程的学习，学制为两年。

目前，马来西亚共有技术学校 9 所，职业学院 81 所。[①] 职业学院由教育部管理，设有自动化技术、焊接技术、机械加工、机械制造、电气技术、烹调和烘焙等专业。学生在完成 2 年的职业教育后，可以直接获得国家职业技能标准规定的三级技能证书和四级技能文凭，如能完成 4 年完整的职业项目，将获得马来西亚职业学位证书，且不必为了得到相同级别的认证专门去职业技术培训机构接受

---

① Razali Hassan, Lee Ming Foong, Asnidatul Adilah Ismail, "TVET in Malaysia," in *Vocational Education and Training in ASEAN Member States*, Springer, 2019, p.119.

再次培训。

高中快毕业时，学生需要参加马来西亚资格认证考试，通过考试的学生可以进入中学延修班、大学预科班、社区学院、理工学院、公立大学等不同教育机构，部分学生也会就此选择脱离教育系统，作为非技能工作者进入劳动力市场。①

(三)理工学院

马来西亚的理工学院旨在通过教育与培训的转型，为全球劳动力提供创新型人力资本，使学生成为工程、商业和服务等各个领域的技能型人才。理工学院的学生在毕业时应该成为合格的技术助理或助理工程师、半专业或中级以上水平的技术人员。

马来西亚共有3个一流理工学院、25个普通理工学院和5个城市理工学院。理工学院可以提供学士学位课程、高级文凭课程和普通文凭课程，理工学院设有工程、商业、食品技术、信息技术、海事、农业技术、酒店及设计等专业。截至2016年10月，马来西亚共有96069名学生在理工学院学习，其中修读证书课程的学生为23937人，修读文凭课程的学生为26295人。②

马来西亚理工学院以提供高质量的职业技术教育与培训项目并得到社会认可为使命和理想，发展行业导向的课程，致力于通过提升行业的参与度增强学生接受职业教育的意愿。此外，理工学院还通过提供充满活力、可持续的项目，培养学生的企业家精神；并积极参与社区的职业技术教育与培训，希望获得马来西亚有关资质机构、社会和国际上的认可。

马来西亚教育部针对理工学院提出了3点目标：理工学院应成为区域一级的主要职业技术教育与培训机构，至少85%的毕业生在毕业后的6个月内找到工作或继续深造，50%的高中毕业生会选择到理工学院接受高等教育。③ 当前，马来西亚正在对理工学院进行改革，改革的目标是使之成为职业技术教育与培训的领先机构，培养出适合就业的毕业生，建立社会对理工学院的积极看法。改革以课程为重点，针对课程体系的开发、完善与质量保障制定方案，同时关注职业教育

---

① Von Kopp B., Lai C. S. & Spoettl G., *Internationales Handbuch Der Berufsbildung*: *Malaysia*, Bielefeld, Germany: W. Bertelsmann Verlag Gmb H & Co. KG, 2014, pp. 22-30.

② Razali Hassan, Lee Ming Foong, Asnidatul Adilah Ismail, "TVET in Malaysia," in *Vocational Education and Training in ASEAN Member States*, Singapore, Springer, 2019, p. 122.

③ Rasul M. S., Ashari Z. H. M., Azman N., & Abdul Rauf R. A., "Transforming TVET in Malaysia: Harmonizing the Governance Structure in a Multiple Stakeholder Setting." *TVET@ Asia*, 2015(4), pp. 1-12.

教师的培养、学院管理、资源获取渠道的开拓与学生持续创新能力的提升。

案例一：翁古·奥马尔理工学院

翁古·奥马尔理工学院是一所一流的理工学院。1969年，马来西亚教育部在联合国教科文组织的帮助下成立了该学院，是马来西亚最早的理工学院。目前该学院有在校生6420人，教师506人，工作人员140人。[①]

学院目前设有土木工程系、电气工程系、机械工程系、海洋工程系、商务系、信息技术系、基础研究系等12个系。

以电气工程系为例，该系的办学宗旨是：在秉承崇高价值观的同时，希望通过广泛的知识和创新，提供高效、专业、优质的教育和服务，培养出具有高度责任感、高技能、知识面广、可信赖的毕业生，学生能够通过创新思维解决问题。电气工程系开设的课程有：电子工程(计算机)文凭课程、电子工程(通信)文凭课程、电气与电子工程文凭课程。

电气工程系的课程教育目标如下。

● 具备电子通信学科的知识和技术，能够应对计算机/通信/电气领域的新技术的挑战。

● 具备良好的沟通能力和团队协作能力、领导能力。

● 能够对计算机/通信/电气设备进行故障排除和维护，具有创新性、创造性和工程伦理，承担国家和社会发展的责任。

● 能够展示创业技能，认识到成功的职业发展需要终身学习。[②]

(四)社区学院

马来西亚社区学院最早创建于2000年7月，是立足于市场与社区发展的需要，提供各级培训和技能的机构，主要通过对非技术工人进行再培训提高其就业技能。

目前，马来西亚共有94所社区学院，为持有马来西亚资格认证考试证书的学生提供文凭和证书级别的职业技术教育。这些学院还为社区居民提供短期课程，以提高其在各个领域的职业技能。此外，社区学院还首创特殊技能证书，面向残疾学生提供技能型课程。社区学院涉及的职业领域包括农业、建筑、商业、电子工程、医疗科学、酒店和旅游、人类发展、艺术、食品技术及信息通信技术。

---

① Politeknik Malaysia Ungku Omar, "Home," https://www.puo.edu.my/portal/, 2019-08-06.

② Politeknik Malaysia Ungku Omar, "Electrical Engineering Department," https://jkepuomooc.wixsite.com/jkepuo, 2019-08-06.

马来西亚社区学院注重与其他职业教育与培训机构和私营机构的合作，共同开发课程，并通过学徒制传授相应的技能。社区学院通过对创业计划进行支持，提高了学生创业的比例，使毕业生能在良好的学习环境中为当地社区提供优质的服务。在成功实施这一改革方案后，社区学院预计可为各自的社区贡献35%的熟练劳动力，劳动力同时具备基础知识技能和创新创造能力，可促进当地的经济发展。

（五）公立大学

在高等教育层面，马来西亚高等职业教育的目标是针对劳动力市场开发人力资源，鼓励学生的创新创造。高中毕业后，一部分学生在完成中学延修班的学习后可以进入马来西亚科技类大学。马来西亚共有21所公立大学，其中有5所是以高等技术教育为主的技术大学，主要提供技术与工程方面的课程，致力于培养具备较强技术应用能力的毕业生。马来西亚成立第一所技术大学以来，工业部门就业人数不断增加，技术大学逐渐承担起培养高技能职业技术人才的责任。这5所技术大学分别是：马来西亚登嘉楼大学，成立于1979年，原名为渔业和海洋科学研究中心；马来西亚敦胡先翁大学，成立于2000年，原名为科勒大学侯赛因分校；马六甲技术大学，成立于2000年，原名为马来西亚科勒大学；马来西亚玻璃市大学，成立于2002年，原名为马来西亚乌塔拉大学；马来西亚彭亨大学，成立于2002年，原名为马来西亚科勒工程技术大学。

2006年，马来西亚的技术大学形成了技术大学学院网络，技术大学学院网络后来更名为马来西亚技术大学网络，2015年再次更名为马来西亚科技类大学。

案例二：马来西亚登嘉楼大学

登嘉楼大学成立于1979年，原名为渔业和海洋科学研究中心，之后升级为博特拉大学的海洋研究所分院，又经过几次改名，于2007年2月1日正式由大专院校升级为登嘉楼大学。

登嘉楼大学拥有8所学院，分别是基础科学学院、信息与应用数学学院、海洋与环境科学学院、渔业与水产养殖科学学院、食品科学与技术学院、海事商业与管理学院、海洋工程学院、社会发展与经济学院。该校提供27门学士学位课程及1门文凭课程。同时，登嘉楼大学还拥有4个国内知名的研究机构，分别是海洋学研究所、热带水产养殖研究所、海洋生物工程研究所和肯逸湖研究所。[①]

根据2018年9月的统计数据，登嘉楼大学共有本科生10422人，研究生

---

① 登嘉楼大学升学辅导组：《马来西亚登嘉楼大学（登大）Universiti Malaysia Terengganu (UMT)》，https://quanshengumt.wordpress.com/马来西亚登嘉楼大学-universiti-malaysia-terengganu-umt/，2019-08-10。

11240 人，校友 26570 人。① 现行的学位与文凭项目如下。

- 基础科学学院：理学学士（生物科学）、理学学士（化学科学）。
- 信息与应用数学学院：计算机科学学士（软件工程）、海洋信息学计算机科学学士、理学学士（金融数学）、理学学士（应用数学）、计算机科学学士（移动计算）。
- 海洋与环境科学学院：理学学士（海洋科学）、理学学士（海洋生物）、应用科学学士（生物多样性保护及管理）、理学学士（分析与环境化学）、理学学士（海洋地理科学）。
- 渔业与水产养殖科学学院：应用科学学士（渔业）、农业技术学士（水产养殖）。
- 食品科学与技术学院：食物科学学士（食物技术）、食物科学学士（食品服务与营养）、农业技术学士（作物科学）。
- 海事商业与管理学院：管理学学士（海事）、管理学学士（市场学）、旅游管理学士、会计学学士。
- 海洋工程学院：应用科学学士（海事科技）、应用科学学士（电子和仪器）、工学学士（环境）、理学学士（航海科技及海事运输）。
- 社会发展与经济学院：管理学学士（政策研究）、咨询学士、经济学学士（自然资源）。
- 渔业文凭。②

（六）其他职业教育机构

除教育部外，马来西亚还有许多政府部门也提供职业技术教育的项目或课程。马来西亚国家人力资源部设立了工业培训机构，专为离校生和在职产业工人提供正式的技能培训；同时还成立了 4 个先进技术培训中心，分为就业前和就业后培训两个层次，重点关注先进技术领域。

此外，马来西亚青年与体育部负责为 17～25 岁的青少年提供技能培训，包括非全日制（兼职）的技能培训和短期的模块化技能培训，培训内容丰富、方式多样、时间灵活。马来西亚农业部专门为相关领域高中毕业生提供农业学院的证书培训课程，目前马来西亚共有 7 个农业学院提供农业培训课程，学生毕业后可以成为熟练农业技术工人或农业企业家，获得农业学院证书的学生可以在马来西亚博特拉大学继续修读文凭课程。马来西亚国防部成立了马来西亚国防大学，包括

---

① Office of Cooperate Communications, "Universiti Malaysia Terengganu," http://www.umt.edu.my/doc/fakta_ringkas.pdf, 2019-08-10.

② Universiti Malaysia Terengganu, "Undergraduate Programmes for Academic Session 2019/2020," http://www.umt.edu.my/index.php? go＝ak_pra, 2019-08-10.

国防工程学院、国防科学学院、国防管理研究院、国防医学与卫生科学学院，提供工学、理学和管理学等学士学位，其学生的成绩评定由学术表现、身体素质和军事领导能力共同决定。[①] 农村发展部设立人民信托局，向马来西亚青年提供各种商业和技能培训方案，并设置玛拉促进中心，为马来西亚青年提供短期的单一技能专业培训课程。另外，马来西亚玛拉工艺大学提供文凭、学士学位、硕士学位和博士学位课程，课程涵盖商业、工业、制造业、高科技和创业等多个领域。

马来西亚政府部门设立的技能训练学院或机构一般都会提供资格证书或学位证书，获得证书的毕业生一般能够在社会中找到相应领域的工作。

此外，许多私立的机构和组织也提供职业技术教育与培训，例如，槟城数理科学技术与英语综合培训中心、柔佛州私人有限公司技能中心、吉隆坡大学、林国荣大学等部分私立大学也在其大学课程中提供职业教育项目。此外，基督教女青年会也向公众提供职业训练课程。

三、马来西亚职业教育管理

（一）管理与监督机构

在马来西亚职业教育体系中，职业技术教育与培训中的"教育"部分主要由教育部负责，包括技术学校、职业学校、理工学院、公立大学和社区学院等。学生在初中阶段选择进入学术方向或职业方向，选择职业方向的学生接受初等职业教育，毕业后可以选择进入职业学院继续学习。学生如能完成 4 年的完整职业项目，可获得马来西亚职业学位证书。如果在初中阶段选择了学术方向，学生同样可以在高级中学阶段改选为职业技术方向，选择技术学校和职业学院的学生需要和普通学校的学生共同参加马来西亚资格认证考试，决定其是否可以进入大学预科班或中学延修班继续学习。大学预科班或中学延修班的学习结束后，学生通过选拔可以进入马来西亚科技类大学，获得职业技术教育有关学科的学士、硕士或博士学位。[②]

职业技术教育与培训中的"培训"部分主要由其他政府部门负责，如人力资源部、青年与体育部、农村发展部等，这些部门建立了许多公开的技能训练学院，提

---

① Razali Hassan，Lee Ming Foong，Asnidatul Adilah Ismail，"TVET in Malaysia," in *Vocational Education and Training in ASEAN Member States*，Singapore，Springer，2019，pp. 123-125.

② 李俊、Lai Chee Sern、白滨：《马来西亚职业技术教育的现状与挑战》，载《职教论坛》，2016(36)。

供多种职业计划与培训课程。辍学或有再教育需求的学生可以选择参与此类培训。同时，马来西亚设立了国家双元培训制度，学生在为期两年的课程中，70％～80％的时间在工作场所实习，20％～30％的时间在培训机构学习理论知识。招生对象主要为从普通学校辍学的学生。

人力资源部下设的马来西亚技能发展中心设立了针对学生就业能力提升的项目，在 2011—2015 年推行了四项战略：提高学生对职业技术教育的认知，吸引更多学生；培养优质的教师；提升课程的质量，使之与行业需求相协调；精简课程内容。马来西亚技能发展中心作为唯一的机构负责协调不同技能类型之间的培训标准及课程的评审工作，并通过委托多个行业指导机构，制定国家职业技能标准，确保职业技术课程符合就业能力的要求。①

目前，马来西亚信托委员会已经完成了第十个五年计划（2011—2015 年），并将职业教育全面纳入马来西亚信托委员会 2011—2020 年转型战略框架，进行职业教育的监管工作。该战略框架提出了四点要求：一是让学生具备诚信和创新的精神，实现马来西亚全球人力资本的目标；二是转变教育模式，培养具有国际竞争力的商业领袖、企业家和专业人才，培养优秀的职业教育毕业生；三是加强高校和预科阶段教育平台建设，为送学生出国修读学士和硕士学位打下坚实基础；四是通过大学的衔接项目，为高中阶段接受职业技术教育的学生搭建从基础证书水平提升到文凭和高级文凭水平的桥梁。

此外，马来西亚政府 2017 年对职业技术教育与培训的总预算达到了 46 亿林吉特（约合 11 亿美元），其中 2.7 亿林吉特（约合 0.6 亿美元）用于职业教育与培训机构的教育设备升级。②

(二)资格认证框架与职业技能标准

马来西亚共有教育部、人力资源部、青年与体育部等七个政府部门与一部分私立机构开展职业教育与培训，为合格的学习者发放各级证书、文凭及学位。为了在多部门管理的情况下保证职业教育的质量，为用人市场提供人才质量的衡量标准，马来西亚成立国家认证委员会，制定了统一的资格认证框架与职业技能标准。国家认证委员会下设的马来西亚资格认证机构，负责制定马来西亚资格框架，为高等教育和培训部门制定相应的资格标准。

---

① Rasul M. S., Ashari Z. H. M., Azman N. & Abdul Rauf R. A., "Transforming TVET in Malaysia: Harmonizing the Governance Structure in a Multiple Stakeholder Setting," *TVET@ Asia*, 2015(4), pp. 1-12.

② Rahman N. A. A., Kadir S. A., Mohammad M. F., et al., "Higher Tvet Educationin Aviation: Teaching Quality and a Master Key to Industry 4.0," *International Journal of Education*, 2017 (5), pp. 44-53.

马来西亚资格框架将所有职业资格分为技能教育、职业技术教育、高等教育三个部门进行管理,将三种教育所能获得的证书和学历水平同时放在资格框架中,其中技能教育和职业技术教育部分的资格等级最高为五级,高等教育资格等级最高为八级。

马来西亚资格框架提供了一套清晰的标准,将职业资格与学生的成就水平挂钩,帮助用人单位与社会机构对人才的水平做出合理预判,同时也促进了职业资格水平的国际比较。该资格框架将非学位课程与本科生及研究生课程相比较,鼓励学术、技能和职业技术资格之间转换和互通。

目前共有三种部门可以颁发资格证书。第一种部门是技能部门,提供与技术和工业有关的技能培训。这些技能是通过循序渐进的职业训练逐渐获得的,学生从半技能水平开始学习,逐步过渡到熟练生产,直至获得监督、执行和管理的职业能力。在课程设置中,理论学习占30%,企业实践占70%。第二种部门是职业技术教育部门,职业技术教育能够使一个人在特定的职业领域中就业或取得相关的职业资格,如技术员、房地产代理、注册财务规划师、单位信托代理人、警务督察、卫生督察等。最后一种部门是学术部门,提供具有智力挑战性的课程,涵盖知识、技能和态度多个方面。马来西亚资格框架具体如表4-4所示。

表 4-4　马来西亚资格框架①

等级	技能教育	职业技术教育	高等教育
第八级	—	—	博士学位
第七级	—	—	硕士学位
第六级	—	—	学士学位
第五级	高级技能文凭	高级文凭	高级文凭 (高中资格证书,需通过入学考试)
第四级	技能文凭	文凭	文凭
第三级	技能证书	资格证书	资格证书
第二级			
第一级			

技能教育部分的资格等级由马来西亚人力资源部进行认证。人力资源部下设技能发展中心,负责进行马来西亚职业技能认证和制定国家职业技能标准。马来西亚国家职业技能标准详细说明了在马来西亚各个职业领域工作的熟练工人应具

---

① Yunos J M, Ahmad W, Kaprawi N, et al., "System of Technical & Vocational Education & Training in Malaysia (TVET)," 2nd International TT-TVET EU-Asia-Link project Meeting, VEDC Malang, 2006, p.7.

备的能力，具体如表 4-5 所示。

表 4-5   马来西亚国家职业技能标准①

证书/文凭		预期能力
马来西亚技能证书	第一级	能胜任大部分例行性和可预见性的工作任务与工作活动。
	第二级	能胜任各种工作活动，包括非常规的或非本职的工作。
	第三级	能在不同的环境中执行广泛的工作活动，其中大多数任务是复杂的与非常规的；有一定的责任和自主权。
马来西亚技能文凭（第四级）		能胜任广泛、复杂的技术或专业的工作活动，具有相当程度的个人责任感和自主权，负责分配他人的资源和任务。
马来西亚高级技能文凭（第五级）		能应用一系列基本原则完成复杂的技术、应对不可预测的多样化环境；对他人的资源分配承担大量的个人自主权和责任；除了拥有专业的技能，岗位职责还包括分析、诊断、设计、规划、执行和评价。

职业技术教育与高等教育的资格等级由马来西亚学术鉴定局进行认证。职业技术教育中不遵循国家职业技能标准的培训项目主要由技术学校、职业学院、社区学院及不能授予学位的培训机构提供。

四、马来西亚职业教育教师

教师在职业技术教育的质量保障上起着十分关键的作用，职业教育教师的专业水平和教学水平都影响着学生的学习效果和能力提升。与其他教育体系略有不同，职业技术教育与培训更多地强调动手与实践性活动，因此，职业教育对教师实际经验和教学技能尤为重视。

马来西亚教育部出台了《2013—2025 年教育发展规划》，该规划指出，想要提高职业教育教师质量，就必须要为现有的教师提供更多资源、更多专业发展机会和职业路径支持，同时提升教师的教学能力，完善奖励机制，吸引和留住最好

---

① Ministry of Human Resources，"National Occupational Skills Standard（NOSS）Registry 29 July 2013，"http://jpkmalaysia. com/wp-content/uploads/2012/08/Daftar-NOSS_29-Julai-2013. pdf，2020-03-21.

的人才。① 同时，高等教育部绘制了 2015—2025 年马来西亚高等教育的发展蓝图，指出要根据教师在教学、科研和领导力方面的表现，为教师提供差异化的职业晋升和奖励；制订教师专业发展计划，包括跨行业跨机构流动计划与领导力发展计划。

增加职业教育教师在课程、财务管理和人才管理等领域的决策权是马来西亚职业教育的一个发展趋势。由于职业教育教师行业的特殊性，教师更了解市场需求和发展，可以使院校或机构更灵活、更快速地应对经济全球化和新技术变革的挑战。

马来西亚人力资源部下设的职业技术教师高级技术培训中心位于莎阿南地区，专门负责为职业培训机构培养高技能教师，开设汽车、建筑、焊接、电气等专业的培训课程，每位学员需要在 1.5～3 年内完成培训。② 在培训期间，学员需参加为期 6 个月的实践课程，在特定环境下，如在工作场所，进行学习并解决真实问题。在这段时间，实践企业的负责人对他们进行监督，中心的讲师会来观察 2～3 次，以确保学员遵守中心和行业规则。学员还要学习有关教学的技能。完成培训后，学员可以获得证书和文凭作为教学许可证。此外，培训中心也负责为公立或私立培训机构的在职教师提供监督及技能发展培训。目前，有越来越多的教师前往培训中心接受再培训，提升自己在个人素质、课程内容、教与学的方法等方面的水平。

还有部分大学也为职业教育教师提供培训课程，但此类课程的重点更多地放在科学技术领域而不是职业技能领域，即让大学毕业的职业教育教师在高科技方面有更多的知识。学生完成大学学业后，他们将在职业技术或学术类学校教授职业技术类课程。

五、马来西亚职业教育的国际合作

近年来，马来西亚在职业教育国际合作领域进行了许多有益的尝试，涉及学生培训、教师培训、学历与资格互认等多个方面。

---

① Ministry of Education Malaysia，"Malaysia Education Blueprint 2013—2025（Preschool to Post-Secondary Education），" https://www. ilo. org/dyn/youthpol/en/equest. fileutils. dochandle? p_uploaded_file_id＝406，2019-08-11.

② Mohamad M. M. , Saud M. S. , Ahmad A. , "The Need in Training and Retraining for TVET Teachers in Malaysia," *Journal of Technical Education and Training*，2009（1），pp. 51-57.

马来西亚人力资源部与日本政府于 1993 年共同成立日本—马来西亚技术研究所,研究所的成立主要是为了培养高技能的工业技术人员。这类工业技术人员主要服务于制造、电子、计算机和机电一体化等先进技术领域。

2005 年 12 月,马来西亚敦胡先翁大学、西班牙巴塞罗那自治大学、德国不来梅大学技术与教育研究所和职业教育发展中心、印度尼西亚万隆工学院、印度尼西亚万隆技术教育发展中心参加了欧盟"亚洲连接"计划资助的一个国际合作研究项目。研究的重点是制定跨国教师培训标准、教师资格认证及职业课程设置。①

2007 年,马来西亚敦胡先翁大学采取了一项创新举措,与德国不来梅大学紧密合作,开展德国—马来西亚博士项目。该项目属于高等教育水平的职业教师培训,参加此项目的学生须至少修读 4 年才可获得博士学位。课程的目的是为从事职业培训工作的人员提供具有博士学位的教师资格。该合作项目通过参照德国以工作过程为导向的职业技术教育与培训体系,促进马来西亚职业技术教育与培训体系的重组。2009 年,共有 18 名博士生报名攻读此博士学位。②

在与中国职业教育的合作上,一方面,中国与马来西亚加强校企合作、产学合作力度,中国的高科技企业为马来西亚学生提供了大量的实习平台。目前,中国华为公司已经同 15 所马来西亚大学开展合作,为信息和通信技术领域的学生提供培训和实习机会。马来西亚教育部部长表示,除课堂教学外,让学生们参加更多的培训和实践已成为职业技术教育发展的重要趋势,通过这一方式培养出的专业人才可以更好地为两国企业合作服务,促进互利共赢。③

另一方面,中马两国的职业院校保持着密切的交流,在多所职业院校的积极合作下,两国职业院校的师生互换、教师学历提升、中马文化交流等项目积极推进。例如,广西职业技术学院在招收留学生、短期培训、学生互访等方面,先后与马来西亚英迪国际大学、马来西亚泰莱大学、马来西亚博特拉大学、马来西亚林国荣创意科技大学、马来西亚敦胡先翁大学、马来西亚斯里曼绒职业学院等院校建立了合作交流机制;并与马来西亚多所中学建立长期合作伙伴关系。两年来,广西职业技术学院共招收马来西亚留学生 35 人,还有 200 多人次的专业人

---

① Jailani M. Y., WA W. M. R., Syarizul A. M. D., "Research And Development For Capacity Building In TVET: The International PhD Programme Between UTHM And ITB Germany," *Journal of Technical Education and Training*, 2009, 1(1), pp. 17-28.

② Jailani M. Y., WA W. M. R., Syarizul A. M. D., "Research And Development For Capacity Building In TVET: The International PhD Programme Between UTHM And ITB Germany," *Journal of Technical Education and Training*, 2009, 1(1), pp. 17-28.

③ 《马来西亚教育部长:愿同中国加强在职业技术教育领域的合作》,http://news.cri.cn/20190710/91acd7c6-cd84-af1a-89d9-d95dba7be281.html,2019-08-13。

员到广西职业技术学院参加短期文化交流活动。① 2018 年 9 月，第一届中国与马来西亚职业教育发展论坛在长沙举行，进一步探讨了两国职业教育协同发展、长效合作的方向。

六、马来西亚职业教育的问题与发展趋势

为了实现到 2020 年熟练工人的比例达到 40％的目标，马来西亚政府于 2011 年 1 月启动"技能马来西亚"计划，旨在突出职业领域的技能，提高现有工人的能力。"技能马来西亚"计划预计产生 21 亿林吉特（约合 5 亿美元）的国民总收入，并创造 1.24 万个就业岗位。2011 年 5 月，马来西亚副总理启动了一项媒体宣传活动，重点宣传职业资格证书所能带来的生涯前景与优势，改变人们对于职业教育的不良印象，包括一系列全国范围的巡回宣传，重点提供职业技术教育的相关信息，以加强人们对职业教育的了解。②

尽管马来西亚政府近年来加大了对职业教育的支持力度，但马来西亚的职业技术教育仍面临着一些突出问题。

（一）资格认证标准不统一

目前，虽然马来西亚有各类资格与技能认证标准，但有资格开展职业技术教育与培训的部门和组织过多，导致培训标准与教育质量差异较大，不同机构的培训内容间也存在重叠现象，不利于学生就业能力的提升。由于现有的资格认证机构采用不同的认证标准和程序，技能部门与职业技术教育部门间的互通性差，出现了学生和雇主之间对证书价值和质量标准的混淆现象③。

此外，职业资格证书可以由多个公立及私立机构和部门颁发，这使得许多证书难以得到产业界的承认，引发市场对资格认证的不信任。

目前技能教育和职业技术教育的资格等级最高为五级，只能对应普通教育的

① 《马来西亚教育代表团应邀赴广西职业技术学院参加"2018 年中国—东盟边境职业教育论坛"》，http://www.gx211.com/news/20181221/n15453739803426.html，2019-08-13。

② Pang Chau Leong，"Key Reforms in Revitalising Technical and Vocational Education and Training in Malaysia," Regional Conference on Human Resource Development Through TVET as a Development Strategy in Asia, Colombo, Sri Lanka, 2011.

③ Pang Chau Leong，"Key Reforms in Revitalising Technical and Vocational Education and Training（TVET）in Malaysia," Regional Conference on Human Resource Development Through TVET as a Development Strategy in Asia. Colombo，2011.

高中资格证书水平，并且高等教育机构也并不完全认可技能教育和职业技术教育学生的资格，这为技能和职业技术教育学生进入高等教育机构进行再教育的通道选择带来了障碍，影响技能和职业技术教育学生进一步深造。

目前马来西亚技能证书并没有得到马来西亚高等教育机构和工程认可委员会的充分认可，资格认证的标准不统一导致市场对证书不认可，学生也难以进入高校继续深造。为此，马来西亚即将成立技术人员委员会，以保证技能证书的含金量。马来西亚学术鉴定局和技能发展中心计划通过明确教育专业发展路径，努力规范从职业教育机构到大学的流动。

马来西亚职业教育管理机构也面临着类似的问题。马来西亚职业教育受教育部、高等教育部、人力资源部等多个政府部门管理，管理过程存在交叉和重叠。马来西亚正在考虑搭建一个新的管理结构，并在这一新的管理结构下建立一个纳入所有相关部门的整体监管与协调机制，以保障职业教育中的课程开发、绩效管理、培训方案及教育经费等多方面事宜得到有效协调和解决，使职业技术教育的框架和结构更加合理。①

（二）学术与技能的结合：高等职业技术教育与培训

由于工业 4.0 和新技术的发展，马来西亚政府格外强调高科技的价值，希望在 2050 年实现工业转型。工业 4.0 对高级人才提出了更高的要求，因此职业教育应使学生的学习过程与技术进步并行。从历史发展来看，职业教育与学术教育是在对立的传统中产生的，传统大学提供学术知识，而职业教育提供就业技能。职业教育可以为那些对学术领域不擅长的人提供职业选择计划，而高等职业技术教育就是学术和技能的结合。

高等职业技术教育与培训是更注重实际应用的工程学科教育项目，目前马来西亚许多公立高等教育机构都已经针对此类课程进行了大量的尝试。

高等职业技术教育与培训的进步之处在于，其教学方法更强调动手操作，强调主动的、经验的而不是被动的学习。传统的职业技术课程倾向于以教师为中心，而新的教学模式则以学生为中心，以满足社会和职业需求的方式进行教育。其目标也非常明确：培养全球所需的无障碍人才，即完全做好工作准备的毕业生。

高等职业技术教育与培训对学生的评价采取不同的方法。根据马来西亚工程

---

① 李俊、Lai Chee Sern、白滨：《马来西亚职业技术教育的现状与挑战》，载《职教论坛》，2016(36)。

认可委员会 2017 年的规定，传统的职业技术课程期末考试必须至少占总成绩的 60%。[①] 在高等职业技术教育与培训中，期末考试只占总成绩的 40%，其余部分是基于实际工作进行的评价。

该模式还强调教育机构与相关行业和组织的密切联系，构建学术界和工业界之间的共生动态关系，为设计面向实践的综合课程增加了可能性。[②] 与传统的课程相比，高等职业技术教育与培训的学生在第一年进行为期 2 周的行业实践，同时学校还为学生提供行业的第一手信息；第二年，学生在同一个行业的企业中再学习 4 周；最后一年则完成一项全面的实习。在马来西亚，按照工程认可委员会的规定，传统模式要求学生在毕业前至少参与 8 周的行业培训或实际工作；而在高等职业技术教育与培训的课程中，学生仅在最后一年就需要至少完成 3 个月的行业培训或工作实践。[③]

(三)增加私营部门的参与度

由于缺乏市场信息、职业教育教师实践经验不足、职业教育系统缺乏有效的评估和监督机制，职业教育的课程内容与产业需求的匹配度较低，职业技术教育与培训机构的毕业生常常不能满足雇主的需要。为此，加强职业教育与产业界的合作成为马来西亚职业教育发展的重要趋势。

2005 年，马来西亚政府开始实施国家双元培训制度，旨在让学徒了解行业的实际情况。除了技术能力，国家双元培训制度还强调团队合作、自我监控、承担共同责任等社会能力。70%～80% 的培训是在行业或工作场所内进行的，其余的 20%～30% 在培训机构进行，教学使用的是国家职业核心课程，学生有机会在跨国公司、大中小企业和政府关联公司进行实践。[④]

马来西亚国家双元培训制度有 4 个学期，有 2 种实现方案，一种方案是学员每周在工作场所学习 3～4 天，在培训机构学习 1～2 天；另一种方案是学员在工

---

① Engineering Accreditation Council, "Engineering Programme Accreditation Manual 2017," http://www. eac. org. my/web/document/Full% 20Version% 20of% 20EAC% 20Manual%202017ed. pdf，2020-03-21.

② Mazliham Mohd Suud, "Higher TVET: Meeting Future Industry and Student Expectations," Okinawa-Jichikaikan, Japan, 2017. 转引自 Alias, Siti Zaharah, et al. "Industry 4.0: A Systematic Review in Technical and Vocational Education and Training." *Jurnal Psikologi Malaysia*，2018，32(4).

③ Jabarullah, N. and Iqbal Hussain, H. "The Effectiveness of Problem-based Learning in Technical and Vocational Education in Malaysia,"*Education ＋ Training*，2019(5)，pp. 552-567.

④ Wan Ahmad W. S., "To Inculcate Training Culture Amongst Malaysian Industry through National Dual Training System(NDTS)," http://www. mohr. gov. my/wanseman. pdf. 2019-08-13.

作场所连续学习 3～4 个月，在培训机构连续学习 1～2 个月。每月由雇主向受训者发放津贴。为了提高培训质量，国家鼓励培训机构与产业界的合作。马来西亚政府规定，参与合作的雇主可以获得人力资源发展基金或税务优惠，许多职业技术培训机构也为有相关工作经验的技术人员提供非全日制的培训项目。

以工作场所的实践培训为重点，辅以培训机构提供的理论基础，马来西亚政府希望接受职业教育的学生可以通过获得与工作相关的经验迅速成长为合格的熟练工人，以满足行业的需求。① 为进一步增加私营部门的参与度，部分产业的领导者被要求指导相应产业部门的职业教育发展，鼓励产业界有经验的工作人员快速转岗为职业教育培训师，高质量的私营培训机构也可以获得政府提供的技能开发基金。②

---

① Yunos J. M., Ahmad W., Kaprawi N., et al., "System of Technical & Vocational Education & Training in Malaysia (TVET)," 2nd International TT-TVET EU-Asia-Link project Meeting, VEDC Malang, 2006.

② 李俊、Lai Chee Sern、白滨：《马来西亚职业技术教育的现状与挑战》，载《职教论坛》，2016(36)。

第五章 缅甸职业教育

缅甸全名为缅甸联邦共和国(the Republic of the Union of Myanmar),是东南亚国家,总面积约为 67.66 万平方千米;人口约为 5458 万(2020 年)。缅甸境内共有 135 个民族,缅族人口约占人口总数的 65%,85% 以上的人信奉佛教。[①]缅甸位于中南半岛西部,东北与中国毗邻,西北与印度、孟加拉国相接,东南与老挝、泰国交界,西南濒临孟加拉湾和安达曼海。海岸线长 3200 千米。全国分 7 个省、7 个邦和联邦区,省是缅族主要聚居区,邦为各少数民族聚居地,联邦区是首都内比都。

缅甸自然条件优越,资源丰富。农业是缅甸国民经济的基础,农业产值占 GDP 的 4 成左右。缅甸从 1948 年独立到 1962 年实行市场经济;1962 年到 1988 年实行计划经济;1988 年后实行市场经济。2016 年 7 月,缅甸政府颁布了"12 点国家经济政策";10 月 18 日,缅甸《投资法》经总统签署正式生效。2017—2018 财年,缅甸 GDP 约为 690 亿美元,人均 GDP 约为 1300 美元,吸引外国直接投资 58 亿美元。[②]缅甸的主要贸易伙伴是中国、泰国、新加坡、日本和韩国,2017—2018 财年,缅甸对外贸易额为 335.3 亿美元,其中出口 148.5 亿美元,进口 186.8 亿美元。缅甸主要出口产品为天然气、玉石、大米等,主要进口产品为石油与汽油、商业用机械、汽车零配件等。

外交上,缅甸奉行"不结盟、积极、独立"的外交政策。1988 年军政府上台

---

① Ministry of Immigration and Population,"The 2014 Myanmar Population and Housing Census-The Union Report-Census Report Volume 2," https://reliefweb. int/sites/reliefweb. int/files/resources/Census%20Main%20Report%20%28UNION%29%20-%20ENGLISH_1. pdf,2019-11-14.

② 中华人民共和国外交部:《缅甸国家概况》,https://www. fmprc. gov. cn/web/gjhdq_676201/gj_676203/yz_676205/1206_676788/1206x0_676790/,2019-09-09。

后，曾受到以美国为首的西方国家的经济制裁和贸易禁运。缅甸于1997年加入东盟，2004年担任东盟轮值主席国。中国为缅甸第一大贸易伙伴，近年来，中缅两国友好关系稳步发展，两国各领域务实合作不断深化。我国对缅甸主要出口成套设备和机电产品、纺织品、摩托车配件和化工产品，从缅甸主要进口原木、锯材、农产品和矿产品。为扩大从缅甸的进口，中国先后两次宣布单方面向缅甸共计220个对华出口产品提供特惠关税待遇。根据中国商务部的数据，2017年，中缅双边贸易额为135.4亿美元，同比增长10.2%；其中中方出口额为90.1亿美元，同比增长10.0%；中方进口额为45.3亿美元，同比增长10.5%。①

一、缅甸教育体系

缅甸教育经历了封建王朝时期的古代教育、殖民地时期的近代教育和独立以后的现代教育三个阶段。其中，古代教育主要由村落中的寺庙开展，同时进行宗教仪式和文化教育，5～15岁的缅甸男孩均要进入寺庙成为小沙弥进行潜修。19世纪英国殖民入侵后，在缅甸推行英国式教育体制，把英文作为主要教学媒介，并开办了一些技术学校，摒弃了以寺庙教育为主的教育制度。1980年，在缅甸注册的世俗学校已有704所。② 1948年缅甸独立后，开始探索和管理本国教育体制，进入现代教育阶段，尤其重视义务教育、大众教育和扫盲运动，并对高等教育进行改革重组，创立了许多职业学院、文理大学、学位学院和普通学院。

目前，缅甸政府依然重视发展教育和扫盲工作，全民识字率约为94.75%；实行小学义务教育。缅甸教育系统由学前教育、基础教育、高等教育和职业教育组成。学前教育包括日托幼儿园和学前学校，招收3～5岁的儿童；基础教育为10年，一至四年级为小学，五至八年级为普通初级中学，九至十年级为高级中学；高等教育为4年及以上不等。缅甸的普通高校本科教育于2012年改三年制为四年制。缅甸现有基础教育学校40876所，大学与学院108所，师范学院20所，科技与技术大学63所，部属大学与学院22所。缅甸著名学府有仰光大学、曼德勒大学等。③

虽然为了达到东盟教育标准，缅甸于2015年通过了《国家教育法》，规定将

---

① 中华人民共和国驻缅甸联邦共和国大使馆：《中国同缅甸的关系》，http://mm.china-embassy.org/chn/zmgx/t1609034.htm，2019-11-14。

② 蔡昌卓：《东盟教育》，193～198页，桂林，广西师范大学出版社，2009。

③ 中华人民共和国外交部：《缅甸国家概况》，https://www.fmprc.gov.cn/web/gjhdq_676201/gj_676203/yz_676205/1206_676788/1206x0_676790/，2019-09-09。

中小学教育制度由"KG＋10"模式改为"KG＋12"模式，即将基础教育的年限改为
12年，但并未确定每个阶段的学制等细则，该制度也没有真正落地。2018年缅
甸政府于官方报纸《缅甸之光》刊登了《基础教育法（草案）》，公开征求意见，其中
规定小学5年、初中4年、高中3年，但该草案并未正式推行。

职业教育是缅甸教育系统的重要组成部分，缅甸职业教育涵盖了建筑、电
气、电子、机械、酒店和旅游业、制药和护理、农业和畜牧业等一系列职业领
域。缅甸职业教育系统主要包括中等职业教育和高等职业教育两个层次，目前共
有36所政府技术高中和22所政府技术学院。

缅甸教育体系如表5-1所示。

表 5-1　缅甸教育体系

年龄	教育年限/年	教育等级	普通教育体系	职业教育体系
22岁及以上	≥4	高等教育	博士学位	高等职业教育（文凭/学士学位/硕士学位）（1～5年）
20～21岁			硕士学位	
16～19岁			学士学位	
14～15岁	2	中等教育	高中	中等职业教育（1～2年）
10～13岁	4		初中	
6～9岁	4	初等教育	小学	
5岁及以下	3	学前教育	幼儿园	

二、缅甸职业教育体系

缅甸职业教育体系主要包括中等职业教育和高等职业教育两个层次。目前缅
甸共有37所中等职业学校——政府技术高中，22所高等职业技术学院——政府
技术学院，均由缅甸教育部职业技术教育司管理。政府技术高中的入学要求为学
生已完成初中的学习且通过了入学考试。政府技术高中为两年制，课程除与普通
高中相同的基础学科外，还有技术类的专业课程。完成两年的课程学习后，学生
可获得国家认可的正式毕业证书。政府技术学院为三年制，招收从普通高中或政
府技术高中毕业的学生，普通高中毕业生需要在高考成绩上达到要求，政府技术
高中毕业生需要在校期间的所有科目的平均分上达到要求。与大学相比，政府技
术学院的人才培养更加注重学生在实践领域应用技术的能力，主要为学生进入劳
动力市场做好准备。

(一)缅甸中等职业教育

缅甸中等职业教育主要由政府技术高中实施，目前缅甸在全国范围内开设了37所政府技术高中，它们隶属于缅甸教育部的职业技术教育司，共有教师近1600名，学生近8000名，在全国的分布如表5-2所示。[1] 政府技术高中的培养目标是为缅甸培养具有熟练技能的产业工人和技术人员。这些劳动者是缅甸工业领域重要的人力资源，而工业领域的发展正是缅甸迈向发达国家的关键路径之一。政府技术高中通过让学生接触职业领域的一系列实践活动，帮助学生熟悉职业并激发其对相关职业的兴趣，从而促进他们未来职业的发展；通过专业学习帮助学生掌握相关的职业技能，从事相关的生产和工作，为就业和自主创业做好准备。政府技术高中致力于为学生提供科学、技术和商业方面的专业训练，为社会提供符合市场需求的技术型劳动力，同时也注重为农村和偏远地区学生更多地参与职业教育与培训和就业提供机会。

表5-2 缅甸政府技术高中分布表[2]

行政区域	学校数量/所	教师数量/人	学生数量/人
钦邦	2	48	269
德林达依省	3	119	457
掸邦	5	129	454
实皆省	4	171	692
勃固省	2	81	383
克耶邦	1	102	453
马圭省	2	109	584
曼德勒省	5	262	1477
仰光省	3	118	444
若开邦	1	35	221
伊洛瓦底省	3	77	737
孟邦	1	48	248
克钦邦	3	133	534
内比都联邦区	1	63	351
克伦邦	1	70	664
总计	37	1565	7968

---

① Ministry of Education，"GTC/GTI/THS-Department of Technical and Vocational Education (DTVE)，" http://dtve. moe-st. gov. mm/，2018-07-31.

② TVET MYANMAR，"Training Schools-TVET (Technical and Vocational Education and Training) MYANMAR，"http://www. tvetmyanmar. gov. mm/en/node/126，2020-06-04.

政府技术高中的职业教育包括两年制学历教育和短期培训两种形式。完成初中阶段学习的学生可以直接申请进入政府技术高中接受两年制学历教育。由于近几年申请的学生越来越多，入学形式已由申请制改为考试制，考试内容是初中阶段的英语和数学。两年的学习结束后，学生可以根据自己在这两年学习中的成绩和表现，选择进入政府技术学院继续学习，或者进入工作领域成为技能工人或助理工程师。如果他们不能进入政府技术学院继续学习，无论他们是否通过政府技术高中的考试，都可以申请参加大学入学考试。

政府技术高中两年制学历教育课程由专业课和公共课组成，专业课与公共课每周的课程安排均为15课时，一年共600课时。① 专业课包括建筑工程学、电气技术、电子技术、汽车修理技术、机械加工技术、制冷和空调技术、金属加工技术、信息技术；公共课包括缅甸语、英语、数学、物理和化学。各门课程每周课时如表5-3所示。政府技术高中开设的公共课与普通高中开设的公共课相同，每个学生必须完成所有的公共课和某一特定的专业课的学习。专业课对学生的评价包括理论考试和实践操作，其中理论部分占30%，实践部分占70%。政府技术高中课程体系由理论知识和实际操作两类课程组成，实际操作类课程一部分在实训教室中进行，其余部分在学校内的生产车间中进行。政府技术高中的政策制定者希望通过多样化的课程改变学生对职业教育和就业的态度，同时帮助学生实现从学校到工作的过渡。学校也会根据学生的兴趣和能力，帮助他们选择适合自身发展的专业领域。

表 5-3　政府技术高中两年制学历教育各门课程每周课时②

	课程	理论	辅导	实践	总计
专业课	建筑工程学	5	0	10	15
	电气技术	5	1	9	15
	电子技术	5	0	10	15
	汽车修理技术	3	0	12	15
	加工技术	4	0	11	15

---

① DR. （MS.） THEINGI，"Myanmar Country Paper：Reorienting TVET Policy Towards Education For Sustainable Development In Myanmar," https://unevoc. unesco. org/up/ Myanmar_Country_Paper. pdf，2020-03-21.

② DR. （MS.） THEINGI，"Myanmar Country Paper：Reorienting TVET Policy Towards Education For Sustainable Development In Myanmar," https://unevoc. unesco. org/up/ Myanmar_Country_Paper. pdf，2020-03-21.

续表

	课程	理论	辅导	实践	总计
公共课	缅甸语	2	1	0	3
	英语	2	1	0	3
	数学	2	1	0	3
	物理	2	0	1	3
	化学	2	0	1	3

注：加工技术包括机械加工技术、制冷和空调技术、金属加工技术、信息技术。

为了满足政府技术高中的入学要求，申请人需要获得初中文凭并参加政府技术高中指定的入学考试。政府技术高中第一年的学费为3200缅元，第二年的学费为4000缅元。学校在每年的5月开始组织新生注册，6月开学。第一学期期末考试于10月进行，第二学期的考试(晋升考试或毕业考试)于3月进行，学年在5月结束。第二年在完成毕业考试和实习后的技能考试后，成绩合格的学生可获得政府技术高中颁发的政府技术高中毕业证书。没有通过毕业考试的学生的资格仍然是初中毕业生。

（二）缅甸高等职业教育

政府技术学院承担着缅甸高等职业教育的职能，缅甸政府在全国范围内开设了22所政府技术学院，政府技术学院隶属于缅甸教育部的职业技术教育司，目前共有教师1330人，学生9453名，在全国的分布如表5-4所示。[1] 政府技术学院的目标是通过教授理论知识和实践知识，培养具有熟练技能的工人、工程师和技术人员。政府技术学院包括两种类型的教育——短期培训和三年制学历教育。政府技术学院的短期培训包括建筑砌筑、基础测绘、实用小型电子电路、传感器自动控制系统、太阳能发电初阶、电气安全与基础电工、电气安全与房屋线路安装、柴油机检修、复卷机操作、计算机基础、数字化与可编程逻辑控制器(PLC)基础培训等内容。

表5-4　缅甸政府技术学院分布表[2]

行政区域	学校数量/所	教师数量/人	学生数量/人
马圭省	5	373	2685

---

① Ministry of Education, "GTC/GTI/THS-Department of Technical and Vocational Education (DTVE)," http://dtve. moe-st. gov. mm/，2018-07-31.

② Ministry of Education, "GTC/GTI/THS-Department of Technical and Vocational Education (DTVE)," http://dtve. moe-st. gov. mm/，2018-07-31.

续表

行政区域	学校数量/所	教师数量/人	学生数量/人
钦邦	1	72	507
克伦邦	1	54	190
曼德勒省	4	263	1734
伊洛瓦底省	3	130	1033
实皆省	2	116	747
若开邦	2	119	727
仰光省	2	88	698
孟邦	1	62	631
勃固省	1	53	501
总计	22	1330	9453

三年制学历教育是政府技术学院的主要教育形式，学生在学习结束后，考核合格的学生将获得文凭和在政府或公共部门工作的机会。政府技术学院的学历教育生源主要是普通高中和政府技术高中的毕业生。对于普通高中毕业生，政府技术学院根据高考成绩择优录取，其中数学和英语成绩是考察的重点。政府技术高中毕业生同样可以申请进入政府技术学院学习，根据政府技术高中所有科目考试的平均成绩择优录取。

政府技术学院通常开设 4 或 5 个专业，主要专业有土木工程、电子工程、电气工程、机械工程和信息技术等。在第一学年，所有学生都要学习包括缅甸语、英语、数学、物理和化学在内的公共课程和一门专业课程。到了第二学年，学生则需要学习数学、英语和专业课程。第一学期从 1 月开始，期末考试在 6 月举行；第二学期从 7 月开始，期末考试在 10 月举行。学生在每个学年需要参加为期 2 周的实习。经过 3 年的课程学习，学生可以拿到政府技术学院的文凭，并且可以选择进入科技与技术大学继续学习。对于那些不能进入科技与技术大学继续学习的学生，如果他们想进入高等教育体系中的其他大学，也可以通过远程教育的方式继续学习。

政府技术学院对于学生的考核包括理论考试和实践操作两个部分，学院在每个学年都会组织两次期末考试，分别在第一学期和第二学期进行，其中理论考试的比例占 30%～40%，实践操作的比例占 60%～70%。对于一些不需要实践操作考核的科目，学生的平时作业成绩就是最终成绩。[①] 所有学生都只有在参加考

---

① Ministry of Education，"GTC/GTI/THS-Department of Technical and Vocational Education (DTVE)，" http://dtve. moe-st. gov. mm/，2018-07-31.

试且通过后才能获得毕业证书。

案例一：仁安羌政府技术学院

仁安羌政府技术学院位于缅甸马圭省仁安羌市，占地约 0.05 平方千米。其前身是 1977 年 8 月 1 日成立的仁安羌政府技术高中，该校在 1998 年 12 月 1 日升格为仁安羌政府技术学院，目前共有教师 100 人，学生 606 人。学院开设了土木工程、电子与通信工程、电力工程和机械工程共 4 个专业的课程，学制为 3 年，毕业后授予相应的政府技术学院文凭。①

（三）高等院校中的职业教育

科技与技术大学作为应用型本科院校，属于可以提供职业教育的高等教育机构，并且实现了与政府技术高中和政府技术学院的升学贯通，为政府技术高中和政府技术学院的毕业生提供继续学习的机会。其专业领域主要集中在工科，包括建筑、电子、电气、信息技术、能源等。

案例二：曼德勒科技大学

曼德勒科技大学是缅甸历史最悠久的工程教育机构，拥有丰富工程教育经验，其前身是 1995 年成立的政府技术学院，在 2007 年升级为技术大学。它由 6 个学院和 10 个部门组成，现有 400 多名教职员工和 4000 多名在校学生。曼德勒科技大学的目标是为工程领域提供高技能人才，其学位项目有本科和研究生两类。想要进入本科教育项目学习的学生必须通过政府举办的入学考试，且考试成绩必须达到 450 分及以上。曼德勒科技大学本科学习共需要 6 个学年，每个学年分为两个学期。每学期的内容包括理论课程、案例研究、实践操作、期中和期末考试。其专业设有土木工程、电子工程、电力工程、机械工程、建筑、信息技术、机电工程、化学工程、采矿工程和石油工程。②

案例三：仰光科技大学

仰光科技大学的前身是仰光大学的工程系，经过多年发展，在 1998 年 7 月 1 日成立仰光科技大学。以机械工程专业为例，该专业的教学目标是培养能够胜任机械领域工作的高技能人才，主要体现在：应用数学、科学和机械工程的基础知识；识别和解决工程领域的问题；设计合适的系统以解决复杂的工程问题；满足

---

① Ministry of Education, " Yenangyaung Government Technical Institute," http://engmoest. moe-st. gov. mm/, 2018-07-31.

② Technological University (Mandalay), "Home," https://www. tum-mandalay. edu. mm/index. php, 2019-09-09.

公共卫生、安全、文化、社会、环境方面的特定需求；设计和进行实验，分析和解释数据；在团队中与他人合作、沟通。该专业工程学士的课程安排如表 5-5 所示。

表 5-5　机械工程专业工程学士课程安排①

时间		课程
第一学年	第一学期	缅甸语 1，英语 1，应用数学 1，工程化学 1，工程物理 1，基础工程制图 1。
	第二学期	缅甸语 2，英语 2，应用数学 2，工程化学 2，工程物理 2，基础工程制图 2。
第二学年	第一学期	英语 3，应用数学 3，车间技术 1，工程力学 1，计算机辅助机械制图 1，电气工程原理 1。
	第二学期	英语 4，应用数学 4，车间技术 2，工程力学 2，计算机辅助机械制图 2，电气工程原理 2。
第三学年	第一学期	应用数学 5，工程热力学 1，材料力学 1，流体力学 1，机械原理 1，工程材料。
	第二学期	应用数学 6，工程热力学 2，材料力学 2，流体力学 2，机械原理 2，应用电气工程。
第四学年	第一学期	人文社会科学 1，应用数学 7，机械零件设计 1，计算机工程应用，测量与仪器，生产技术 1。
	第二学期	人文社会科学 2，应用数学 8，机械零件设计 2，生产技术 2，内燃机 1，传热学。
第五学年	第一学期	英语 5，工程管理 1，制冷原理及应用，机械振动，机械工程设计；从以下科目中选修一个：制造系统和自动化，内燃机 2，可持续能源。
	第二学期	英语 6，工程管理 2，空调原理和系统，反馈控制系统；从以下科目中选修一个：涡轮机械，工程师经济学，有限元分析，机器人工程。
第六学年	第一学期	毕业设计，口试。
	第二学期	毕业设计，口试，获得学位。

① Yangon Technological University，"Mechanical Engineering，" ytu. edu. mm/ mechanical-engineering/，2019-09-08.

三、缅甸职业教育管理

（一）缅甸职业教育法律法规

缅甸《宪法》第 366 条规定：每个缅甸公民都有接受教育的权利，必须接受联邦法律规定的义务教育。[①] 缅甸政府于 1974 年颁布了《技术、农业和职业教育法》，该法对各类职业技术教育与培训做出了进一步的规范。该法实施的宗旨在于：为缅甸培育建设行业所需的技术人员和专家，培养能够有效利用先进技术开展农业和畜牧业活动的杰出人才，扩大或增加符合国家政治、经济和社会制度的职业教育课程，培养具有民族精神的技术人员和知识分子。2013 年，缅甸颁布了新的《就业和技能发展法》，这是缅甸职业教育领域的第二个重要法律，该法规定了已经进入工作领域的工人和即将进入工作领域的工人的技能发展权利，还规定了国家技能标准局的建立和职能。

（二）职业教育的经费来源

在 2016—2017 财年，缅甸教育支出占政府支出总额的 8％，其中中等职业教育只占到了政府支出总额的 0.12％（占教育支出的 1.58％）。[②] 职业教育机构的资金主要来源于其所属部门，而其本身对于资金的数量没有发言权。这使得教师工资的发放和教学设施的购置受到限制。《就业和技能发展法》规定设立"技能发展基金"，工业和服务业的雇主每月向该基金支付相当于 0.5％～2％的工人工资的费用。该基金主要用于帮助工人培训技能，以及在工人来到一个新的工作场所时提供的新技能培训。职业教育的资助方式以捐款为主，其中亚洲开发银行、德国和瑞士是缅甸职业教育的重要捐助者。亚洲开发银行在 2016 年年底批准了一笔 9800 万美元的贷款，预计将于 2022 年年底前实施，主要用于资助缅甸职业教

---

① Ministry of Education, "National Education Strategic Plan 2016-21 Summary," https://www. academia. edu/34849078/National_Education_Strategic_Plan_2016-21_Summary_The_Government_of_the_Republic_of_the_Union_of_Myanmar_Ministry_of_Education，2020-03-21.

② Ministry of Finance and Planning, "Citizen's Budget 2016-2017," https://mof. go. tz/index. php/budget/citizens-budget，2020-03-21.

育改革。①

(三)职业教育工作人员

缅甸职业教育工作人员主要由两个群体组成：职业教育教师和职业教育管理人员。职业教育工作人员的学历要求是根据他们的工作和角色来制定的。工业部下属的职业学校教师需要具备工程学位和 6 个月的相关工作经验；教育部下属的职业学校教师需要具备学士学位；教育部下属的职业学校辅导员需要具备政府技术高中或政府技术学院文凭。职业教育管理人员通常由工业部和教育部负责招聘和培训，没有具体的学历要求。缅甸没有全国性的职业教育教师培训系统，也没有成立专门的机构，每个部门都是根据自身的情况来设置培训课程的，这导致课程开发的标准不统一，质量保证存在问题。

缅甸教育部作为职业教育管理的主要部门，成立了职业教育教师培训中心。该中心每年为政府技术高中和政府技术学院的教师举办短期在职培训课程，时间为4～10 周不等，主要目的是提高职业教育教师群体的教学质量。②③

(四)缅甸国家资格框架

缅甸政府组织了一个由 12 个部委组成的工作组，参照东盟资格参考框架，于 2015 年提出了缅甸国家资格框架。④ 该框架包括八个等级，涉及基础教育、高等教育和职业教育，资格框架对每个级别的具体资格类型和证书要求做了详细规定，如表 5-6、表 5-7 所示。

---

① "ADB to Provide ＄98 Million to Improve Myanmar Youth Education and Training，" https://www. adb. org/news/adb-provide-98-million-improve-myanmar-youth-education-and-training，2018-07-31.

② Dieter Euler，*TVET Personnel in ASEAN：Investigation in five ASEAN states*，Eschborn，Deutsche Gesellschaft f. internationale Zusammenarbeit (GIZ)，2017.

③ UNESCO UNEVOC，"Synthesis Report TVET Teacher Education in the 10 Participating Countries，" http://www. unevoc. unesco. org/fileadmin/user_upload/docs/Synthesis_report_SEAMEO_VOCTECH. pdf，2018-07-31.

④ Kyi Shwin，"Implementation of ASEAN Qualification Reference Framework：Myanmar's Readiness，" Myanmar，Banmaw University，2015，p.14. 转引自 Bai Bin & Qiuchen Wu，"Technical and Vocational Education and Training in Myanmar，" in *Vocational Education and Training in ASEAN Member States*. Singapore，Springer，2019，p.149.

表 5-6　缅甸国家资格框架①

等级	基础教育	职业教育	高等教育	终身教育
八	—	—	博士学位	对先前学习的再认识（评估和验证）； 非正规/非正式。
七	—	—	硕士学位	
			研究生学历	
六	—	学位证书	学士学位	
五	—	大专文凭	副学士学位	
		毕业文凭	毕业文凭	
四	—	职业技术证书/技能证书四级	—	
三	高中	职业技术证书/技能证书三级	—	
二	初中	职业技术证书/技能证书二级	—	
一	小学	职业技术证书/技能证书一级	—	

表 5-7　缅甸国家资格框架职业技术证书/技能证书等级②

证书等级	职业等级	要求
一级	初学者	了解工作中的安全规定；在某个具体的工作领域内具备基本的实践技能和操作知识；可以完成有明确要求的日常工作；可以接收、传递、访问和记录信息；承担一定的责任。
二级	技能工人	在多个工作领域内拥有实践技能和操作知识；可以完成具有技能要求的工作；对自己生产的产品承担一定的责任。
三级	高水平技能工人	有一定的理论知识；有一系列高水平技能；可以解决日常问题；可以解读大量信息；可以对他人生产的产品承担责任。

---

① Kyi Shwin, "Implementation of ASEAN Qualification Reference Framework: Myanmar's Readiness," Myanmar, Banmaw University, 2015, p. 14. 转引自 Bai Bin & Qiuchen Wu, "Technical and Vocational Education and Training in Myanmar," in *Vocational Education and Training in ASEAN Member States*. Singapore, Springer, 2019, p. 149.

② Amine M. & Steckhan H., *Baseline Report for the German-Myanmar Programme on Sustainable Economic Development*. Bonn, Deutsches Evaluierungsinstitut der Entwicklungszusammenarbeit (DEval), 2016, p. 77.

续表

证书等级	职业等级	要求
四级	管理者	拥有广泛的基础知识，并且可以把理论知识应用到实践中；可以识别和应用各种技能；可以识别、分析和评价各种信息；对质量、安全和环境问题可以很好地理解，并对此承担责任。

（五）缅甸职业教育的质量保证

为了保证职业教育的质量，缅甸政府成立了国家认证和质量保证委员会，所有职业教育课程将由国家认证和质量保证委员会进行认证，并由国家课程委员会审批。国家课程委员会是国家教育政策委员会的一部分，主要负责职业教育课程的开发、完善与质量保证工作。

为了确保非正规职业教育的质量，根据《就业和技能发展法》，教育部授权国家技能标准局根据东盟资格参考框架制定了职业技术证书/技能证书一至四级能力标准，进行课程和培训材料的开发工作，开展技能评估并颁发国家证书。2007年以来，缅甸国家技能标准局在多个行业和职业的四个等级中开发了173种能力标准。在这些能力标准中，有93个得到了内阁的批准。①

四、缅甸职业教育的国际合作

缅甸属于发展中国家，很多国家都在职业教育领域对缅甸进行了援助，并建立了相应的职业教育机构。这些职业教育机构提供多种类型的职业教育与培训，包括学历与非学历教育、长期培训与短期培训项目。

（一）缅甸工业培训中心

缅甸工业培训中心由缅甸工业部和相应援助国共同建立，目前缅甸共与中国、德国、日本、韩国、印度5个国家合作建立了6个工业中心，隶属于缅甸工业部下属的工业合作理事会。工业培训中心的目标是利用现代化和先进的技术来发展农业基础产业，并推进重工业建设。近年来，为了加强缅甸的工业建设与管理水平，工业部根据缅甸的"12点国家经济政策"制定了4项政策和2个愿景，其中就包括建设工业培训中心。工业培训中心通过全国范围内开展技能培训和终身

① Government of the Republic of Myanmar，"National Employment & Skill Development，" http://www.nesdmyanmar.org/，2018-07-31.

学习，使工人具有核心竞争力。工业培训中心的任务是培养优秀的技术工人，将他们安排在其感兴趣的职业领域，成为国家工业发展的主力军。工业培训中心在全国范围内对劳动力进行技术培训，特别是在工业领域为青年提供就业机会。同时，工业培训中心也在工厂内推广最新的生产和质量控制技术，培养员工的设计能力，帮助其提出改进产品的创新方法，并安排受过技术培训的工人到国家技能标准局接受测试。工业培训中心目前提供为期一年（1600 小时）的非学历职业培训课程，以实践操作为主，培训课程由占 70％的实践课程和占 30％的理论课程组成。统计结果表明，每年约有 1000 名培训人员在工业培训中心接受培训，未来这些课程将会被扩展至两年。① 具体课程情况如表 5-8 所示。

表 5-8　缅甸工业培训中心课程一览表②

工业培训中心	成立时间	合作国家	开设课程	培训人数
Sinde	1979 年	德国	机床操作员课程；刀具和冲模工课程；机械安装工课程；摩托车修理工课程；电气安装工课程；电机制造工课程；模型工课程；机械绘图员课程。	每期预设人数为 200 人，截至第 35 期共培训 4102 人。
Mandalay	2008 年	中国	传统机床操作员课程；计算机辅助设计/计算机辅助制造/电脑数值控制课程；电气安装工课程；焊接、电镀和表面处理课程。	每期预设人数为 140 人，截至第 8 期共培训 1253 人。
Thagaya	2009 年	韩国	机械课程；计算机辅助设计/计算机辅助制造课程；电气安装工课程；电子课程；铸造课程。	每期预设人数为 150 人，截至第 7 期共培训 897 人。

① Myanmar Industry Portal，"Industry Training Center," http://www. industry. gov. mm/en/information，2018-07-31. 转引自 Bai Bin & Qiuchen Wu，"Technical and Vocational Education and Training in Myanmar," in *Vocational Education and Training in ASEAN Member States*. Singapore，Springer，2019，p. 141.
② Myanmar Industry Portal，"Industry Training Center," http://www. industry. gov. mm/en/information，2018-07-31. 转引自 Bai Bin & Qiuchen Wu，"Technical and Vocational Education and Training in Myanmar," in *Vocational Education and Training in ASEAN Member States*. Singapore，Springer，2019，p. 141.

工业培训中心	成立时间	合作国家	开设课程	培训人数
Pakokku	2010 年	印度	机床操作员课程；电脑数值控制课程；汽车机械课程；热处理课程；焊接工课程；电工课程；电子机械课程。	每期预设人数为170 人，截至第6 期共培训1078 人。
Magway	2011 年	韩国	汽车维修课程；计算机辅助设计/计算机辅助制造课程。	每期预设人数为150 人，截至第5 期共培训710 人。
Myingyan	2014 年	印度	机械车工/磨具课程；工具与模具制造课程；电脑数值控制课程；工业电工课程；电子机械课程；薄板及焊接工课程；铸造课程。	每期预设人数为180 人，截至第2 期共培训346 人。

注：鉴于工业培训中心的名称的中文翻译不统一，在此保留其英文名称。

以 Sinde 工业培训中心为例，该中心始建于 1977 年，由德国援助，于 1979 年 12 月 1 日正式成立。其机械安装工课程提供包括科学技术、材料、计算和绘图等辅修科目，每门科目分配 80 小时。课程还安排了 120 小时的整形加工、580 小时的车削加工、460 小时的铣床加工和 120 小时的基本金属加工这些主修科目，共计 1600 小时，如表 5-9 所示。

表 5-9　Sinde 工业培训中心机械安装工课程

辅修科目	培训时长/小时	主修科目	培训时长/小时
科学技术	80	整形加工	120
材料	80	车削加工	580
计算	80	铣床加工	460
绘图	80	基本金属加工	120

（二）缅甸职业培训中心

缅甸职业培训中心是 2002 年在瑞士的资助下成立的非政府组织和非营利性职业教育机构，主要致力于通过技能消除贫困，为缅甸提供职业教育与培训服务，该组织的资金主要来源于其捐赠者、赞助商和合作伙伴。缅甸职业培训中心与缅甸工业协会、缅甸木材商业协会、缅甸工商联合会、缅甸工程学会和缅甸教育部建立了良好的合作关系。缅甸职业培训中心采用瑞士双元制职业教育模式，来自瑞士的职业教育专家定期为培训中心提供免费的咨询与指导服务。

缅甸职业培训中心旨在通过职业教育保证缅甸青年的就业，促进缅甸经济发展，为产业培养合格人才。职业培训中心的课程由专业领域的专家组织、设计，通过借鉴瑞士双元制职业教育，为缅甸提供高质量标准的职业技术教育与培训，帮助缅甸改善当前的职业教育状况，为缅甸青年走上工作岗位提供职业教育的机会。其组织框架如图 5-1 所示。

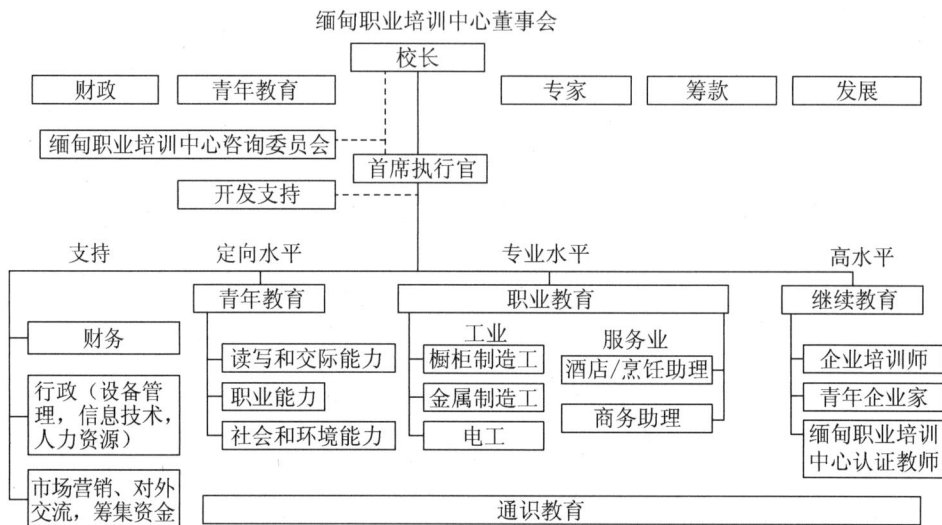

图 5-1　缅甸职业培训中心组织框架图①

缅甸职业培训中心主要提供以下三种类型的职业技术教育与培训项目。

1. 青年教育项目

青年教育项目(Education for Youth，E4Y)是一个以职业准入为导向的教育项目，目的是为处于社会不利地位的青少年群体提供在专业领域接受继续教育的机会。该项目主要面向小学毕业后无法进入中学学习的青少年及在中学阶段辍学的学生。青年教育项目的入学要求是年龄为 13～14 岁，具备读、写、算的基本能力，参加并通过青年教育项目的入学考试。

青年教育项目为四年制，学生主要以学徒的形式接受职业教育。青年教育项目的培养目标是通过技能导向型课程鼓励学生参与学习，培养学生的创造性思维和创新精神，为青年学生提供接受高等教育的机会。青年教育项目的课程由理论课程和实践课程组成，通过以问题解决为导向的学习、批判性思维训练和责任感培养来增强学生的自信心，通过各种运动项目和比赛来培养学生的合作能力和团队精神。其对学生的能力培养如图 5-2 所示。

---

① CVT，"About Us，" https://www.cvt-myanmar.com/about-us/，2018-07-31.

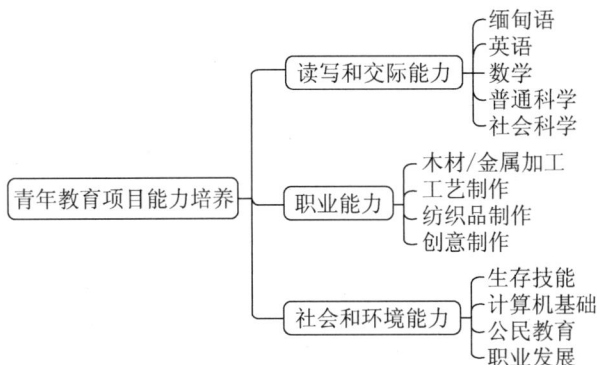

图 5-2 缅甸职业培训中心青年教育项目能力培养①

青年教育项目还对学生进行额外的资助，为他们提供健康检查及疟疾、结核病、乙肝等的预防接种服务。该项目根据学生所选择的专业，在相应的工作地点提供约 3 周的实习，并提供短途旅行、日常用餐和交通补贴。

2. 职业教育项目

缅甸职业培训中心的职业教育项目（Vocational Education and Training，VET）参照瑞士职业教育双元制的形式，为期 3 年，主要在职业培训中心和企业两种机构交替进行。参加职业教育项目的学生每周在职业培训中心学习一天，学习内容以公共课程和理论课程为主，其余时间在企业参加培训，课程设置如表5-10所示。通过在职业教育项目中的学习，学生不仅可以获得理论知识和实践技能，还能培养自己的社会能力。学生学习期间有企业学徒工资。在所有课程完成后，学生能够获得缅甸政府颁发的、社会认可度较高的专业能力证书。

表 5-10 职业教育项目课程设置②

项目	理论课程	实践课程
橱柜制造工培训	材料学，生产技术，制图技术，计算技术，英语，缅甸语，通用知识。	手动工具操作，便携式工具操作，重型工具操作，木材加工操作。
金属制造工培训	企业管理，材料学，生产技术，制图技术，计算技术，英语，缅甸语，通用知识。	锻造和金属制造，铁和非铁金属铸造，机械制造和焊接。

① CVT，"E4Y，" https://www.cvt-myanmar.com/e4y/，2018-07-31.
② CVT，"About VET At CVT，" https://www.cvt-myanmar.com/vet/，2018-07-31.

续表

项目	理论课程	实践课程
电工培训	电气工程，材料学，仪器构造，制图技术，英语，缅甸语，地理，经济。	木材、金属加工，简易电灯配件，家用设备的控制和测量系统，二极管系统，测量技术，发动机控制系统。
商务助理培训	企业管理，会计，政治经济，信息和通信技术，英语，缅甸语。	由实习的企业负责。
酒店/烹饪助理培训	烹饪，服务，家政，接待，酒店基本知识，英语，缅甸语。	由实习的企业负责。

3. 继续教育项目

缅甸职业培训中心鼓励青年自主创业，在自己的企业中应用在职业技术教育与培训中学到的知识和技能，为社会创造价值，增加就业机会。2014 年以来，缅甸职业培训中心提供三种不同类型的继续教育，分别是企业培训师项目、缅甸职业培训中心认证教师项目和青年企业家项目。

企业培训师项目旨在为学员提供关于企业培训的知识和技能，以提高他们的培训质量。企业培训师项目要求学员年龄在 25 岁以上，持有缅甸职业培训中心颁发的相关文凭和证书，或持有同等学力的其他证书和企业推荐信。该项目为期 10 周，学习时间安排在每周六的上午 9 点至下午 5 点，共 80 个学时，包括考试和最终评估。① 企业培训师项目的学习内容包括双元制职业培训体系的背景和基础知识、技能管理与关键能力评价、招聘流程、《劳动法》和学徒契约、企业内部培训的准备和实施、学徒和工作人员培训的基本知识、有效教学指导与教学方法、安全生产与健康保护等。

缅甸职业培训中心认证教师项目的目标是使学员获得教育教学和专业领域的知识和技能，培养他们成为职业教育领域的优秀教师。该项目要求申请者持有缅甸职业培训中心颁发的文凭和证书，或者持有同等学力的其他证书，申请者需要具备至少 3 年的相关行业的工作经验。该项目为期 3 个月（每周 3 天），其中包括 90 学时的教学方法和教育理论培训，250 学时的专业课程内容培训，4 周的工作场所实习，以及 1 周的评估、认证和毕业考试。②

青年企业家项目是由缅甸职业培训中心与瑞士发展研究院合作开设的企业管

---

① CVT，"Post Graduate Programs," https://www.cvt-myanmar.com/post-graduate-programs/，2018-07-31.

② CVT，"Post Graduate Programs," https://www.cvt-myanmar.com/post-graduate-programs/，2018-07-31.

理培训项目，主要面向计划创业的青年和已经创业并希望提高企业管理技能的青年企业家。青年企业家项目鼓励女性青年参与，优先考虑 35 岁以下的申请者。该项目为期 3 个月，共有 28 个培训单元，共计 84 学时。该项目由 6 学时的必修课程和 72 学时的核心课程组成。必修课程包括经济概念与原则、《企业法》、企业组织和财务会计等内容，核心课程包括企业家能力、创新与创造力、战略规划、销售与营销、人力资源管理、基础会计与财务管理、微观经济学、商业道德和企业社会责任等内容。课程的最后是 6 学时的实践课程，主要内容是如何做一个有效的商业计划书。①。

(三)新加坡—缅甸职业培训学院

新加坡—缅甸职业培训学院成立于 2016 年，位于仰光，是新加坡政府和缅甸政府之间的一个合作项目。该项目使用缅甸教育部提供的设备设施，由新加坡的一家私立教育机构负责管理。该项目旨在支持缅甸的人力资源开发，特别是缅甸青年职业技能的发展。该项目由 10 个培训子项目组成，涉及工程、技术和服务等领域(如图 5-3 所示)。学生在完成培训后会获得相应的职业证书。目前在该项目就读的学生总数为 365 人，教师总数为 56 人。②

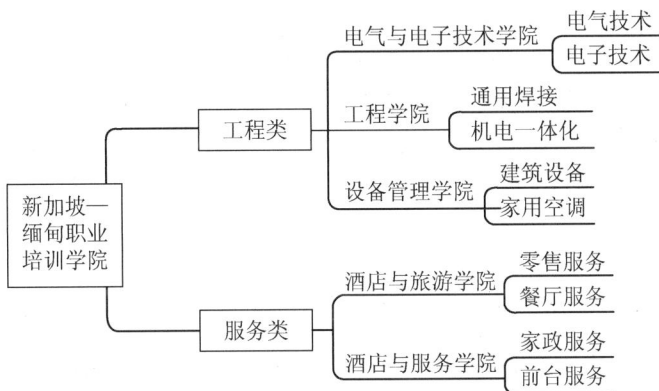

图 5-3　新加坡—缅甸职业培训学院培训项目概况

以零售服务子项目为例，该子项目为学生提供在零售商店工作的知识和技能，培训内容涉及商品经营、出纳及沟通，以确保学生有效地向客户提供优质服务。该培训子项目包括有效沟通、服务质量、职业形象与礼仪、办公软件应用、商店经营五个模块。

---

① CVT, "Post Graduate Programs," https://www.cvt-myanmar.com/post-graduate-programs/, 2018-07-31.

② SMVTI, "Home," https://www.smvti-mm.org/, 2018-07-31.

总之，缅甸国际合作职业教育机构与援助国的职业院校、研究机构和大学建立了较好的合作关系，帮助缅甸职业教育借鉴国际上最新的职业教育研究成果。国际合作职业教育机构为缅甸职业教育提供了有别于政府职业教育机构的人才培养模式，对缅甸职业技术人才的培养具有重要意义。

五、缅甸职业教育的问题与发展趋势

尽管近年来缅甸职业教育取得了一些成就，但仍面临较多的问题。缅甸职业教育管理部门众多，各部门协调不畅，由于缺乏统一的管理，职业院校的管理体系和课程体系较为混乱。缅甸职业教育部门尚未建立一个较为全面的质量保证体系，职业教育还无法满足当地劳动力市场对高质量劳动力的需求；尽管目前已经制定了一些能力标准，但部分行业的能力标准与实践结合得还不够紧密。

此外，缅甸当地企业对于职业教育的参与度较低，很多职业教育项目是在没有企业参与的情况下开发和实施的，对理论重视有余，但实践性不强，使职业院校的毕业生的技能和能力往往不符合劳动力市场的需求。在培训内容方面，目前职业院校提供的培训种类有限，公立职业教育机构侧重于学历教育，对劳动力市场需要的短期、非正规职业培训重视不足。在资金方面，缅甸职业教育发展过程中还存在较为严重的资金和资源匮乏问题。

缅甸教育部于 2016 年制定的《国民教育战略计划（2016—2021）》从三个方面对职业教育进行了规划。

（一）使各类人群都能接受职业教育

这一方面的目标是使各类人群，包括偏远地区的农民、残疾人和其他处境不利群体都能够接受职业教育。职业教育机会不均等一直是阻碍缅甸经济社会发展的重要原因之一。根据 2014 年人口普查的结果，缅甸只有 60270 人接受过职业教育。为了满足日益增长的职业教育需求，缅甸职业教育管理部门决定实施综合职业教育方案。该方案的第一个目标是增加获得正规长期职业教育的机会，并在偏远和农村地区开展基于能力的模块化短期培训课程和远程培训课程。第二个目标是建立职业教育机构，在同一地区把长期和短期培训结合起来。这些职业教育机构将整合各部门的现有培训项目，具体措施如下。

第一，建立一个综合的职业教育体系，确定不同课程之间的连接点，同时打通职业教育与高等教育衔接的渠道。

第二，扩大职业教育规模，升级现有长期职业教育项目；提高缅甸职业教育的质量，提升公立和私立职业教育机构的培训能力；向各个目标群体公开职业教育机构的各项信息，实施以需求为导向的培训；职业教育管理部门和私立机构在各地区建立新的职业教育机构，这些机构根据当地劳动力市场需求设立培训项目，并与当地企业合作。

第三，开展基于能力的短期课程，满足无法提供长期课程的地区的职业教育需求；针对早期离校生及非熟练或低技能工人开展短期培训，由相关机构进行技能标准的制定并开展职业能力鉴定工作。学生在学完一个能力模块后，可以继续其他能力模块的学习。

第四，建立职业教育卓越中心。在仰光和曼德勒地区建立职业教育卓越中心，展示缅甸职业教育机构的最佳实践经验，并开展职业教育领域的研究和创新；卓越中心为所有行业提供高质量的培训，并配备最新的技术和设备，支持高质量的培训和学习；职业教育管理部门为卓越中心提供符合资质的教学人员，并对这些教学人员进行培训。

第五，为贫困学生提供更多的奖学金和补助。目前缅甸只有就读于政府技术高中和政府技术学院的学生才能获得政府补助。在未来，其他职业教育机构学生也将逐渐获得这样的机会，尤其是家庭较为贫困的学生。奖学金和补助的标准由与职业教育相关的各部委、私立机构及民间组织代表共同协商制定；同时建立一个专门的机构来支付所有职业教育领域的奖学金和补助。此外，缅甸还将修改入学要求以提高政府技术高中的入学率。[1]

(二)提高职业教育质量

优质的职业教育可为学生创造更好的未来，缅甸政府未来将着重提高职业教育的质量，主要包括五方面的措施。

其一，对职业教育管理人员进行能力发展培训。职业教育改革要求各级管理人员在制定政策法规和组织协调方面接受专业化的培训，更新校长、部门负责人和管理人员的专业知识和技能，通过职业教育管理人员的专业化提高缅甸职业教育质量。

其二，为职前和在职的职业教育教师提供教学和专业技能培训。缅甸职业教育体系以需求为导向，《国民教育战略计划(2016—2021)》要求职前和在职教师都要接受实践技能培训和教学策略方面的培训。

其三，在培训机构和工作场所建立双元制培训体系。双元制培训能够把工作

---

[1]　Ministry of Education，"National Education Strategic Plan 2016-21 Summary," https：//www. academia. edu/34849078/National_Education_Strategic_Plan_2016-21_Summary_ The_Government_of_the_Republic_of_the_Union_of_Myanmar_Ministry_of_Education，2020- 03-21.

经验和职业教育课程结合在一起。在建立双元制培训体系时，要组织包括政府部门、职业教育机构和企业雇主在内的所有相关利益方共同协商。双元制培训体系的建设要符合缅甸国情，先选择一些职业教育机构进行试点，然后在其他机构推广实行。

其四，开发和升级职业教育课程。为了使职业教育满足缅甸经济和社会发展的需求，由国家课程委员会负责职业教育课程的开发、完善与质量保证工作，由国家认证和质量保证委员会对开发出来的课程进行认证。

其五，建立质量保证体系。职业教育质量保证体系包括国家资格框架、国家技能标准、基于能力的课程体系和认证体系。在质量保证体系中，国家职业教育主管部门发挥重要作用，特别是国家认证和质量保证委员会、职业教育委员会和国家技能标准局。①

(三)加强职业教育管理

为了改革条块分割的管理体制，提高职业教育管理水平，缅甸职业教育将进行六个方面的改革。

第一，建立现代职业教育管理体系。未来缅甸将建立一个系统性、集成性、多维度的职业教育体系，解决职业教育体系分散、管理效率低下的问题，增加学习者获得职业教育的机会。新的职业教育管理体系将包括三个核心部分：建立职业教育立法框架，通过法律法规等形式制定能力发展项目；建立新的体制结构，以支持建立有效的职业教育理事会和地方咨询委员会；制定职业教育部门融资的综合框架和机制。

第二，明确职业教育委员会的责任和职能。职业教育管理部门将与其他相关政府部门、雇主、非政府代表等组成职业教育委员会。职业教育委员会将与职业教育机构进行协商，并为当地下属部门分配任务，包括收集数据和开展研究。职业教育委员会将与国家认证和质量保证委员会、国家技能标准局在质量保障方面进行合作。地方行政机构的高级官员、雇主、学校管理人员和专家组成地方咨询委员会，地方咨询委员会将根据职业教育科目和学生数量来确定当地的需求，支持学校和企业建立联系，并为职业教育的发展提出改进策略。

第三，建立职业教育财务管理和监督机制。新的职业教育管理体系将建立财务管理和监督机制，以公开的方式有效地管理预算，提高资金使用效率，增加职业教育财政的透明度。

---

① Ministry of Education, "National Education Strategic Plan 2016-21 Summary," https://www.academia.edu/34849078/National_Education_Strategic_Plan_2016-21_Summary_The_Government_of_the_Republic_of_the_Union_of_Myanmar_Ministry_of_Education，2020-03-21.

第四，建立信息管理系统。由于近年来缅甸职业教育发展迅速，很多地区的入学人数发生了变化。职业教育信息管理系统将用来收集相关方面的数据，为职业教育的决策与管理提供服务。

第五，大力发展职业教育研究。缅甸将建立一个职业教育研究中心，主要研究的领域为技能类别、当地就业需求、职业教育教师资质、职业教育教学方法及最新的职业教育发展。该中心还将使用劳动力市场调查来确定职业教育机构需要提供的培训。

第六，建立公私合作关系。职业教育部门将与私立部门建立合作伙伴关系，扩大高质量职业教育的规模，并进一步加强公立和私立部门之间的伙伴关系。①

---

① Ministry of Education，"National Education Strategic Plan 2016-21 Summary," https://www. academia. edu/34849078/National_Education_Strategic_Plan_2016-21_Summary_ The_Government_of_the_Republic_of_the_Union_of_Myanmar_Ministry_of_Education，2020-03-21.

第六章　泰国职业教育

　　泰国全称泰王国(The Kingdom of Thailand)，位于中南半岛中南部，与柬埔寨、老挝、缅甸、马来西亚接壤，东南临泰国湾(太平洋)，西南濒安达曼海(印度洋)。泰国国土面积约为 51.31 万平方千米，人口为 6900 万。泰国首都为曼谷，人口为 800 万。泰国的国语为泰语，全国共有 30 多个民族，其中泰族占总人口的 40%。90% 以上的民众信仰佛教，马来族信奉伊斯兰教，还有少数民众信仰基督教、天主教、印度教和锡克教。泰国在政治上实行君主立宪制，国王为国家元首。

　　在经济上，泰国属于中等收入国家，实行自由经济政策，属外向型经济，依赖中国、美国、日本等外部市场，与上述国家及欧盟、东盟国家有大量贸易往来。作为传统农业国，农产品是泰国外汇收入的主要来源之一，泰国是世界天然橡胶最大出口国。泰国工业的主要门类包括采矿、纺织、电子、塑料、食品加工、玩具、汽车装配、建材、石油化工、软件、轮胎、家具等，目前工业在GDP 中的比重不断上升。

　　泰国是东南亚第二大经济体，仅次于印度尼西亚。泰国自 20 世纪 60 年代开始实施国家经济和社会发展五年计划，20 世纪 80 年代依靠电子工业等制造业进行产业结构调整，于 20 世纪 90 年代经历了亚洲金融危机，目前经济处于稳定发展的阶段。泰国的对外贸易量在东南亚排名第二，仅次于新加坡。工业和服务业是泰国 GDP 中的两个主要行业，同时，泰国是排在柬埔寨、摩纳哥和卡塔尔之后的世界失业率第四低的国家。

　　泰国对外奉行独立自主的外交政策，积极推进东盟一体化和中国—东盟自由贸易区建设，2019 年担任东盟轮值主席国，为东盟内部的合作和中国与东盟之间的共赢贡献了力量。① 中国是泰国的最大贸易伙伴，泰国是中国在东盟国家中的第三大贸易伙伴。2018 年，双边贸易额达 875.2 亿美元，同比增长 9.2%；其中中国出口 428.9 亿美元，同比增长 11.3%；中国进口 446.3 亿美元，同比增长 7.3%。2019 年 1 月至 6 月，双边贸易额达 429.4 亿美元，同比下降 0.1%；其中中国出口 209.5 亿美元，同比下降 0.7%；中国进口 219.9 亿美元，同比下降 0.5%。②

一、泰国教育体系

19 世纪初叶以前，泰国的教育是以佛寺为中心的佛寺书院教育。19 世纪二三十年代，美国传教士来到泰国，开办了一些男子学校、女子学校和职业学校，出版了泰文和英文书籍。拉玛五世时期(1868 年 10 月至 1910 年 10 月)，泰国开始建立高等学校。进入 20 世纪后，随着资本主义侵入，泰国政府不断改革教育事业，以配合政治经济的发展。③

2002 年 10 月以后，泰国提供 12 年的免费义务教育，包括 6 年小学、3 年初中和 3 年高中，至学生 18 岁结束。2004 年，泰国又在学前教育阶段增加了 2 年免费教育，免费教育的年限整体增加到 14 年。泰国大学学制一般为 4 年，医科大学则需要 5 年。在职业教育体系中，中等专科职业学校的学制为 3 年。④

(一)学前教育

泰国的学前教育主要由幼儿园和学前班提供，部分地区的幼儿保育中心、儿童发展中心等机构也提供此类教育，学前教育不属于义务教育范畴。

一般而言，公立的学前教育机构提供 2 年的课程，私立的学前教育机构提供 3 年的课程，学前教育主要为儿童进入小学阶段做好准备，关注儿童身心健康发展，培养儿童的智力、情感和社会技能。

---

① 中华人民共和国外交部：《泰国国家概况》，https://www.fmprc.gov.cn/web/gjhdq_676201/gj_676203/yz_676205/1206_676932/1206x0_676934/，2019-06-25。

② 中华人民共和国驻泰王国大使馆：《中泰关系简况》，http://th.china-embassy.org/chn/ztgx/gxgk/，2019-11-17。

③ 潘懋元：《东南亚教育》，3～5 页，南京，江苏教育出版社，1988。

④ 宋晶：《泰国职业教育的现状与发展趋势》，载《深圳职业技术学院学报》，2018(3)。

(二)初等教育

泰国小学阶段的学制为 6 年，属于义务教育范畴。小学教育注重培养学生的基本读写能力和运算能力，着重帮助学生养成良好的行为习惯。目前，泰国全国约 99％ 的适龄儿童可以完成小学阶段的学业。[1]

小学阶段的学习内容涉及泰语、数学、科学、社会、宗教与文化、健康与体育、艺术、职业与技术等多个领域。根据泰国《基础教育核心课程 2008》规定的学习时间，泰国学生在初等教育阶段学习泰语和数学的时间最长，这两个科目在一至三年级每年都需要学习 200 小时，四至六年级则每年需要学习 160 小时，全年所有科目的总学习时间为 1000 小时。[2]

(三)中等教育

泰国初中阶段的学制为 3 年，旨在培养学生的道德、知识和能力，让学生发展个人的兴趣和能力，为未来的职业生涯规划做好准备。初中教育重在引导学生的探索能力与兴趣发展，提升学生的批判性思维、社会责任感与解决问题的能力，主要科目包括泰语、数学、科学、社会、宗教与文化、外语、健康与体育、艺术、职业与技术等。泰国全国约 85％ 的学生可以完成初中学业，约 75％ 的学生进入高中阶段的学习。[3]

高中阶段的学习分为普通学术教育和中等职业技术教育，与基础教育阶段相比，高中课程的内容更接近劳动力市场的需求，在为学生接受高等教育做知识与能力上的准备的同时，努力提升学生的创业技能与就业技能。泰国高中包括两种类型：一是职业导向的职业技术学校，二是学术导向的普通中学。在普通中学，课程主要包括泰语、外语、自然科学、数学、社会科学等。1975 年，泰国教育部引入了学分制度。在不同的中学阶段，学生需要拿到规定的学分，在阅读、分析性思维、写作、学习者应有特点和发展活动方面还需要接受专门的评估，及格后方可毕业。

此外，泰国还在中学阶段积极开展全纳教育，为特殊需要学生提供接受普通教育的条件。

---

[1] Mala，Dumrongkiat，"Govt seeks to close the great class divide，" *Bangkok Post*，2018-01-07.

[2] 中国—东盟中心：《东盟国家教育体制及现状》，257 页，北京，教育科学出版社，2014。

[3] OECD/UNESCO，"Education in Thailand：An OECD-UNESCO perspective，" in *Reviews of National Policies for Education*，2016，p. 46.

(四)高等教育

泰国的高等教育分为文凭级别和学位级别两类。高中阶段的学习结束后，职业技术学校的学生可以进入职业院校学习 1～4 年的职业课程，完成后可以获得相应的高等职业证书或职业教育文凭。而在普通中学毕业、已经获得学历证书的学生则可以进入学院或大学学习学术或职业（文凭）类课程。文凭类课程旨在发展学习者相应的知识和技能，让学生有能力将知识转化为实践。

学位级别的高等教育包括学士学位、硕士学位和博士学位，学士学位的获得一般需要 4 年，部分学科需要 5～6 年，硕士学位的学习年限一般为 2 年，博士则为 3 年。学位级别的课程旨在培养具有智力、能力和职业知识的人才，以适应社会发展的要求。泰国大学事务办公室负责管理公立大学的高等教育，并对私立大学进行监督。

泰国著名高等院校有朱拉隆功大学、法政大学、玛希敦大学、农业大学、清迈大学等。随着社会对职业导向教育的关注，泰国于 1971 年成立了两所开放大学——兰甘亨大学和素可泰大学，主要面向无法进入高校的中学毕业生。素可泰大学还通过广播、函授、网络等远程方式提供课程。[1]

泰国教育体系可概括为表 6-1。

表 6-1 泰国教育体系

年龄	教育年限/年	教育等级	普通教育体系	职业教育体系	
25～27 岁	3		博士学位	—	—
23～24 岁	2	高等教育	硕士学位	—	—
19～22 岁	4		学士学位	高级技术文凭或学士学位	短期课程/特殊职业教育/为特定人群设计的职业教育
				职业教育文凭	
16～18 岁	3	中等教育	普通高中	职业技术学校	特殊职业教育/为特定人群设计的职业教育
13～15 岁	3		初中		
7～12 岁	6	初等教育	小学		
4～6 岁	3	学前教育	幼儿园/学前班（2～3 年）		

在东盟国家中，泰国对教育的财政投入处于较高水平。在 2015 年的国家预算中，教育部共获得 5310 亿泰铢拨款，占全年预算的 20.6%，成为所有政府部

---

① "Education in Thailand: History, Literacy, Women, Universities Problems, Improvements," http://factsanddetails.com/southeast-asia/Thailand/sub5_8g/entry-3297.html, 2019-06-27.

门中获得预算最多的部门。① 泰国军政府也在 2017 年批准了 5100 亿泰铢的预算（年收入的 17.6％）用于促进教育发展。②

泰国的教育可以分为三类，正规教育（formal education）、非正规教育（non-formal education）和非正式教育（informal education）。其中正规教育主要在学校教育系统进行，对教学的目标、方法、课程、持续评估和评价条件有着较为明确的要求。非正规教育则在上述内容上具有灵活性，其教学内容和课程更加关注学习者，适应不同个体与群体的需要。非正式教育主要指由于日常生活体验或受到环境影响而产生的教育活动，并从中获得知识、技能与价值观。通过非正式教育，学习者可以根据自身兴趣、潜力、状态和机会，通过接触不同的个体、社会、环境、媒体等知识来源进行自主学习。③

目前，泰国的教育目标体现了国民对社会变化发展的需要，教育重点关注农业、旅游业、工业和商业等支柱产业。教育内容以国家文化背景为支撑，也包括大量的民间智慧成果与佛教思想。泰国还持续加强与东盟国家的合作，成为东盟的教育中心，吸引了许多国际学生到泰国学习。

二、泰国职业教育概况

（一）背景

根据《美国新闻与世界报道》（*U. S. News & World Report*）2018 年的榜单，泰国被认为是世界上最适合创业的国家，可负担性、政府支持、制造成本、与世界的联系性及获取资本的简易程度是让泰国成为榜单第一名的最重要的 5 个因素。④ 近年来，凭借廉价的劳动力、有利的人口特征及优良的地理位置，泰国与越南、印度尼西亚、马来西亚、印度一道，被认为是有潜力成为世界制造业新中心的 5 个国家。然而，过去 10 年中，由于其他中等收入国家的劳动力成本比泰

---

① Education Council & Ministry of Education. *Education in Thailand*，Bangkok，Prigwan Graphic，2017，p. 78.

② Bangkok Post，"2. 9-trillion Budget Approved for Fiscal 2018," http://www. bangkokpost. com/news/general/1316451/b2-9-trillion-budgetapproved-for-fiscal-2018. 2017，2019-06-27.

③ National Education Information System，"2016 Educational Statistics," http://www. mis. moe. go. th，2019-06-27.

④ "Best Countries to Start a Business," https://www. usnews. com/news/best-countries/best-start-a-business，2019-07-18.

国更低，加上泰国政治的变动，泰国在全球制造业的相对优势逐渐减小。①

泰国在 2018 年提出了泰国 4.0 战略，该战略是巴育政府提出的泰国 20 年的经济社会发展战略目标。具体内容如下。

泰国 1.0 为效率低下的农业时代。

泰国 2.0 为专注于廉价劳动力的轻工业时代。

泰国 3.0 为吸引外资的重工业时代。

泰国 4.0 为创新驱动和高附加值经济时代。

在这一发展模式下，泰国对产业模式进行改革，更加关注通过创新和技术推动经济发展，在传统优势产业中应用新技术，包括现代汽车制造业、智能电子产业、高端旅游与保健旅游业、农业和生物技术、食品加工业；同时注重发展未来产业，包括机器人制造业、航空业、生物燃料和生物化学、数字经济、全方位医疗产业。在这些优先关注领域，泰国要培养大批专业人才，同时吸引外资投入，不断打造"东部经济走廊"。

（二）泰国职业教育概况

根据国家经济发展与国内外劳动力市场的需要，泰国政府正努力提高职业技术教育与培训的质量和学生数量。近年来，职业教育体系的学生与普通教育体系的学生比例一直保持在 2∶3 左右，政府部门预期将该比例提高到 1∶1。在不同的教育水平中，职业技术教育与培训的学生人数如表 6-2 所示。

表 6-2　2011—2015 年泰国职业技术教育与培训的学生数量②

教育水平	学生数量/人				
	2011 年	2012 年	2013 年	2014 年	2015 年
证书	739526	727097	699029	667944	654476
文凭	350269	308116	301566	299547	331713
高级文凭	1674	425	1266	1266	3703
总计	1091469	1035638	1001861	968757	989892

总的来看，由于职业教育的质量不高且缺乏统一标准的资格认证体系，泰国职业院校毕业生难以得到雇主的充分认可，同时公众对职业教育的认知不足，导致泰国各级职业教育的入学率相对较低。

---

① Aizenman J，Jinjarak Y，Ngo N，et al.，"Vocational Education，Manufacturing，and Income Distribution：International Evidence and Case Studies，"*Open Economies Review*，2018(3)，p. 655.

② National Education Information System，"2011—2015 Educational Statistics，"http：//www. mis. moe. go. th，2019-07-18.

根据泰国 2008 年《职业教育法》，泰国职业教育分为正式职业教育体系、非正式职业教育体系和双元制体系三个部分。① 职业教育的主管部门有：教育部下属的职业教育委员会办公室，劳工部下属的技能发展部，以及总理内阁下属的泰国职业资格研究所。

职业教育委员会办公室负责提供正式项目、非正式项目及双元制项目；技能发展部负责在职员工的技能培训、再培训和技能提升，使员工符合国家资格标准；泰国职业资格研究所致力于发展职业资格体系，并与职业教育及高等教育机构合作，以职业能力标准为基础，开发更高质量的课程。

2012 年，泰国教育部提出《教育发展战略（2012—2015）》，其中第四项战略为：管理高等教育、高等职业教育及职业培训，以适应市场对人才在数量及质量上的需求；建立在学习中积累经验的系统，如设置修复中心、助学贷款、勤工俭学等，努力实现学生毕业后立即就业；教育机构组织职业培训，使学生适应市场对人才及技能的需求，培养新生代企业家，建立职业培训中心。②

(三)泰国职业教育的发展历史

泰国职业教育的发展从学校管理、教学、办学结构等维度可划分为七个阶段。

第一阶段：1938—1951 年。泰国教育部成立学术事务部，负责组织职业学校教育的开展；1941 年，教育部设置职业教育司，替代学术事务部；③ 从 1951 年开始规范管理职业教育。

第二阶段：1952—1973 年。泰国成立技术学院司，目标是通过提供高职专业教育来满足劳动力市场的需求。

第三阶段：1974—1978 年。泰国建立了 28 所职业技术学院，并颁布《职业教育法案》。1975 年，将技工学校纳入省一级的职业学校。

第四阶段：1979—1990 年。泰国国家教育计划针对职业教育提出 10 点要求，并授权职业高中提供专业文凭（职业培训）课程；1989 年，曼谷帕通万学院开设高级技术教师文凭课程，以解决工业技工教师问题。

第五阶段：1991—1996 年。职业教育部门成为泰国发展计划的 11 个重点部

① UNESCO-UNEVOC International Centre for Technical and Vocational Education and Training, "World Database Thailand," https://unevoc. unesco. org/wtdb/worldtvetdatabase_tha_en. pdf, 2020-03-22.

② 《教育发展战略（2012—2015）》，http://www. th-chinaembassyedu. org/publish/portal25/tab5223/info93929. htm，2019-07-03。

③ Office of the Vocational Education Commission, "History," http://www. vec. go. th/en-us/aboutvec/history. aspx, 2020-03-22.

门之一，在职业培训领域更新了课程，设立了一所职业教育学院，增加了地方职业教育的机会，支持农村发展。

第六阶段：1997—2002年。职业教育受到政府的高度重视，在此期间泰国建立了70所职业学院、19所技术学院、2所工商管理学院和旅游学院；1999年，根据《教育法》组织了教育改革。

第七阶段：2003年至今。泰国教育部调整了其下属办公室，包括教育部办公室、常务秘书办公室、基础教育委员会办公室、高等教育委员会办公室、职业教育委员会办公室(职业培训部)、合作与评估办公室等，职业教育委员会办公室主要负责制定职业教育政策、职业教育标准和职业教育计划，培养职业教育教师和专业人才，进行职业教育发展研究等工作。

三、泰国职业教育体系

(一)中等职业技术教育

泰国正式的中等职业技术教育课程由教育部下属的职业技术学校与研究所提供，为期3年。课程的设置与国家、地区和社区的发展需要相符。学生在初中毕业后，可以选择职业技术学校参与不同类型的项目，如果参加普通职业教育，3年后可以获得职业教育证书。许多学校还提供双元制学习项目，课程参考德国双元制和学徒制培养模式，一部分课程在职业院校进行，另一部分在企业或政府机构进行。双元制方案下的课程同样为期3年，但学生有一半的时间要进行工作实践，以获取实际经验。此类课程完成后，学生可获得双元制职业教育证书。泰国的双元制职业教育体系往往由政府制定核心课程，企业和职业技术学校共同制订培训计划。学生在职业技术学校注册后，由职业技术学校联系企业加入双元制项目，并派出学生赴企业接受培训，企业负责向职业技术学校报告学生的培训进展和学习情况。

学生同样可以参与短期的学分制职业技术教育与培训，这类课程面向非全日制学生，在学习3～5年后学生可以获得学分制职业教育证书。

泰国提供正式职业教育课程的学校及重点发展的专业如表6-3所示。

表6-3　泰国提供正式职业教育课程的院校及专业①

提供职业教育的学校	职业教育专业
技术学院；	贸易与工业；
职业学院；	工艺美术；
农业技术学院；	家政学；
商业学院；	工商管理；
工业与造船技术学院；	旅游业；
渔业学院；	农业；
行政与旅游学院；	渔业；
理工学院；	纺织业；
汽车工业学院；	信息和通信技术。
皇家制金学院；	
工艺美术学院；	
绿洲水疗学校。	

案例一：泰国绿洲水疗学校

泰国绿洲水疗学校成立于2009年，位于泰国清迈，是一所提供传统的按摩和水疗教学的私立中等职业学校，该校以"教育是保持绿洲温泉水疗独特品质的基础"为建校宗旨。至今，泰国绿洲水疗学校已经培训了2000多名学生，男女同校。泰国绿洲水疗学校的课程大纲获得泰国教育部、公共卫生部、外交部和劳工部的认证和认可，以及美国国家治疗按摩和身体工作认证委员会（National Certification Board for Therapeutic Massage and Bodywork，NCBTMB）的认可。参与不同类型课程的学生可以获得出勤证书或认证文凭（需参与专业课程）。绿洲水疗学校已获得泰国劳工部下属的技能发展部颁发的技能鉴定许可证，可以进行西部水疗一级国家技能标准测试，是国家指定的技能标准鉴定机构。

泰国绿洲水疗学校主要提供短期职业培训，课程主要集中在按摩和水疗的理论与实际操作方面，充分利用当地按摩水疗的传统经验成果及资源。同一课程类型有不同的课程学时选择，相应地有不同的证书类型、收费标准、课程内容。具体课程介绍如表6-4所示。②

---

① UNESCO-UNEVOC International Centre for Technical and Vocational Education and Training，"World Database Thailand," https://unevoc. unesco. org/wtdb/worldtvetdatabase_tha_en. pdf，2020-03-22.

② Thai Oasis Spa School，"Courses," https://oasisschool. biz/courses，2019-07-13.

表6-4　泰国绿洲水疗学校课程介绍

课程名称	课程类型	课程时长/学时	学习天数/天	证书类型	费用/泰铢	课程内容
芳香植物油	芳香疗法	6	1	NCBTMB证书	1500	介绍芳香疗法的理论与具有芳香疗法特性的草药，尤其是泰国草药和植物，如普拉、依兰和姜黄的使用方法；完成后，学生能够识别油及其属性，香薰的好处和禁忌，以及如何为客户准备独特的香薰精油。
香薰按摩法	芳香疗法	80	14	泰国国家认证证书	18000	进行按摩实践；学习解剖学基础课程，如循环和呼吸系统、消化和神经系统、肌肉群，以及如何处理客户的紧张和焦虑；学习皮肤问题、按摩伦理和职业法律；学生在完成课程且能够使用正确的按摩方法后，将获得泰国绿洲温泉学校颁发的证书，该证书由国家教育部认证。
产后香薰按摩	芳香疗法	30	5	NCBTMB证书	11500	介绍在按摩中使用精油的好处，以改善产后妇女的生理健康、情感健康并使其恢复身体平衡；向学生讲授常用精油的历史、提取方法、性质、好处和禁忌。

续表

课程名称	课程类型	课程时长/学时	学习天数/天	证书类型	费用/泰铢	课程内容
阿育吠陀身体按摩	阿育吠陀身体按摩	18	3	学校证书	7500	介绍阿育吠陀身体按摩的定义、历史及历代发展，在实践课程中，学生学习印度草医学的身体按摩程序和按摩技术；在课程结束时，学生可以按照课堂教学正确地进行全身印度草医学的身体按摩。
身体磨砂	水疗	12	2	学校证书	5800	实用的身体磨砂治疗课程，课程教授皮肤类型及使用磨砂治疗的好处和禁忌；完成后，学生可以按照课堂教学正确地进行全身磨砂治疗。
伦理学	伦理学	3	0.5	NCBTMB证书	1000	课程定义了水疗和按摩环境中使用的"道德"一词。讨论职业道德和职业行为的案例和现实情况；《水疗商业法》和学校的"水疗基础知识与管理"课程曾提出消费者保护主题，这门伦理课程对于学生的消费者保护意识可起到扩大与强化的作用。

泰国绿洲水疗学校的教学目标如下。

● 保持高标准，保持传统泰国按摩的独特技术和现代程序。

● 提高学生对传统泰国水疗的益处及它为什么在现代水疗体验中占有突出地位的认识。

● 通过向学生提供熟练的指导和实践经验，教导那些想获得顶级技术治疗师认证的学生。

● 通过将世界各地的技术与成熟的方法融合，开发新的水疗服务项目，以满足消费者对新的独特体验日益增长的需求。

（二）高等职业技术教育

泰国高等职业技术教育主要由高等职业技术院校或大学提供，学生需要参与2个为期2年的学习周期（总计4年），此类院校或大学也开设为期2年的职业技术教育副学士课程。学生如果在高职院校完成了一个2年的职业技术教育学习周期，则可以获得职业教育文凭，也可以转到本科项目并进行下一阶段的学习，在通过最终的考试后，可以获得学士学位。

高等职业技术教育主要由教育部提供，私立教育委员会办公室、职业教育委员会办公室、高等教育委员会办公室都有权对高等职业技术教育进行管理。表6-5是2016年泰国教育部对在不同部门和课程中文凭等级的高等职业技术教育学生的统计数据。

表6-5　泰国不同部门与课程的高等职业技术教育学生数量①

部门/专业类别		男女总计/人	男性/人	女性/人
私立教育委员会办公室	各专业总计	91867	45217	46650
	工业贸易	26355	25054	1301
	商业管理	60570	17889	42681
	工艺美术技术	1081	722	359
	家政学	106	63	43
	农业贸易	4	2	2
	信息技术	1283	780	503
	旅游业	2468	707	1761
职业教育委员会办公室	各专业总计	242737	150399	92338
	工业技术	130413	123372	7041
	商业技术	85823	15377	70446
	农业贸易	8246	5603	2643
	家政学	5988	1487	4501
	工艺美术技术	1815	1009	806
	渔业	1084	694	390
	信息技术	3642	1746	1896
	旅游业	5639	1086	4553
	纺织业	87	25	62

---

① National Education Information System，"2016 Educational Statistics," http://www. mis. moe. go. th，2019-07-13.

续表

部门/专业类别		男女总计/人	男性/人	女性/人
高等教育委员会办公室	各专业总计	12341	6101	6240
	一般课程	—	—	—
	教育学	1140	70	1070
	人文艺术	55	34	21
	社会科学、商业和法律	5707	2406	3301
	科学、数学和计算	742	299	443
	工程、制造和建筑	2180	2008	172
	农业与兽医学	429	357	72
	健康与福利	1977	877	1100
	服务业	111	50	61

除教育部外，其他的政府部门也提供部分高等职业技术教育与培训课程，学生完成后可以获得相应的文凭。例如，内政部下设地方行政部，文化部下设戏剧艺术学院与美术学院，国防部下设军事技术培训学校，泰国皇家调查局下设调查学校，泰国皇家空军下设护理学院、空军技术培训学校，泰国海军下设等级学校、医学学校，公共卫生部的常务秘书办公室下设普拉博罗马拉杰恰诺克研究所，交通部下设商船训练中心和民用航空训练中心，等等。

案例二：巴吞塔尼职业学院

巴吞塔尼职业学院的前身是国家农业工程培训中心，泰国教育部于20世纪70年代将农业工程培训中心改为农业高等专科学校。2011年11月，为了扩大职业教育领域，提供更多专业人才，教育部将农业高等专科学校更名为"巴吞塔尼职业学院"，隶属于教育部职业教育委员会办公室。

巴吞塔尼职业学院的学制为两年，毕业后可以获得职业教育文凭，该校接收已取得职业教育证书的学生或完成高中阶段学习的毕业生。学校的主要院系包括农业工程学院、测量及土木工程学院、汽车机械学院、电力学院、会计学院、植物科学学院、商学院等，同时还与国内外机构合作开展短期的职业培训与专业课程。

除了提供专业课程，学院还通过与其他国家(如缅甸、尼泊尔)的机构合作，帮助周边国家组织职业教育课程学习与工厂实践，学院开设英语、汉语、韩语、日语等语言课程。

在专业课程学习之外，巴吞塔尼职业学院为学生提供多样的课堂研究项目，以农业工程学院为例，学生有五项课堂研究项目可以选择，均配备不同的导师，具体如下。

- 用计算机进行机械制图(农业机械专业二年级学生)。
- 阅读与机械制图(农业机械专业,具有职业教育二级证书)。
- 学术成就发展态度培养与基础机床(仅在第二学期开设)。
- 手工工具使用技能(农业机械专业)。
- 农业与机械的传播行为研究。

学校还开展了108个面向社会的专业培训项目,同时为本校学生提供大量社区服务的机会。社区既为学校教学提供支持,也获得相应的帮助。该校面向社区提供的服务主要有两种。一是职业教育教师和学生向社会公开发表学术论文,或提供机械技术和有机肥生产等方面的学术成果。二是直接进入社区进行服务。学院在社区开设维修中心,提供电器维修服务;为当地社区提供先进的农业机械服务;帮助民众了解维修机床、延长日常生活设备使用寿命的基本知识。服务类专业的学生则进入会议室、宴会厅和商店等地进行商务服务。①

(三)非正式的职业技术教育与培训

泰国非正式的职业技术课程有多种多样的组织方式,包括理工专科学校、工业及社区学院和科学教育中心等。非正式的课程关注失业群体,内容设置更符合社区发展的需要,以提升学生的生活技能和就业技能(如信息和通信技术)为主。

非正式的职业技术教育课程类型包括短期培训、团体职业课程、初中一级的职业教育证书课程等。许多政府部门、职业院校和私人培训机构也面向已经取得小学毕业证的人士提供短期的职业技术培训课程,在完成225小时的短期课程后,学生可以获得资格证书。还有部分学校针对普通中学的学生开设职业辅修或选修课程。

泰国农民可以通过参加农业短期培训和特殊职业教育来提升农业技术水平,由农业技术学院提供7～8天的短期课程培训或非全日制的课程,参加后者的农民在完成全部考试后,即可获得特殊职业教育证书。

四、泰国职业教育管理

(一)职业教育委员会办公室

泰国的职业技术教育与培训主要依据《国家经济和社会发展计划》和《国家教

---

① Pathumthani Vocational Education College, "About College," http://www.p-vec.ac. th. 82832802-86-20170705101326. webstarterz. com/2017/index. php, 2020-03-22.

育计划(2002—2016)》确定的目标进行设计与开展。职业教育主要由职业教育委员会办公室进行管理。截至 2018 年，隶属于职业教育委员会办公室的职业教育院校共有 407 所。[①] 职业教育委员会办公室成立于 2003 年，隶属于泰国教育部，下设 10 个公共机构，分别是主任办公室、合作办公室(主要负责与私营部门及企业合作)、职业教育监测评估局、职业教育政策与规划局、教师和职业发展培训办公室、职业和专业标准局、职业教育研究与发展研究所、内部审计组、主管督导组和管理系统开发组。[②] 主要职责是为制定职业技术教育与培训的相关政策、发展计划、标准和课程提供建议，协调职业教育技术与培训的方案，改进专业标准，发展师资队伍，协调政府和私营机构的教育方案，并对职业教育的质量进行监测。

泰国对职业教育的管理以中央为中心，同时成立区域性的职业发展与促进中心，分别位于北部、中部、东部与曼谷、东北部、南部五大地区，在各省及国家经济特区都设置了地方职业教育主管部门，专门负责对职业教育进行监督管理和政策落实。与职业教育相关的法律法规主要有《职业教育法》《教育质量体系、标准与实施办法(2010)》，以及职业教育委员会办公室与教育部制定的相关职业教育标准等。

此外，每一所职业教育院校也享有自治权。教育部鼓励职业教育院校根据相关法规制定本校的职业教育标准，但职业教育院校必须每年向职业教育委员会办公室提交自我评估报告，以接受监督，获得改进建议，提高教育质量。

职业教育委员会办公室还将其管辖的 400 多所院校分为了 28 个校际合作职业教育机构，不同的机构都有各自的优势领域，每个机构包括 10~15 所学校，跨越 2~3 个省份，期望增加职业教育机构间的自治权、责任意识，并且能够与国家教育标准一致。设置地方职业教育管理机构的主要目的是与私立部门发展更强的伙伴关系，灵活调动资源，发展满足地方需要的需求驱动型项目。

(二)非正规教育和非正式教育办公室

泰国非正规与非正式职业技术教育与培训项目由非正规教育和非正式教育办公室进行管理，该办公室主要职责为：作为核心组织支持和协调非正规与非正式职业技术教育与培训；为非正规与非正式职业技术教育与培训的相关政策、计划与策略提供建议；为职业教育的发展提供高质量的学术支持，如研究、课程、创新、人员、信息共享等；促进利益相关者之间的合作，包括个体、家庭、社区、

---

① Office of the Vocational Education Commission，"home，" http://www.vec.go.th/en-us/home.aspx，2020-03-22.

② Office of the Vocational Education Commission，"Education Institution Administrat，" http://www.vec.go.th/en-us/aboutvec/educationinstitutionadministrat.aspx，2020-03-22.

社会团体、当地政府管理机构、私人机构、专业机构、宗教机构、商业组织等；调动相关社会资源，如通信技术网络、教育广播和电视台、科学中心、公共图书馆、博物馆、社区学习中心等；监测和评估非正规和非正式职业技术教育与培训的方案。①

（三）双元制职业教育委员会

鉴于泰国职业教育私营部门在课程制定上的参与度不够高、缺乏双元制质量保证体系的情况，泰国成立了双元制职业教育委员会，委员会主席由泰国商会、泰国工业联合会和泰国旅游委员会提名。委员会的 10 名常驻代表有 4 名来自政府部门，分别是教育部常任秘书长、劳工部常务秘书、商务部常务秘书、工业部常务秘书；6 名来自私营部门，以发挥私营部门在双元制中的作用和影响力。职业教育委员会办公室的秘书长担任双元制职业教育委员会的助理秘书。

双元制职业教育委员会的主要职能如下。

- 制定促进、支持和发展双元制职业教育的政策和标准。
- 为双元制培训课程与参与双元制的企业设定标准和保证系统。
- 积极宣传双元制职业教育。
- 开展考试，保证双元制职业教育毕业生的质量。
- 为相关企业及时输送双元制职业教育的培训生。

五、泰国职业教育的质量保证

（一）政府管理

职业教育委员会办公室负责落实和监督国家资格框架的实施。同时，泰国工业联合会、泰国商会和德国—泰国联合商会正在发展双元制职业技术教育与培训，成立产业集群小组委员会，由私营部门代表担任主席，协助确保职业教育的质量。

泰国通过制定国家技能标准，规定了不同类型工人知识和能力的要求。自2013 年起，所有职业技术教育与培训都必须符合相应的技能标准要求，学习者必须学习相应的课程并通过期末考试才能获得资格证书。

相较于其他东盟国家，泰国关于职业技术教育与培训的规定的优势在于已经

---

① 　宋晶：《泰国职业教育的现状与发展趋势》，载《深圳职业技术学院学报》，2018（3）。

制定了有关职业技术教育与培训的法律法规，形成了一套质量保证原则并得到应用，资格框架在质量保证方面扮演了重要角色；其不足在于行业参与度需要提升，需要更多基于工作的学习，不同形式的技能标准协调还存在一定的问题。①

泰国于1999年颁布了《教育法》，支持具体职业教育质量保证措施的实施，同时设立国家教育标准和质量保证办公室，具体负责加强教育机构内部和外部质量保证工作。国家教育标准和质量保证办公室每4年对职业教育院校进行一次外部质量评估，并由职业教育委员会办公室或其他授权机构每3年进行一次内部质量评估。

2013年，泰国政府建立了国家资格框架，如表6-6所示。通过明确教育水平与资格证书的关系，确保毕业生符合劳动力市场对能力的要求。国家资格框架是联系各利益相关方在各级教育领域进行合作的关键。在专业资格/技能标准部分，包括TPQF、DSD、旅游和运动部门三个类别，均可与普通学历相互对应。TPQF是以能力为基础的职业标准，由泰国职业资格研究所负责制定；DSD指国家技能标准，由劳工部下设的技能发展部制定。

表6-6　泰国国家资格框架

资格等级	学历					专业资格/技能标准			
	义务教育	高等教育	职业教育（公立）	职业教育（私立）	非正规教育	TPQF	DSD		旅游和运动部门
九	—	博士	—	—	—	PQF9	—	—	—
八	—	硕士文凭	—	—	—	PQF8	—	—	—
七	—	硕士	—	—	—	PQF7	—	—	—
六	—	学士文凭	—	—	—	PQF6	—	—	—
五	—	学士	学士	—	—	PQF5	—	技术SS3	文凭二级
四	—	文凭	职业教育文凭	职业教育文凭	—	PQF4	—	技术SS2	文凭一级
三	—	—	职业教育证书	职业教育证书	职业教育证书	PQF3	基础SS3	技术SS1	证书四级
二	高中	—	高级短期课程职业教育证书	高中	高中	PQF2	基础SS2	—	证书三级

①　Andrea Bateman & Mike Coles, *Towards Quality Assurance of Technical and Vocational Education and Training*, Bangkok, the United Nations Educational, Scientific and Cultural Organization and UNESCO Bangkok Office, 2017, pp. 23-24.

续表

资格 等级	学历					专业资格/技能标准		
	义务 教育	高等 教育	职业教育 （公立）	职业教育 （私立）	非正规 教育	TPQF	DSD	旅游和 运动部门
一	初中	—	短期课程 职业教育 证书	初中	初中	PQF1	基础 SS1	—	证书二级

注：PQF 指职业资格框架，SS 指技能标准。

泰国职业资格研究所还制定了国家职业资格框架，确定了职业领域的资格标准，如表 6-7 所示。学生在达到了相应的能力标准后即可获得相应的资格证书。

表 6-7　泰国职业资格框架①

阶段	名称	时长	资格证书
中等职业 技术教育	普通职业教育项目	3 年	职业教育证书
	双元制和学徒制	3 年	双元制职业教育证书
	学分制职业技术教育与培训	3～5 年(非全日制)	学分制职业教育证书
高等职业 技术教育	职业技术教育与培训学院	2 年	职业教育文凭
	大学本科	2 年(需先取得技术 教育高级文凭)	学士学位

除此之外，泰国还有国家技能标准，用于评估工人的知识和能力。技能评估由技能发展部下设的技能发展机构及中心提供。2015 年，为保证职业技术教育与培训的质量，教育部规定将泰国职业资格研究所制定的国家职业资格框架和技能发展部制定的国家技能标准纳入职业技术教育与培训的资格体系，促进教育质量的提升。②

（二）职业教育相关法律

2008 年，泰国出台了《职业教育法》，在法律层面规范了国家职业技术教育与培训制度、质量监控方式及不同形式职业教育的实施方案。该法强调，高校和研究机构要成为正式的职业教育与培训体系的补充；非正规职业技术教育与培训

---

① UNESCO，"World TVET Database Thailand-UNESCO-UNEVOC," https://unevoc. unesco. org/wtdb/worldtvetdatabase_tha_en. pdf，2019-06-27.

② Andrea Bateman & Mike Coles, *Towards Quality Assurance of Technical and Vocational Education and Training*，Bangkok，the United Nations Educational，Scientific and Cultural Organization and UNESCO Bangkok Office，2017，p. 194.

机构提供的教育课程和内容及其他相关社会团体的教育目标要与泰国政府、社会的需求相适应；职业技术教育与培训的内容要与国有企业、政府机构、其他机构的需要相适应。[①]

泰国《职业教育法》规定职业教育可以在三类机构开展：一是职业教育体系中的正规院校；二是所提供的课程和内容与社会目标群体的需求相适应的非正规教育机构；三是与政府机构合作的相关企业。

（三）企业与社区的参与

泰国企业雇主、雇员和民间社会组织过去对参与职业技术教育与培训的积极性不高，近年来，职业教育委员会办公室吸引了许多雇主参与职业教育，进而促进了接受双元制教育的学生人数的提升。企业雇主在职业技术教育与培训中主要承担的职责包括以下几点。

- 确定各部门职业/技术人员的需求和供应。
- 识别职业/技术人员的能力。
- 改进课程和资格体系。
- 促进教师发展，提升其工作经验。
- 反思教与学的过程。
- 监督毕业生的评估和安置工作。
- 规定每个部门的最低工资和薪金。

增加利益相关者的参与度对于提高职业教育的质量来说有很大的帮助。除设置委员会外，泰国还通过减少税费和提高职业教育毕业生的素质鼓励更多企业、社区参与职业技术教育与培训。

六、泰国职业教育教师

在泰国，职业教育面临的一大困境是职业教育师资数量不足、水平不高。根据泰国职业教育委员会办公室 2015 年的统计数据，目前泰国公立职业技术学校的全职教师共有 15171 人，临时教师有 7781 人；私立职业技术学校教师有 18257人。而公立职业技术学校的学生共有 674520 人，私立职业技术学校的学生共有

① Katiphot，"Transferable Skills in Technical and Vocational Education and Training (TVET) and Vocational Teacher Education（VTE）：A Case Study of Thailand," Springer International Publishing AG，2017.

363414 人。① 许多职业教育的教师与培训师往往没有正规的教师资格，或者缺乏实际工作经验，这导致职业教育毕业生无法满足劳动力市场的需求，在毕业时未能做好走上工作岗位的准备。

在泰国，要想成为职业教育教师，就必须拥有高中毕业文凭，并参与一个为期两年的教师教育培训项目，培训由职业教育委员会办公室组织，在师范大学开展。培训项目结束后，学生可以获得高级技术文凭，相当于学士学位，即获得职业技术教育的教师资格。部分职业教育教师是从职业技术院校的毕业生中直接招聘的，但他们也需要再完成教师教育培训。

目前，泰国职业教育教师培训的改革方向包括与国际组织合作共同培养教师，鼓励私营部门或企业承担职业教育教师的培训工作，等等。同时，为了顺应国内经济发展的要求，教师在完成理论与实践的培训后，还要提升安全意识、创业精神、绿色工作技术、工作场所实践学习等必要素养。

优秀的教师往往被认为是最擅长评估学生的人。在泰国，一些职业教育教师还承担着教育质量评估人员的工作，在院校内部和外部质量保证体系中发挥重要作用。在接受评估任务前，这些教师必须完成培训课程，通过正式考试，并取得评估资格证书。这一做法也逐渐推广到其他东南亚国家，通过改进职业教育教师的培养模式，使教师具备更好的教学技能和评估能力。

七、泰国职业教育的国际合作

（一）与中国的合作

中国是泰国的最大贸易伙伴，泰国是中国在东盟国家中第四大贸易伙伴。自1975 年 7 月 1 日建交以来，中泰两国关系保持健康稳定发展。2001 年 8 月，两国政府发表了《联合公报》，就推进中泰战略性合作达成共识。2012 年 4 月，中泰两国建立了全面战略合作伙伴关系。2013 年 10 月，两国政府发表了《中泰关系发展远景规划》。2018 年中泰双边贸易额为 875.2 亿美元，同比增长 9.2%；其中中国出口 428.9 亿美元，同比增长 11.3%；进口 446.3 亿美元，同比增长 7.3%。②

---

① Athippatai Potang，"TVET Teacher Standard In Thailand," Regional TVET Conference，2015.

② 中华人民共和国驻泰王国大使馆：《中泰关系简况》，http://www.chinaembassy.or.th/chn/ztgx/gxgk/，2019-07-03。

2019 年 1 月至 8 月，中国对泰新增非金融类直接投资额为 5 亿美元，同比增长 11.4%。截至 2019 年 8 月底，中国企业在泰国共签订承包工程合同额 292.5 亿美元，完成营业额 235.2 亿美元。①

中国与泰国的职业教育合作主要包括两种模式。一种模式是把中国的职业教育成果输出到泰国，主要服务于泰国的中资企业，助力中泰产能合作，降低劳动力成本，培养符合"一带一路"建设需要的技术技能型人才。

例如，2018 年 10 月，山东理工职业学院成立泰国分校—孔子六艺学堂，与泰国曼谷职业教育中心、泰国皇家制金学院、泰国廊曼技术学院、唐风汉语教育科技有限公司合作共建，以孔子六艺学堂为载体，按照"汉语＋文化＋专业＋产业"模式设计，以"互联网＋国际职业教育"的方式开展学历教育与职业培训。针对泰国不同的职业院校，山东理工职业学院分别将中国在宝玉石鉴定与加工行业、航空业等领域的优势技术提供给泰国，满足了泰国相关行业的技术需求；②同时采用学分学历互认机制，学生可获得两国的双学历；并且应用"互联网＋国际职业教育"的模式，线上线下并行，为两国职业教育的合作呈现了一个优秀的范例。

另一种模式则是吸引泰国留学生来华进行职业技术的学习。中国的许多职业院校和高校都面向泰国学生进行招生，并且还为部分学生提供奖学金作为支持。以天津市为例，天津市教委为泰国的职业教育留学生提供了"天津与泰国职业教育奖学金"，考试选拔出的学生先在天津师范大学进行一个学期的汉语强化培训，随后赴天津的 6 所职业院校进行为期两年半的专业学习，所学专业包括铁道信号自动控制、动车组检修技术、新能源汽车技术、旅游管理、物流管理等 11 个专业，这些专业与当下泰国 4.0 战略的重点发展领域相吻合。该奖学金项目自 2015 年开始实施，至 2019 年已经成功选出 118 名学生赴天津学习，其中第一批的 15 名学生已经顺利毕业，并且在泰国的中资企业、大型酒店等就业。118 名学生中学习高铁相关专业的人数为 35 人，这些学生将成为中泰铁路建设的有力人才支撑。③

我国教育成果对泰国职业教育学生的输出一方面培养了有利于中泰两国经济发展的人才，另一方面促进了两国文化的交流往来。对于我国"一带一路"倡议和泰国 4.0 战略的推进都有着很大的帮助。

---

① 中华人民共和国驻泰王国大使馆：《中泰关系简况》，http://www.chinaembassy.or.th/chn/ztgx/gxgk/，2019-07-03。

② 山东理工职业学院：《山东理工职业学院泰国分校孔子六艺学堂成立》，http://www.sdlgzy.com/info/1002/4956.htm，2019-07-18。

③ 《天津与泰国合作设立职业教育奖学金培养"汉语＋"人才》，http://news.sina.com.cn/o/2019-02-09/doc-ihrfqzka4537787.shtml，2019-07-03。

(二)与其他国家和国际组织的合作

目前泰国的职业教育已经与很多国家和国际组织进行了合作，交流职业教育的知识和经验。与泰国有合作关系的国际组织包括东南亚条约组织、联合国儿童基金会、联合国开发计划署、国际劳工组织、联合国教科文组织、加拿大国际开发署等。泰国申请了日本和世界银行有关职业教育发展的贷款方案，还与德国、奥地利、丹麦、英国、意大利、澳大利亚、加拿大、比利时等国政府达成了合作。泰国在本国职业教育体系的建设过程中，参考了各国职业教育发展质量保证体系等政策方针，同时还获得了夏威夷大学等国外高校的支持。

八、泰国职业教育的问题与发展趋势

纵观泰国职业技术教育与培训的现状，可发现其在取得一定改革成效的同时仍然存在一些亟待解决的问题。在国家层面，职业教育预算不足，导致许多新设置的学校并不能按照规定的标准发展，旧学校的许多机床和设备已经过时，硬件资源提供不到位。在教师层面，教师教育不到位，导致职业院校的教师和一些教育工作者缺乏持续发展的能力，某些教师缺乏知识和专业经验，其素质与所要求的任务不相符，也存在某些冷门学科缺乏教师的情况。在学校层面，与企业和社区的合作仍然不足，只有少量学校实现了双元制项目的开展，同时部分学校在行政和教学方面所使用的信息技术有限，职业教育系统的信息共享存在一定的问题。泰国职业教育的毕业生在满足市场需要方面还面临着较大的挑战。

泰国国家经济和社会发展委员会 2011 年出台了《国家经济和社会发展计划》，强调了职业技术教育与培训对培养国家合格劳动力的重要性，并提出了一系列发展目标，包括提高职业资格标准，发展与劳动力市场有关的知识技能；扩大职业教育专业设置；建立涵盖供求、教育程度和职业资格的全国劳工数据库；鼓励地方高校和职业院校参与社区建设；等等。[①]

总的来看，未来泰国职业教育的目标是立足于国家的经济和社会发展，致力于提高国家竞争力，组织和推动优质和卓越的职业教育和职业培训，促进泰国国际地位的提升。

为了进一步提升职业技术教育与培训的质量，泰国政府正在实施新的举措：

---

① National Economic and Social Development Board，"The Eleventh National Economic and Social Development Plan," National Economic and Social Development Board, Bangkok, 2011.

第一，将提供和完善职业质量标准作为职业教育的使命，切实提高职业教育的质量和标准，为教育实践提供方向，立足于扩大国际市场的需求，培养具备国际水准的专业人才；第二，通过扩大受教育机会，促进泰国职业教育的地域、性别平等；第三，在课程规划上，将提升技术与专业水平作为职业教育的核心，国家部门鼓励职业院校教学与科研共同推进，研究创新管理元素与职业发展知识，并将优秀方案与研究成果在全国范围内推广；第四，积极培养职业教育的教师和职业人才，增强师资队伍建设；第五，通过充分利用利益共同体的支持，建立公共和私营部门之间的合作关系，搭建社区合作网络。

第七章　文莱职业教育

文莱全名为文莱达鲁萨兰国（Negara Brunei Darussalam），古称淳泥，属东南亚国家，东盟成员国之一。位于加里曼丹岛西北部，全国分为 4 个区和 38 个街区，总面积约为 0.58 万平方千米。14 世纪中叶伊斯兰教传入，建立苏丹国。16 世纪中期起，葡萄牙、西班牙、荷兰、英国等相继入侵，1888 年沦为英国保护国，1941 年被日本占领。1946 年英国恢复对文莱的控制。1971 年与英国签约，获得除外交和国防事务外的自治。1984 年 1 月 1 日完全独立。

文莱自独立之日起即以"马来伊斯兰君主制"为国家纲领。其内涵为：国家维护马来语言、文化和风俗主体地位，在全国推行伊斯兰法律和价值观，王室地位至高无上。文莱的国语是马来语，英语和中文也广泛使用。文莱的国教是伊斯兰教。① 2018 年，文莱人口约为 42 万，其中马来人占 65.8%，华人占 10.2%，其他种族占 24%。

文莱经济以石油、天然气产业为支柱，依赖自然资源，GDP 的约 90% 来自原油和天然气生产。非油气产业均不发达，包括制造业、建筑业、金融业及农林渔业等。最近几年，由于油气产量下降，国际原油价格下滑，文莱经济增长出现停滞。近年来，文莱政府大力发展油气下游产业、伊斯兰金融及清真产业、物流与通信科技产业、旅游业等，加大对农林渔业及基础设施建设的投入，积极吸引外资，推动经济向多元化方向发展。2017 年，文莱 GDP 约为 183.8 亿文币（约合141.3 亿美元），同比增长 1.3%。这是文莱经济在连续 4 年负增长后首次回升。2018 年 GDP 约为 183.9 亿文币（约合美元 135.0 亿美元），同比增长 0.1%。②

---

① GOV，"National Statistics，" http://www.gov.bn，2018-10-10.

② 中华人民共和国外交部：《文莱国家概况》，https://www.fmprc.gov.cn/web/gjhdq_676201/gj_676203/yz_676205/1206_677004/1206x0_677006/，2019-11-14.

在外交方面，文莱奉行不结盟及同各国友好的外交政策，1984年1月7日成为东盟第六个成员国，2013年担任东盟轮值主席国。文莱的主要贸易伙伴为日本、韩国、马来西亚、泰国和新加坡。其大宗出口产品是原油和天然气，主要出口市场为日本、韩国、印度；主要进口来源地为中国、新加坡、马来西亚和美国。

中国和文莱于1991年9月30日建立外交关系，近年来双方在双向投资、承包劳务、援外人力资源合作、共建"文莱—广西经济走廊"等方面取得了成效。据中国海关统计，2014年的双边贸易额超19.36亿美元，同比增长7.96%，再创历史新高。其中，中国出口17.47亿美元，同比增长2.51%；中国进口1.90亿美元，同比增长111.37%。①

一、文莱教育体系

1912年，文莱第一所马来语学校建立，标志着文莱正规教育的出现。1916年，华人社区建立了第一所华文学校。1929年，文莱开始实行有限的儿童义务教育。1931年，第一所用英语教学的私立小学建立。第二次世界大战爆发后，文莱教育受到冲击。20世纪50年代，文莱教育开始重振。1954年，文莱教育部制订了五年教育发展计划，着力发展中小学教育，筹办新学校，培训新教师。1985年，文莱开始在全国范围内系统地实行双语教学。②

文莱教育部主管全国教育事业，上至高等学校下至幼儿园的各级政府学校和有关教育机构均由文莱教育部全面负责管理。截至2015年，文莱共有254所学校，其中政府主导的公立学校为176所，私立学校为78所；共有教师10979人，其中公立学校教师为8580人，私立学校教师为2399人；文莱在校学生总数为113987人，其中公立学校学生为77420人，私立学校学生为36567人。③ 文莱实行的学制是初等教育6年，中等教育4～5年，中学后教育2年，本科阶段4年（技术学院5年），研究生阶段2年。

---

① 中国驻文莱经商参处：《2014年中文经贸合作概况》，http://bn.mofcom.gov.cn/article/zxhz/hzjj/201507/20150701036494.shtml，2019-11-14。

② 蔡昌卓：《东盟教育》，19页，桂林，广西师范大学出版社，2009。

③ Negara Brunei Darussalam Department of Statistics, *Brunei Darussalam Statistics Yearbook 2015*, Brunei, Department of Statistics, Department of Economic Planning and Development Prime Minister's Office, 2016, pp. 195-224.

文莱教育体系如图 7-1 所示。

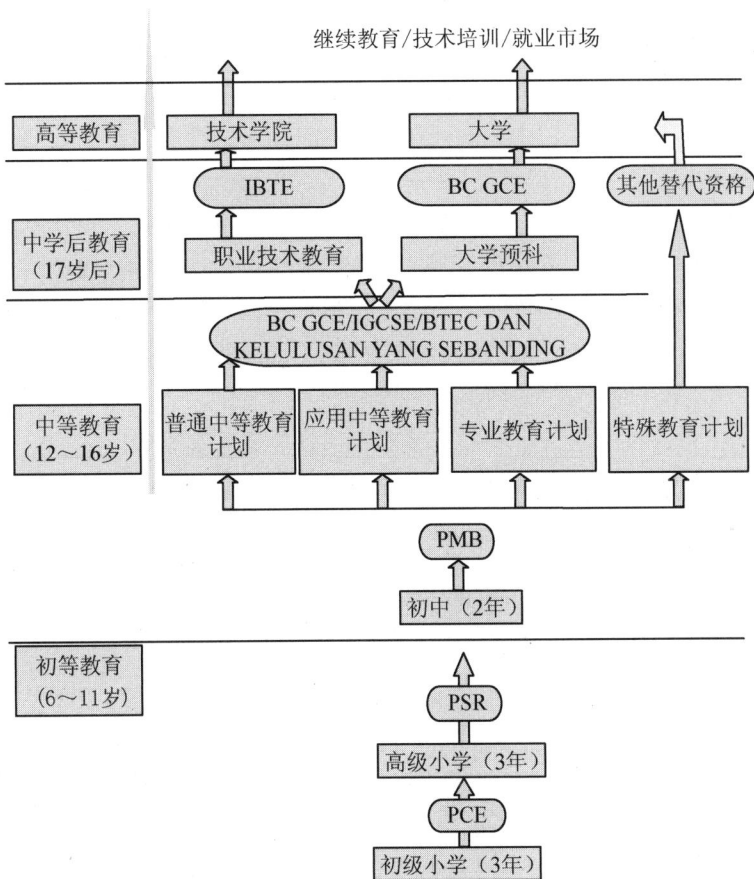

图 7-1　文莱教育体系

注：PCE 为小学证书考试；PSR 为小学鉴定考试；PMB 为初中考评；BC GCE 为文莱—剑桥考试；IGCSE 为国际普通中等教育证书；BTEC DAN KELULUSAN YANG SEBANDING 为英国商业与技术教育委员会资格证书或同等文凭；IBTE 为文莱职业技术学校。

文莱的初等教育年限为 6 年，其中包括 3 年初级小学教育和 3 年高级小学教育。文莱法律规定，儿童 6 岁入学，初级小学结束后通过小学证书考试（PCE）进入高级小学，高级小学结束后通过小学鉴定考试（PSR）进入中等教育。初等教育的目的是让学生打好读、写、算的基本功，培养学生的个性、情感、思维能力、创造力和独立性，学校以伊斯兰教义为指导，发展学生的行为和精神，为个人今后的发展奠定基础。文莱的初级小学开设马来语、英语、伊斯兰教知识、体育等课程，高级小学在初级小学的基础上增设科学、历史和地理。

文莱的中等教育由普通中学和职业技术学校负责。中等教育年限为 4～5 年，包括 2 年初中教育及 2～3 年高中教育或 3 年职业技术学校教育。初中结束时学生通过初中考评(PMB)进行分流,主要有 3 种选择:第一种是进入普通高中,第二种是进入教授工艺和技术课程的职业技术学校接受职业预备教育,第三种是直接就业。对于智力超长及智力落后的学生都有相应的学校,分别对应超常教育项目和特殊教育项目。文莱初中阶段开设的课程包括必修课和选修课,必修课包括马来语、英语、数学、综合科学、伊斯兰教知识、历史和地理 7 门课程,选修课包括电脑、农业科学等课程。文莱学生在高中阶段学习马来语、英语和数学 3 门必修课程,并学习科学、艺术和工艺领域的专业知识,这很好地保证了学生毕业后能进入文科、理科和职业技术学校学习。学生在高中最后一学期结束时参加文莱—剑桥考试(BC GCE),成绩较好的同学参加 O 级考试,通过后进入大学预科继续 2 年的学习;成绩较差的同学需先通过 N 级考试,一年后再参加 O 级考试。还有部分学生进入技术学院学习或直接就业。具体情况参见表 7-1。

表 7-1　文莱中等教育升学率与职业教育入学率统计表①

项目		2009 年	2010 年	2011 年	2012 年	2013 年	2014 年	2015 年	2016 年	2017 年
初中升学率/%	全部学生	99.63	99.95	99.60	99.74	99.73	99.38	—	99.74	—
	女生	100.00	99.89	100.00	99.46	99.97	98.73	—	99.46	—
	男生	99.28	100.00	99.24	99.50	99.50	100.00		100.00	—
中等职业教育入学率/%	全部学生	15.54	11.58	12.26	16.16	18.90	16.49	16.76	15.42	14.74
	女生	11.90	9.72	11.07	16.43	18.23	15.09	15.05	14.39	13.61
	男生	19.25	13.38	13.37	15.91	19.54	17.80	18.35	16.41	15.83
生师比	(学生/教师)	10.46	—	9.94	10.09	9.75	9.15	8.84	8.56	8.72

文莱共有 4 所高等院校,分别是文莱达鲁萨兰国大学(简称文莱大学)、文莱理工大学、苏丹谢里夫阿里伊斯兰大学、多科技术学院。② 文莱大学成立于 1985 年,提供文凭课程、学士学位课程、硕士学位课程和博士学位课程。文莱理工大学成立于 1896 年,于 2008 年升格为大学,提供高级国家文凭以及信息与通信技术、商业、工程领域的本科学位课程,主要由商业和计算学院与工程学院组成。苏丹谢里夫阿里伊斯兰大学成立于 2007 年,专注于伊斯兰历史与文明、阿拉伯语言、伊斯兰金融和伊斯兰法律,提供文凭课程、学士学位课程,硕士学位课程、博士学位课程。多科技术学院于 2012 年正式成立,提供的课程与培训包括文凭课程及高级文凭课程。

---

① UNESCO,"Brunei Darussalam," http://uis.unesco.org/country/BN,2019-05-02.

② "Education in Brunei Darussalam," http://www.studycountry.com/guide/BN-education.htm,2018-09-15.

二、文莱职业教育概况

文莱职业教育的历史很短，于 1970 年成立的教授贸易和工艺的学校是文莱技术教育部主管的职业教育系统的开端。文莱职业教育在过去 20 年中不断扩大，并建立了更多职业教育机构来满足该国日益增长的劳动力市场需求。2008 年，文莱为适应经济全球化、提升自身的国际化地位，制定了"文莱愿景 2035"。自 2012 年起，文莱职业教育开始改革和转型；2014 年，文莱发布了《职业技术教育转型白皮书》，旨在建立新的职业技术教育体系。改革后的文莱职业教育发生的主要变化包括：成立新的职业教育机构——文莱职业技术学校，代替原来的职业教育管理机构——技术教育部，并将原来部分职业院校合并到该学校，作为该校管理下的校区，负责特定领域的教育与培训工作；建立新的职业资格框架，进行课程改革，增加学徒选择机会，进行职业晋升培训。

2012 年改革以来，文莱的职业技术教育与培训体系日趋完善，职业技术学校、培训中心和技术学院成为职业教育的主要机构。在义务教育阶段，文莱设有专门的职业教育机构。为了让完成义务教育的学生顺利走上工作岗位，学生在义务教育阶段可以选修职业类课程，毕业时可参加职业资格考试，获取职业类普通中等教育证书。文莱中学阶段的职业类课程并不是专门性职业教育，而是一种职业准备教育，其目的在于让青少年有更多了解和尝试职业技能的机会。

文莱中学后教育分为大学预科教育及职业技术教育。职业技术教育主要由文莱职业技术学校负责，按照年龄及学习年限推算，其相当于中国的中等职业教育；完成两年的中等职业教育后学生可进入文莱多科技术学院继续学习，相当于中国的高等职业教育。学生毕业时可获得不同水平的教育证书。不同培训项目所要求的培训时间不尽相同，一般为 1 年至 3 年半。文莱的职业技术教育和培训重视实习经验，在转型后的资格框架中，不同水平资格的获得要求学员达到不同的实习标准。

三、文莱职业教育体系

（一）文莱公立职业教育机构

1. 文莱职业技术学校①

文莱职业技术学校成立于 2014 年 5 月，由当时的技术教育部和全国 7 所职业技术学校合并创建。文莱职业技术学校致力于为文莱培养技术技能人才，致力于培养创新、创业的劳动者和直接进入劳动力市场的毕业生，旨在通过职业技术教育推动国家经济发展。该校涵盖的专业领域包括能源、工程、农业和科学等。截至 2016 年，文莱职业技术学校共有教师 485 人，学生 3928 人，其中男生数量为 2346 人，女生数量为 1582 人。2016 年，该校学生就业率（在毕业后 6 个月内找到工作）达到 74.5%，其中对口就业者占就业总人数的 74.8%。②

文莱职业技术学校的定位是承接以前文莱技术教育部的职责，是文莱包括全职、学徒和兼职继续教育与培训在内的职业技术教育与培训的主要提供者。其主要任务包括：通过优化整体学习环境，培养符合劳动力市场期望的高技能和具有合格就业能力的毕业生；通过培养高素质的专业人才，帮助学生获得国际公认的职业资格，实现"文莱愿景 2035"；通过开展各项活动并制定相关举措，实现文莱教育部的四个战略目标。

文莱职业技术学校自成立以来，主要在课程、学习机会、培训环境、服务计划和职业教育目标方面进行了全面的改革，主要措施包括以下五个方面。

一是课程改革。

2008 年，文莱教育部推出了 21 世纪文莱国家教育体系"国民教育"（SPN21）计划，提出文莱所有学生将接受 10 年或 11 年的小学和中学教育，然后继续接受教育和培训。文莱职业技术学校对职业教育课程需要进行了重组和配置，加强了学生实践技能的培养，课程以"能力本位"和"实践取向"为主，所提供的课程中，理论部分内容占 30%，实践部分内容占 70%，其中 55% 的课程以工作场所中的实际需要为取向。③ 改革后的课程分为三个等级，每一级在达到标准后颁发证

---

① IBTE，"IBTE Campus，" https://ibte. edu. bn/campus-info/，2018-09-27.

② Paryono，"TVET in Brunei Darussalam，" Beiing Normal University Academic Presentation，Beijing，2017-09-27.

③ IBTE，"Transforming Technical and Vocational Education A white paper，" https://ibte. edu. bn/，2019-06-29.

书，三级证书分别是工业技能证书(ISQ)、国家技术证书(NTEC)和高级国家技术证书(HNTEC)。持有高级国家技术证书的毕业生和持有国家技术证书的毕业生可获得"技术工人"资格。

工业技能证书项目的入学要求是考生应至少参加过 9 年初等和中等教育，最低年龄为 16 岁。工业技能证书课程时间为 3 个月至 1 年。国家技术证书全日制课程的周期是 1～2 年，最低要求为完成 10～11 年的初等和中等教育并通过了相关学科的考试。高级国家技术证书课程因有较多的理论课程与较高水平的培训，需要 2 年的时间，进入的要求是在国家技术证书学习结束后在获得该领域 3 个 O 水平的证书。

改革后的职业教育课程内容如图 7-2 所示。

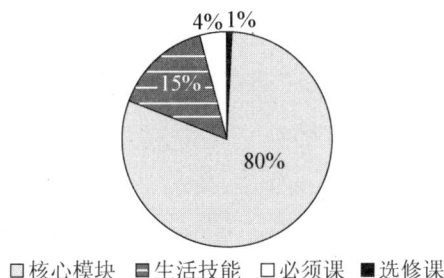

图 7-2 改革后职业教育课程内容

二是增加学生的选择机会。

文莱借鉴德国等国家职业教育的成功经验，通过与相关行业部门合作，确定和引进新的专业。文莱职业技术学校计划通过与行业的合作，在未来 5 年将当前的专业由 60 个扩大到 200 个；同时在学徒制中增加不同方向，为学员提供更多的职业选择，契合学员的兴趣。

随着社会和经济的发展，很多学生希望获得大学学历。文莱职业技术学校虽然旨在培养职业教育人才，但同时也为表现良好的学员提供继续深造的机会。文莱职业技术学校通过实践和探索，让多达 25％的毕业生有机会进入文莱职业技术学校高级课程阶段学习，这些学生毕业后有机会进入文莱理工大学继续学习，获得文凭和学位。同时，文莱职业技术学校提供继续教育与培训，通过提供短期课程、研讨会等优质培训丰富技术工人的自我发展，使成年学习者能够进一步获得相关领域的知识和技能。

三是改进教育和培训环境。

为了适应职业教育的转型，文莱需要更好的教育和培训环境。文莱教育部在规划文莱职业技术学校长期发展时，将 7 所职业技术学校命名为"校区"，并重新整合为主校区和分校区，它们能够容纳 8000 名学生，文莱职业技术学校的总部设在中央校区。中央校区的学生数量为 4000 人。文莱职业技术学校的 7 个校区分别为：文莱职业技术学校 Sultan Saiful Rijal 校区、文莱职业技术学校杰夫博尔基亚校区、文莱职业技术学校 Nakhoda Ragam 校区、文莱职业技术学校苏丹博尔基亚校区、文莱职业技术学校农业技术校区、文莱职业技术学校商业校区、文莱职业技术学校机械校区。[①] 改革后校区的分布如表 7-2 所示。

表 7-2　文莱职业技术学校校区名称及位置

类型	名称	前名	位置
主校区	文莱职业技术学校 Sultan Saiful Rijal 校区	Sultan Saiful Rijal 技术学院	文莱—摩拉区
	文莱职业技术学校 Nakhoda Ragam 校区	Nakhoda Ragam 职业学校	
	文莱职业技术学校机械校区	机械培训中心	
	文莱职业技术学校商业校区	商学院	
分校区	文莱职业技术学校杰夫博尔基亚校区	杰夫博尔基亚工程学院	文莱—马来奕区
	文莱职业技术学校苏丹博尔基亚校区	苏丹博尔基亚职业学校	文莱—摩拉区
	文莱职业技术学校农业技术校区	瓦桑职业学校	

四是制订新的服务计划。

为了更好地促进职业教育发展，文莱职业技术学校制订了新的服务计划。计划的目标包括：提高教学人员在职业技术教育中的地位，加强教师的奖励、补偿和认可机制，为教师提供更好的职业发展机会，加强系统内人员发展能力，以及为教职员工营造支持性的工作环境。

五是确定职业教育关键指标。

为了支持 2014 年《职业技术教育转型白皮书》的落实，文莱职业技术学校确定了两项监测职业教育质量的关键绩效指标：一是在学生毕业半年后的整体就业率达到 80%；二是在学生毕业半年后雇主满意度达到 70%。2017 年，文莱职业技术学校对学生就业率及雇主满意度进行了调查，就业率调查得到了 98% 的回复，雇主满意度调查得到了 30% 的回复。调查发现，毕业生的整体就业率为

---

① IBTE, "IBTE Campus," https://ibte.edu.bn/campus-info/, 2018-09-27. 因部分名称的中文翻译不统一，故在此保留英文。

63.7%，低于设定的目标；雇主满意度为 96.5%，实现了目标。①

2. 文莱多科技术学院②

文莱多科技术学院旨在通过全面、优质的教育培养学生的可持续发展能力。2008 年 10 月 18 日，文莱国王提出在文莱建立技术学院，为学生提供高级国家文凭。2012 年 1 月，该校开始正式招生，学校开设 9 门高级国家文凭课程，首批共有 401 名学生入学。截至 2017 年，该学院开设了 21 个专业，在校生人数达到了1550 人。③

根据文莱国家教育资格框架，文莱职业技术学校提供的课程与培训包括工业技能证书、国家技术证书和高级国家技术证书，分别属于国家教育资格框架的二、三、四级水平，而文莱多科技术学院则主要提供文凭课程及高级文凭课程，属于四级和五级。这几类证书及其级别如图 7-3 所示。

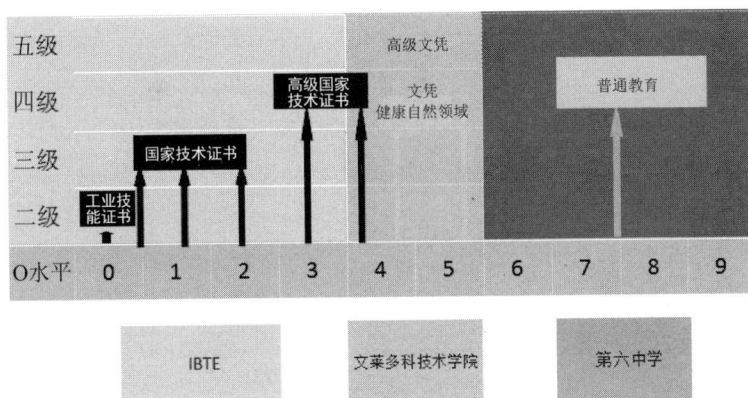

图 7-3 文莱中学后证书及其级别

文莱多科技术学院下设信息与通信技术学院、商业学院、科学与工程学院及卫生科学学院。以信息与通信技术学院为例，该院致力于通过优质教育为行业和市场提供优秀毕业生。信息与通信技术学院于 2012 年 1 月首次招生，提供高级文凭课程，下设计算机网络、信息系统和技术及网页设计 3 个专业，共招收了139 名学生。以信息系统和技术为例，该专业旨在培养信息技术专业人士、系统分析及开发人员，主要课程结构如表 7-3 所示。

---

① Syazana Ebil，Norazlina Othman，et al.，"Brunei TVET Transformation：The Development of the Institute of Brunei Technical Education's two Key Surveys," *The Online Journal For Technical and Vocational Education and Training in Asia*，2017(8)，pp. 1-4.

② Brunei，"Politeknik Brunei," http://www.pb.edu.bn/，2018-09-26.

③ Brunei，"Politeknik Brunei," http://www.pb.edu.bn/，2018-09-26.

表 7-3 信息系统和技术专业高级文凭课程体系

时间		课程模块
第一年	第一学期	计算机数学
		计算机沟通技巧
		健康安全环境
		计算机系统结构
		信息系统纲要
	第二学期	马来伊斯兰君主制课程
		伊斯兰教育
		创业教育
		多媒体技术和创新
		网络基础设施
		基本互联网项目
		信息化导论
第二年	第三学期	系统分析设计
		项目应用
		最新技术
		信息系统管理
		用户体验设计
	第四学期	系统设计发展
		高级项目
		数据库设计与实现
		移动应用设计与发展
第三年	第五学期	项目管理
		毕业设计
	第六学期	实习
		丰富工作经验

注：丰富工作经验指增加额外的内容以促进学生就业，包括某些项目内容和软技能（如交流、解决问题、创业、信息与通信技术等）。

3. 东南亚教育部长组织区域职业技术教育与培训中心①

东南亚教育部长组织区域职业技术教育与培训中心（简称 SEAMEO 中心）于 1990 年 8 月 28 日在文莱成立，是东南亚教育部长组织（简称 SEAMEO）的 25 个中心和网络之一，该中心的主要职责是促成 SEAMEO 成员国的合作，解决职业技术教育与培训中的主要问题。

SEAMEO 中心的主要任务包括为成员国提供培训服务、研究咨询服务、信息传播服务、课程设计与开发服务和教学评估服务。

SEAMEO 中心提供的培训主要包括区域培训和国内培训两个类别，其中区域培训主要是为 SEAMEO 成员国提供跨区域的共同培训；国内培训包括帮助 SEAMEO 成员国制定职业技术教育与培训能力标准，开放职业技术教育与培训课程，提供符合工业需求和工作要求的课程开发服务，评估职业教育项目，等等。

SEAMEO 中心通过社区服务计划或外部组织资助计划来满足目标受益人的需求。社区服务计划涉及当代教育、技术及发展趋势、问题和挑战等。外部资助计划由 SEAMEO 中心与合作组织联合提供，资助来自合作伙伴，以满足特定目标受益人的需求。

SEAMEO 中心的研究活动包括与国际组织合作对职业技术教育与培训问题进行研究，研究内容涵盖职业技术教育与培训课程的关系、国家资格框架、信息通信技术在教育中的整合及职业技术教育与培训教师资格等。SEAMEO 中心专家通常在职业技术教育与培训机构承担研究顾问工作。

SEAMEO 中心通过出版印刷版和在线版期刊、SEAMEO 中心文摘，以及在教育网络（EduNet）上发布培训材料、会议记录和专题出版物进行信息传播。SEAMEO 中心网站也会定期更新，分享中心的最新动态、当前的培训活动、计划及其他相关信息。

（二）文莱私立职业教育机构

除公立中等和高等职业教育机构外，文莱还有 3 所知名的私立职业教育机构。它们是科姆达学院、拉克萨马纳商学院及微网国际学院。

1. 科姆达学院②

科姆达学院是文莱最早的私立高等教育机构之一。科姆达资源局于 1990 年正式成立，专门从事人力资源开发；于 2004 年成立科姆达学院，该学院对学术

---

① SEAMEO VOCTECH，"Regional Training Programme：Effective Project Management for TVET，" http：//www. voctech. org/index. php/component/jevents/event/5/-? Itemid＝0，2020-03-22.

② Kemuda Institute，"Home," http：//kemudainstitute. com/，2020-03-22.

研究及发展做出了重大贡献。该学院于 2006 年正式成为英国国家计算中心（National Computing Center，NCC)认证合作伙伴中心，随后该学院引进了许多新课程，它们成为当地和国际认可的核心学术课程。2006 年，文莱政府将该学院认定为托福考试中心。

科姆达学院的办学目标是为本国学生提供优质教育，培养与行业有关的技能，培养年轻人的信息与通信技术能力及企业意识，为毕业生提供工作选择和面试方面的持续帮助与指导。该校毕业生获得文凭后，可继续在学院或文莱理工大学进行高级国家文凭课程的学习，获得高级国家文凭的毕业生可进入文莱大学学习，也可以出国留学。

学院提供的培训包括 NCC、英国商业与技术教育委员会（Business and Technology Education Council，BTEC)、伦敦工商会（London Chamber of Commerce and Industry，LCCI)及马来西亚开放大学(Open University Malaysia，OUM)课程。NCC 提供的课程包括：三级计算机文凭课程、四级计算机文凭课程、四级商业信息技术课程、五级计算机课程及五级商业信息技术课程。BTEC 旨在为学生提供所需的技能，使其进入高等教育或直接就业。BTEC 课程包括：BTEC 五级计算机与系统开发高级国家文凭（多媒体专业)课程、BTEC 五级计算和系统开发高级国家文凭（系统开发与编程专业)课程、BTEC 五级计算和系统开发高级国家文凭（网络与安全专业)课程、BTEC 三级信息技术文凭课程、BTEC 二级信息技术文凭课程、BTEC 二级信息技术证书课程等。LCCI-IQ 是 LCCI 工商业国际资格证书，在国际上受到广泛认可，该证书旨在提高学员技能，使其进入大学或专业组织，每年都有超过 25 万名来自 120 个英联邦国家的学员利用该证书找到工作。科姆达学院提供的课程包括皮尔逊 LCCI 一级簿记证书课程、皮尔逊 LCCI 二级会计记录文凭课程、皮尔逊 LCCI 三级会计文凭课程。OUM 的主要培训对象为成人，主要提供网络计算与信息技术学士学位和信息技术与管理学士学位的课程。

2. 拉克萨马纳商学院①

拉克萨马纳商学院成立于 2003 年，是一个私立高等教育机构，旨在培养能够适应快速变化世界的学生。该学院的目标是培养学生的批判性思维、全球视野及诚信、忠诚等品质。

拉克萨马纳商学院主要提供商业及计算机领域的学位课程，这两个专业获得了文莱国家职业资格委员会的认可。商业学位的学习周期为 3 年，第一年学生学习通识性课程，在接下来的 2 年中学生可选择商业营销、会计学、商业管理 3 门中的任何一门课程学习。在计算机领域，学生通过 3 年学习可以获得计算机科学学

---

① Laksamana College of Busines，"Home，" http://www.lcb.edu.bn/，2017-10-29.

士学位。除此之外,拉克萨马纳商学院还提供高等教育预科课程、短期课程及皮尔逊商业、管理和计算机领域的培训项目。

3. 微网国际学院

微网国际学院是文莱教育部注册和批准的第一所私立学校,提供计算机应用软件培训,目的是提升企业员工的信息技术知识和技能。该学院旨在通过促进高质量的教育和学习,为工业、商业培养优秀的专业和创业毕业生。[①]

该学院为学员提供的培训包括皮尔逊 BTEC 课程、NCC 课程培训和苏格兰学历管理委员会(Scottish Qualifications Authority,SQA)项目课程三类。皮尔逊 BTEC 课程旨在为学生提供进入高等学校学习或直接就业所需的技能。以国际二级信息技术证书为例,学员完成 12 个月的全日制学习并通过考试后可获得该证书,学员的入学要求为具有 4 个 O 级证书或其他同等证书,所学习的课程分别为电脑硬件组装、基础数学、语言学习及工作实践。

NCC 课程培训是 NCC 资格框架中的三至五级资格培训。以三级计算机文凭课程为例,学员的学习时间为 9 个月,入学基本要求为 2 个 O 级证书,所学习的内容包括:沟通技巧、数学技术、信息技术、计算机科学导论及编程等。

SQA 项目是 SQA 设置的资格框架中的五级、七级和八级培训课程。以五级移动技术证书为例,学员通过 12 个月的全日制学习可获得证书。该项目的入学基本要求为具有 4 个 O 级证书,学习课程包括:移动技术系统、移动技术媒体、移动设备项目开发及基础电子学等。

四、文莱职业资格框架

(一)文莱职业资格框架的目标

为了应对国家对技术技能人员日益增长的需求,文莱教育部提出了国家职业资格制度,该制度自 2012 年开始实施。在培养目标上,职业教育领域通过引进与 SPN 21 计划相匹配的课程及项目,培养兼具技术、知识和创业精神的毕业生。在课程上,职业资格制度通过与市场接轨,使职业技术教育资格证书级别与市场需求相匹配,通过调研雇主、市场的需求开发相应的课程。在培养结果上,该职业资格制度的实施一方面为学生进入高等院校提供多种途径;另一方面促进职业

---

① Micronet International College,"Home," https://www.micronet.com.bn/,2020-03-22.

教育学生国际化，学生获得的职业教育资格能够得到国际劳动力市场的认可。[①]

(二)文莱职业资格框架的层次

文莱职业资格框架将职业教育资格划分为三个层次，分别是技术工人、技术员及技术工程师。

1. 技术工人(技能资格/认证)

文莱技术工人证书借鉴了英国职业资格证书及英国技术等级证书中的两项职业资格。该证书由两个层级组成，分别对应国家技术证书(1~2年的学习获得)和高级国家技术证书(2年的学习获得)。取得该证书需要通过专门的课程及技能训练，培训内容以市场需求为依据，具有实用性，在职训练也是其考核的内容。

2. 技术员(文凭和高级文凭)

技术员文凭有两个等级，分别是普通文凭(2年)和高级文凭(3年)。这两个等级的培训内容都基于工作实际的需要，学生为了获得文凭必须有3个月的实习经历。

3. 技术工程师(技术学位)

文莱职业资格框架针对该学位设计了一套多元的专业技术规则体系。在技术学位中注明"技术"以反映职业资格的实践性，将其与学术型学位区分开来。要想获得技术学位，学员需要通过4年的学习或培训，其中包括1年的企业实习。

文莱职业资格框架如图7-4所示。

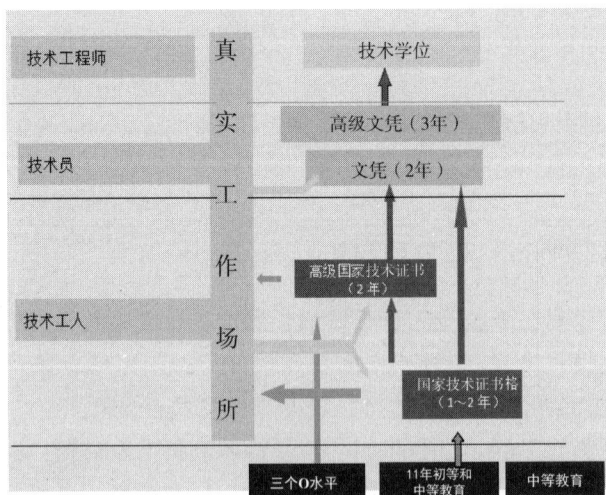

图 7-4　文莱职业资格框架

---

① Minstry of Education, "The National Education System for the 21st Century," http://www.moe.gov.bn/Pages/spn21.aspx, 2020-03-22.

（三）文莱职业资格框架中的等级及要求

文莱职业资格框架共分为四个等级，各级资格的基本要求如表 7-4 所示。①

表 7-4　文莱国家职业资格框架等级及要求

等级	基本要求
国家技术证书	文莱—剑桥考试的 O 等级成绩达到 E；或取得两个国际中等教育普通证书 E 级水平；或相应资格。
高级国家技术证书	四个文莱—剑桥考试 O 等级证书——两个 C、两个 E；或四个国际中等教育普通证书——两个 C、两个 E；或文莱职业技术教育委员会在相应领域的二级证书；或相应资格。
文凭	四个文莱—剑桥考试 O 等级证书——全部为 C；或四个 C 级国际中等教育普通证书；或取得文莱职业技术教育委员会要求的相应领域的三级证书；或相应资格。
高级文凭	文莱—剑桥考试 A 等级证书（E 水平）与三个中高考 O 等级证书（C 水平）；或一个文莱—剑桥考试 A 等级证书（E 水平）与三个 C 级国际中等教育普通证书；或取得文莱职业技术教育委员会要求的相应领域的证书；或相应资格。

（四）文莱职业资格框架与普通教育学位证书的对应关系

文莱职业资格框架参照了英国职业资格框架，其中一级职业资格，即国家技术证书和高级国家技术证书分别相当于普通教育中大学预科和高等教育证书水平；二级职业资格，即文凭和高级文凭，分别相当于普通高等教育中副学士学位和学士学位的水平；三级职业资格即技术学位，相当于普通高等教育中硕士学位的水平。文莱职业教育资格框架与普通教育学历证书关系如表 7-5 所示。

表 7-5　职业教育资格框架与普通教育学历证书的对应关系

职业教育资格框架		普通教育学历证书
一级职业资格	国家技术证书	大学预科
	高级国家技术证书	高等教育证书

① Minstry of Education，"The National Education System for the 21st Century," http://www.moe.gov.bn/Pages/spn21.aspx，2020-03-22.

续表

职业教育资格框架		普通教育学历证书
二级职业资格	文凭	副学士学位
	高级文凭	学士学位
三级职业资格	技术学位	硕士学位

五、文莱职业教育的问题与发展趋势

近年来，文莱教育部通过《文莱 2012—2017 年教育战略规划》，对职业教育做了较大幅度的改革和调整；但在转型过程中，仍面临着很多问题。

随着经济的下滑，职业教育毕业生的就业率受到了一定程度的影响。文莱本国学生对职业教育仍存在一定的偏见，很多生产性岗位多雇佣外国工人。文莱的职业教育当前亟待解决的问题是提升教育质量、保证学生的对口就业率和提高雇主的满意率。此外，文莱职业学校的基础设施建设仍需要进一步改善，目前一些学校的硬件条件与工作现场和企业的需求还有较大差距，随着职业教育学生数量的增加及质量要求的不断提高，职业学校的基础设施投资需要与之保持同步。[1]

另外，职业教育教师的素质有待提高。文莱职业教育教师大多毕业于普通高校，他们有丰富的理论知识，但缺少实践经验。为了提高教学效果，需要制订职业教育教师培养计划，并对在职人员进行再培训，帮助教师提升职业能力，增强企业实践经验，以满足职业教育的要求。

随着时代的发展，终身学习能力已经成为 21 世纪劳动者最重要的能力之一，如何培养学生的终身学习能力是职业教育面对的重要问题。目前文莱的职业教育通过实施 SPN 21 计划，为学生提供更多的职业教育和培训选择，以此增加学生的就业竞争力，促进学生就业。

为适应经济全球化的挑战，文莱基于本国国情于 2008 提出了"文莱愿景2035"，在该愿景中设定了长期目标，即到 2035 年，文莱将成为具有良好教育、生活质量及持续发展经济的国家。为此，文莱教育部提出职业教育要进行课程改革，职业教育院校提供的课程要能够满足行业的要求，职业教育院校要与行业密切合作，以保证课程的相关性。未来文莱将在国家相关部门建立具有多个指标的

---

[1]　Paryono, "The Importance of TVET and its Contribution to Sustainable Development," Green Construction and Engineering Education for Sustainable Future: Proceedings of the Green Construction and Engineering Education(GCEE)Conference, Indonesia, 2017.

评估框架，以保持职业教育课程的适切性。

　　文莱教育部为了提高职业教育教师的职业能力，制订了初级教师培养计划，并对在职人员进行再培训，提升职业教育教师的企业实践经验；在职业教育院校的教学过程中，强调学生终身学习能力的培养，帮助学习者通过各种媒体获取信息，让学生在生活中学会不断学习。文莱教育部同时强调增强职业教育的过程研究，建立职业教育的研究体系，提升职业教育领域的科研能力。

第八章　新加坡职业教育

新加坡全称新加坡共和国(Republic of Singapore)，古称淡马锡，国土面积约 0.07 万平方千米(2018 年 12 月)，总人口为 564 万(2018 年 12 月)，公民和永久居民有 399 万。华人占 74％左右，其余为马来人、印度人和其他种族。马来语为国语，英语、华语、马来语、泰米尔语为官方语言，英语为行政用语。主要宗教为佛教、道教、伊斯兰教、基督教和印度教。

新加坡位于马来半岛南端、马六甲海峡出入口，北隔柔佛海峡与马来西亚相邻，南隔新加坡海峡与印度尼西亚相望。全部国土由新加坡岛及附近 63 个小岛组成，其中新加坡岛占全国面积的 88.5％。整个国家地势低平，海岸线长 193 千米。新加坡实行议会共和制，总统为国家元首。总统委任议会多数党领袖为总理。总统和议会共同行使立法权。

新加坡经济属外贸驱动型经济，自然资源匮乏，以电子、石油化工、金融、航运、服务业为主，高度依赖中国、美国、日本、欧洲国家和周边市场，对外贸易为新加坡国民经济的重要支柱。2018 年，新加坡对外货物贸易总额约 7736 亿美元，同比增长 9.2％，外贸总额是 GDP(3610 亿美元)的 2 倍多。主要进口商品为电子真空管、原油、加工石油产品、办公及数据处理机零件等。主要出口商品为成品油、电子元器件、化工品和工业机械等。新加坡的主要贸易伙伴为中国、马来西亚、欧盟国家、印度尼西亚和美国等。

2017 年 2 月，新加坡未来经济委员会发布了未来 10 年经济发展战略，提出经济年均增长 2％～3％、实现包容发展、建设充满机遇的国家等目标，并制定了深入拓展国际联系、推动并落实产业转型、打造互联互通城市等七大发展战略。

在对外投资方面，新加坡推行区域化经济发展战略，大力向海外投资。截至 2017 年年底，新加坡对外直接投资累计 8155 亿新元，主要集中在金融服务业和制造业。主要直接投资对象国为中国、印度尼西亚、马来西亚、澳大利亚和英国。截至 2017 年年底，新加坡共吸引海外直接投资 1.57 万亿新元，多集中在金融服务业和制造业，主要直接投资来源国为美国、日本、英国、荷兰和中国。①2013—2015 年，中国连续 3 年成为新加坡最大贸易伙伴，新加坡连续 3 年成为我国第一大投资来源国。据中国海关统计，2015 年中新双边贸易额近 796 亿美元；其中，中方出口约 520 亿美元，进口约 276 亿美元。②

一、新加坡教育体系

英国政治家莱佛士在 1823 年创办了新加坡学院，标志着新加坡近代教育的开始。19 世纪 70 年代以前，新加坡的近代学校基本被教会垄断，民族教育较为落后。第二次世界大战后，殖民当局颁布《十年教育计划》和《五年教育补充计划》，以英语教学为主，试图建立英国殖民地教育体系。在长达 100 多年的殖民统治时期，新加坡的高等教育完全移植了英国的高等教育模式。③ 新加坡独立后，由于物质资源匮乏，政府始终将发展人力资源作为重要国家战略。1969 年，新加坡实行教育改革，普及小学教育，此后不断增加教育投资，推动普通教育和职业教育的结合，促进教育服务于国民经济现代化。

目前，新加坡教育部负责整个国家的教育管理，其教育体系主要由初等教育、中等教育、中学后教育、高等教育组成，如图 8-1 所示。④ 2019 年，全国共有 382 所教育机构，651655 名学生，50190 名教师。⑤

（一）初等教育

新加坡的初等教育是六年制义务教育，分为两个阶段，第一阶段是基础阶段（一至四年级），第二阶段是定向阶段（五至六年级）。初等教育的重点在于帮助学

①　中华人民共和国外交部：《新加坡国家概况》，https://www.fmprc.gov.cn/web/gjhdq_676201/gj_676203/yz_676205/1206_677076/1206x0_677078/，2019-07-30。

②　中华人民共和国驻新加坡共和国大使馆：《中新关系简况》，http://www.chinaembassy.org.sg/chn/zxgx/zxgxgk/，2019-11-17。

③　潘懋元：《东南亚教育》，166～168 页，南京，江苏教育出版社，1988。

④　Ministry of Education，"Singapore's Education System: An Overview," https://www.moe.gov.sg/images/default-source/album/education/landscape/images/singapore-education-overview.jpg，2019-07-31。

⑤　Department of Statistics Singapore，"M850261-Students And Teachers In Educational Institutions，Annual," http://www.tablebuilder.singstat.gov.sg/publicfacing/createDataTable.action? refId=15202，2019-09-07。

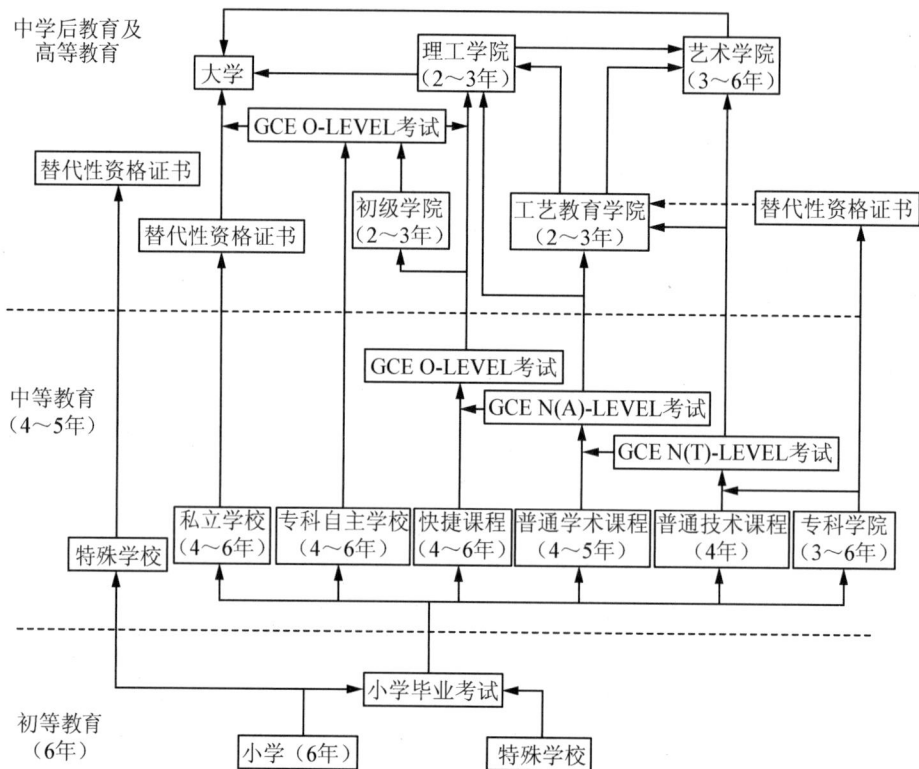

图 8-1 新加坡教育体系

注：GCE 指通用教育证书，N(T)-LEVEL 指 N 水准（技术），N(A)-LEVEL 指 N 水准（学术），O-LEVEL 指 O 水准

生获得正确的价值观和基本的生活技能，发展语言能力和计算能力。初等教育的核心科目是英语、母语和数学，除此之外，还有艺术、德育和体育等学科，进入三年级后增加自然学科。在定向阶段，学生可以根据自己在某一科目的具体学习情况，选择基础水平或标准水平来完成学习。定向阶段完成后，学生将参加国家统一组织的小学毕业考试（Primary School Leaving Examination，PSLE），考试科目为英语、母语、数学和自然学科，然后学生根据分数选择中学。① 截至 2016 年，新加坡共有 185 所小学，230989 名小学生和 14997 名小学教师。②

---

① ASEAN, "ASEAN State of Education Report 2013," http://www. asean. org/storage/images/resources/2014/Oct/ASEAN％20State％20of％20Education％20Report％202013. pdf, 2019-09-07.

② Department of Statistics Singapore, "M850261-Students And Teachers In Educational Institutions，Annual," http://www. tablebuilder. singstat. gov. sg/publicfacing/createDataTable. action? refId＝15202, 2019-09-07.

（二）中等教育

新加坡中等教育的学制为4～5年，进入中等教育的学生主要根据他们在小学毕业考试中的分数、能力、兴趣来选择不同的中学课程。主要有三种课程：快捷课程（约60％的学生选择），普通学术课程（约25％的学生选择），普通技术课程（约15％的学生选择）。这些课程会根据学生的能力、性格和兴趣来设计不同的内容和教学方法，并且允许学生在课程之间进行流动。[①] 快捷课程和普通学术课程的科目比较相似，主要有英语、母语、数学、自然学科和人文学科，普通技术课程的科目有英语、母语、数学和技术类科目。在中学即将结束时，学生要参加相对应的通用教育证书（General Certificate of Education，GCE）考试，包括GCE O-LEVEL 考试、GCE N（A）-LEVEL 考试、GCE N（T）-LEVEL 考试。[②] 截至2016年，新加坡共有150所中学，160909名中学生和13350名中学教师。[③]

（三）中学后教育

在中等教育结束后，学生进入中学和大学之间的过渡阶段，即中学后教育。新加坡主要有三类中学后教育机构：初级学院、理工学院和工艺教育学院。

新加坡共有14所初级学院，初级学院共有18259名学生和1986名教师。初级学院是普通教育机构，学生在完成课程后需要参加GCE A-LEVEL 考试，然后根据成绩选择大学和专业。新加坡共有5所理工学院，理工学院共有82808名学生和5707名教师。理工学院是三年制专科学校，主要培养工程技术型人才。新加坡共有3所工艺教育学院，工艺教育学院共有27519名学生和1787名教师。工艺教育学院是隶属于新加坡教育部的公立职业教育机构，为中学毕业生提供职业教育，为在职成年人提供继续教育和培训。[④]

---

① ASEAN，"ASEAN State of Education Report 2013," http://www.asean.org/storage/images/resources/2014/Oct/ASEAN％ 20State％ 20of％ 20Education％ 20Report％ 202013.pdf，2019-09-07.

② O-LEVEL 考试、N（A）-LEVEL 考试、N（T）-LEVEL 考试分别指 O 水准考试、N 水准（学术）考试、N 水准（技术）考试。

③ Department of Statistics Singapore，"M850261-Students And Teachers In Educational Institutions，Annual," http://www.tablebuilder.singstat.gov.sg/publicfacing/createDataTable.action? refId＝15202，2019-09-07.

④ Department of Statistics Singapore，"M850261-Students And Teachers In Educational Institutions，Annual," http://www.tablebuilder.singstat.gov.sg/publicfacing/createDataTable.action? refId＝15202，2019-09-07.

(四)高等教育

新加坡目前有 6 所公立大学，共有 86582 名大学生和 8083 名大学教师。这些大学分别是新加坡国立大学、南洋理工大学、新加坡管理大学、新加坡科技设计大学、新加坡理工大学和新加坡社会科学大学。在 2018 年 QS 世界大学排名中，南洋理工大学排名第 11 位，新加坡国立大学排名第 15 位。[①] 新加坡高等教育属于普职混合型，基本学制是 3 年。按规定，每位本科生必须同时在两个系学习 2 年专业课程，每个专业每学期要学习 4 门科目(含必修课和选修课)。新加坡的学位分为普通学士学位、荣誉学士学位、硕士学位、博士学位和专门学科博士学位。

二、新加坡职业教育概况

(一)新加坡职业教育整体情况

职业教育是新加坡教育的一个重要组成部分，其教育理念是"以明天的科技训练今天的人才，为未来做准备"。为此，新加坡建立了自己的职业教育体系，由职业教育机构提供相关教育和培训等服务，并规定了学生接受不同类型的职业教育所要具备的不同资格。

学生在中学阶段结束时必须参加 GCE 考试，根据成绩和兴趣，他们主要有三个选择，包括初级学院、理工学院和工艺教育学院。每年约有 28% 的学生选择进入初级学院，47% 的学生进入理工学院，25% 的学生选择工艺教育学院。理工学院的学制为 3 年，其全日制学生毕业后可以获得大专文凭。而在工艺教育学院，学生们通过考试可以获得国家职业技术教育证书、高级国家职业技术教育证书和专家级国家职业技术教育证书。职业教育机构在选择学生时不仅将考试成绩作为参考依据，而且看重操作能力测试等内容。经过多年的理论和实践研究，新加坡教育部提出通过"工读双轨计划"和"混合型学徒计划"等形式来促进其职业教育的发展。

(二)新加坡职业教育目标

新加坡职业教育的目标主要通过一项运动(未来技能运动)和两个委员会(新加坡技能与就业促进委员会和新加坡劳动力委员会)的工作内容来体现。

---

① "QS World University Rankings 2018," https://www.topuniversities.com/university-rankings/world-university-rankings/2018，2019-09-07.

未来技能运动是一个由新加坡政府发起的全国性运动，旨在为每个人提供机会，去开发他们的最大潜能。通过这个运动，每个人的技能、热情和贡献将推动新加坡下一阶段的发展。它强调不管教育年限、职业生涯年限是多少，人们都能够找到各种各样的资源来帮助自己掌握技能。掌握技能不是拥有资格证书，而是擅长现在所做的事情，它是一种通过知识、应用和经验不断追求卓越的心态。未来技能有四个关键推力：帮助个人在教育、培训和职业上做出明智的选择；建立一个高质量的教育和培训体系，以满足不断发展的需要；不断提升技能，促进职业发展，并得到雇主的认可；构建一个支持终身学习的文化氛围。①

新加坡技能与就业促进委员会是教育部下属的法定委员会。该委员会致力于推动和协调国家未来技能运动的实施，通过提升技能，加强新加坡的素质教育和技能培训体系建设，倡导终身学习的文化和体系。新加坡技能与就业促进委员会的使命是让个人学会生活、提升技能、发展职业，为新加坡的未来做好准备；愿景是让新加坡成为一个终身学习国家，一个重视技能学习的社会。②

新加坡劳动力委员会是人力资源部下属的法定委员会，它的目标是监督当地劳动力和企业的转型，以应对持续的经济挑战。该委员会致力于促进各种职业工作者的发展，提升他们的竞争力、包容性和就业能力，从国家层面给予他们支持。虽然新加坡劳动力委员会工作的重点是帮助职业工作者实现职业理想，但它也通过提供支持来满足企业管理者的需要，从而使劳动密集型企业保持竞争力。例如，帮助企业创造高质量的就业机会，发展支持产业增长的人力资源，并将合适的人选与合适的工作配对。劳动委员会的使命是使员工适应工作，使雇主改进工作。其愿景是每一个人都能在职业中有成就感。③

（三）新加坡职业教育框架

职业教育是新加坡教育体系的重要组成部分。近年来，新加坡不断尝试建立更加灵活多样的教育体系，为学生提供更多选择，以满足不同层面学生的需要。通过职业教育，新加坡学生在不同类型的教育中可实现真正的流动。

经过不断探索，新加坡职业教育形成了四大支柱：中学阶段学生分流、工艺教育学院、理工学院、继续教育与培训。④

---

① SkillsFuture Singapore Agency，"About SkillsFuture，" http://www.skillsfuture.sg/AboutSkillsFuture，2019-09-07.

② SkillsFuture Singapore Agency，"About Us：SkillsFuture Singapore and Workforce Singapore，" http://www.ssg-wsg.gov.sg/about.html，2019-09-07.

③ SkillsFuture Singapore Agency，"About Us：SkillsFuture Singapore and Workforce Singapore，" http://www.ssg-wsg.gov.sg/about.html，2019-09-07.

④ 卿中全：《新加坡职业教育现状与发展趋势》，载《深圳职业技术学院学报》，2017 (6)。

新加坡儿童从 6 岁开始接受至少 10 年的正规教育。① 完成中等教育后，学生可以选择进入不同中学后教育机构。②

想要继续参加学术教育的学生一般选择进入初级学院（2 年）或集中学院（3 年）接受预科教育，然后通过参加 GCE A-LEVEL 考试进入大学学习。这也是新加坡学生进入大学学习的主要途径。③

想要取得中级专业人员文凭证书（Diploma）即大专文凭的学生，可以选择进入 5 所理工学院继续学习（3 年）。新加坡 5 所理工学院分别是：南洋理工学院、义安理工学院、共和理工学院、新加坡理工学院、淡马锡理工学院。每年大约有 47% 的学生选择理工学院进行继续学习。④

除上述两种去向外，每年大约还有 25% 的学生选择进入新加坡工艺教育学院继续学习。完成学业后，学生可获得国家职业技术教育证书、高级国家职业技术教育证书、专家级国家职业技术教育证书或文凭。⑤

三、新加坡职业教育体系

（一）工艺教育学院

工艺教育学院与理工学院、初级学院共同构成了新加坡的中学后教育，在新加坡教育体系中处于中学教育和大学教育中间的位置，5 所理工学院对应我国的高等职业教育，初级学院为大学先修班。我国大部分已有研究认为工艺教育学院

---

① Tucker M. S., "The Phoenix: Vocational Education and Training in Singapore. International Comparative Study of Leading Vocational Education Systems," *National Center on Education and the Economy*，2012，p. 79.

② Ministry of Education, "Post-secondary," https://www. moe. gov. sg/education/post-secondary，2019-09-07.

③ Tucker M. S., "The Phoenix: Vocational Education and Training in Singapore. International Comparative Study of Leading Vocational Education Systems," *National Center on Education and the Economy*，2012，p. 79.

④ Regional Knowledge Platform, "TVET Mission, Legislation and National Policy & Strategy," http://annx. asianews. network/content/regional-knowledge-platform-47946，2019-09-07.

⑤ Institute of Technical Education, "Our Organisation," https://www. ite. edu. sg/who-we-are/our-organisation，2019-07-22.

的职业技术教育与培训与我国的中等职业教育相对应。①

新加坡工艺教育学院成立于 1992 年，隶属于新加坡教育部，并由新加坡政府全额拨款资助。该学院学制为两年，专注于职业训练，以培养中等技术人才为目标，主要招收中学毕业生或在职人员。② 该学院是新加坡第一所获得新加坡质量奖的教育机构，其目的是培养适应国际化大都市的应用科技型技能人才。③

新加坡工艺教育学院的使命是为学生和成人学习者创造机会，使之获得技能、知识和价值观，从而实现就业和终身学习。学院的愿景是成为职业技术教育的开拓者。学院的价值观是诚实正直、团队合作、优秀卓越、关怀关切。学院每年为社会培养各类技术人才 1 万多人，学院的毕业生目前在社会上的就业率达到 90% 以上。学院课程覆盖应用与健康科学、商务服务、设计与传媒、电子与信息通信技术、工程、酒店 6 个领域，共涉及 34 个专业。④ 为了培养学生的工艺技术操作能力，学院采用实践导向的教学模式。在课时安排上，实践性课程课时占总课时的 70%，理论课程课时占 30%，而且学生在毕业前必须到企业实习至少 3 个月。经过在工艺教育学院两年的学习，完成工艺教育学院课程的毕业生可获得国家职业技术教育证书，学业成绩优异的学生还可以获得高级国家职业技术教育证书。⑤ 工艺教育学院也是新加坡唯一能颁发"国际技术技能证书"的学院。经过两年的学习，大部分毕业生会选择直接就业；希望继续深造的学生，可以通过考试进入理工学院学习，这部分毕业生每年约占总体的 5%。

新加坡工艺教育学院实行"一制三院"管理体制，设中央学院、东部学院和西部学院三所分院，校本部负责落实监督制度和管理政策，确保教育的标准和质量，而三所分院有权发展自己的优势领域，以提高学生的成功率和水平，提高学院教育的吸引力，各分院有不同课程和侧重方向。

目前，工艺教育学院在新加坡有 11 所分校，在校学生超过 3 万人，是东南亚乃至世界上最庞大的职业技术院校之一。学院负责管理和推广基于企业的技术技能培训与教育，如举办学徒制培训、建立企业内部培训中心；同时负责管理技能证书和技术技能标准，推广和提供技术培训服务与教育咨询服务。通过实施"2000 计划""突破计划""创优计划""创新计划"等计划，学院与行业巨头合作开展联合认证，创建先进的科技中心及真实学习环境，形成"手到，脑到，心到"的

---

①　陈丹：《新加坡工艺教育学院职业教育改革和发展研究》，硕士学位论文，浙江师范大学，2006。

②　卿中全：《新加坡职业教育现状与发展趋势》，载《深圳职业技术学院学报》，2017(6)。

③　唐晓霞：《新加坡工艺教育学院教学改革启发》，载《农技服务》，2017(5)。

④　汪勇芬：《职业教育机构的新加坡模式》，载《中国教育报》，2013-04-05。

⑤　卿中全：《新加坡职业教育现状与发展趋势》，载《深圳职业技术学院学报》，2017(6)。

教学理念，致力于让学生拥有一双"会思考的手"。①

1. 培养目标与课程设置

工艺教育学院人才培养的目标是为工商业各部门提供合格的高技术工人。为了更好地完成这一目标，工艺教育学院在课程开发和人才培养的全过程中非常注重与企业的合作。工艺教育学院有专职的课程开发人员，这些人大多具有企业工作经历，同时在工艺教育学院担任教师。在开发课程时，学院首先了解行业对人才的需求情况，然后与企业共同制定人才的基本要求和课程开发方案，最后确定课程的基本框架。②

课程的组织形式以基本知识能力单元为模块，在课程教学和评估中，注重学生的实践能力；与企业合作，形成订单培训课程。同时，普通学历教育与职业资格证书挂钩，可以实现互认，让学生有到理工学院深造的机会。工艺教育学院职业资格证书及其课程如表 8-1 所示。

表 8-1　新加坡工艺教育学院职业资格证书及其课程③

职业资格证书类型	具体课程
国家职业技术教育证书	自动化技术课程—重型机械； 自动化技术课程—轻型机械； 建筑绘图； 建筑绘图—民用建筑； 建筑技术—空调与制冷； 建筑技术—机械与电力系统； 化工技术课程—石化产品； 化工技术课程—医药品； 数字化媒体设计； 电学工程课程； 电子学课程—计算机与网络； 电子学课程—使用仪器； 电子学课程—晶片制造； 信息通信技术课程。

---

① Institute of Technical Education, "About ITE," https://www.ite.edu.sg/wps/portal/aboutite/，2019-07-22.

② 腾讯教育：《新加坡工艺教育学院：职业教育机构新模式》，https://edu.qq.com/a/20140316/008572.htm，2019-09-07。

③ 普林特国际顾问公司：《新加坡工艺教育学院（ITE）》，http://www.printech.sg/store/index.php? route＝product/category&path＝6_15_20，2019-09-07。

职业资格证书类型	具体课程
国家职业技术教育证书	机械技术课程； 微电子技术课程—自动化技术； 微电子技术课程—器材装配； 多媒体技术课程； 护士课程； 精密工程—航空； 精密工程—机械； 精密工程—设备与模具； 办公技术； 销售技术。
高级国家职业技术教育证书	会计文凭； 秘书课程； 商业信息技术课程； 电机工程课程； 电子工程课程； 信息技术课程； 综合物流管理课程； 机械与电机工程及设计课程； 机械工程课程； 微电子工程课程。

2. 教育类型

一是全日制教育。

新加坡工艺教育学院将完成中学教育的学生纳入其全日制教育和培训课程。不同课程的入学要求不同，根据学生中学毕业的成绩和个人选择择优录取。学院有 95 个全日制课程和 20 多个培训课程供中学毕业生选择。

二是非全日制教育。

新加坡工艺教育学院的非全日制教育课程面向希望提高技能和知识水平的公司及成人学习者。学院有各种不同技能和学术水平的非全日制课程，帮助成人学习者掌握新的经济形势，更新当前的技能和知识，学习新的就业技能。寻求内部培训以获得国家职业技术教育证书或需要定制培训的公司，可以从各种行业培训计划中选择培训内容。

非全日制教育的一种特殊学习方式是在线学习。从 2015 年起，工艺教育学院非全日制课程包含时长至少占 10% 的在线理论学习。在该学习模式中，理论课程分为线下面对面学习和线上自主学习两个部分。在面授课程中，讲师在课堂上指导学生的学习。学生还可以使用新加坡工艺教育学院的 MyConnexion 系统和讲师提供的其他学习资源自行访问在线资料。在线学习的目的是让学生不论何时、不论何地都能通过使用技术获得更多的资源。学生也可以参加线上的学习活动，如小组讨论、在线测验，以检查他们的进度或回顾他们所学的内容。如果学生不能自行上网，学校将为其提供具备网络环境的房间。[1]

(二)理工学院

新加坡理工学院主要招收通过了 GCE O-Level 考试且具有技术与商业能力倾向的中学生，每年入学人数约占中学毕业生人数的 47%。[2] 顺利完成理工学院课程的毕业生可以获得大专文凭，成绩优秀的毕业生还可以升入大学深造(约占毕业生的 10%)。[3] 此外，理工学院还招收在职人员，为他们提供继续教育和在职培训。

理工学院相当于我国高等职业教育层次，为工业、商业和服务业的中层职位培养辅助性专业技术人才。理工学院学制一般为 3 年，设有专业文凭、技术文凭和一般操作文凭，学生想要取得文凭，就必须在理工学院完成 3 年的全日制学习并修完全部课程。5 所理工学院每年招生约 2.4 万人，每所学院平均开设约 50 个专业(2015 年)。[4]

新加坡 5 所理工学院都拥有独特的教育理念和教学方法。例如，新加坡理工学院的"设计思维"，淡马锡理工学院和共和理工学院的"问题启发教学"，南洋理工学院的"教学工厂"，等等。

案例：南洋理工学院[5]

新加坡南洋理工学院成立于 1992 年，位于新加坡昂磨桥镇耀楚康区，是新加坡政府下属的以理工科为主的高等职业教育学府，是新加坡政府为了满足持续快速增长的经济对人才的需求而建立的 5 所理工学院之一。学校素来以学风严谨而受到教育界的高度评价，是一所公认的具有创新性的综合性学院。1999 年 10 月，新加坡南洋理工学院获得了 ISO14000 环境管理系统证书，成为新加坡第三所获得此证书的学院。

---

① Institute of Technical Education, "Our Organisation," https://www.ite.edu.sg/who-we-are/our-organisation，2019-07-22.

② Ministry of Education, Singapore, "Education Statistics Digest 2016," https://www.moe.gov.sg/education，2019-09-07.

③ 马雪金、马叶琳：《新加坡教育体制及其教育特色初探》，载《世界教育信息》，2017(22)。

④ Ministry of Education, Singapore, "Education Statistics Digest 2016," https://www.moe.gov.sg/education，2019-09-07.

⑤ Nanyang Polytechnic, "About NYP," https://www.nyp.edu.sg/about-nyp.html/，2019-09-07.

南洋理工学院的教育是面向行业的，不是更广泛的初级学院教育，学生毕业后一般进入工作岗位或继续完成大学学位的学习。与美国和英国的理工学院不同，新加坡理工学院的大多数学生都是在接受了10年正规教育、中学毕业后入学的。专业研究领域的大专文凭在学生完成3年的学习或研究后授予。

南洋理工学院的使命是赋予学习者工作和生活的能力，与行业共同创造增长和可持续性。南洋理工学院秉承"创新的职业技术学院，为未来做好准备的人，学习者和行业的联系"的办学愿景，下设工商管理学院、化学与生命科学学院、设计学院、工程学院、健康与社会科学学院、信息技术学院、互动与数字媒体学院。

南洋理工学院的部分大专文凭类型如表8-2所示。

表8-2 新加坡南洋理工学院文凭类型（部分）

大专文凭	专业领域	全日制/非全日制
航空航天系统管理大专文凭	空乘	全日制
生物医学工程大专文凭	生物医学	全日制
航空航天技术大专文凭	空乘	全日制
生产力管理（制造业）大专文凭	机械	非全日制
工程学士	机械工程/宇航工程	全日制
纳米技术与材料科学大专文凭	电子	全日制
精密工程大专文凭	电子	非全日制
多媒体信息通信技术大专文凭	资讯与通信技术	全日制
航天制造工程大专文凭	空乘	非全日制
机电工程大专文凭	电子	全日制
精密工程技能资格鉴定大专文凭	模具工具制造、建筑工程	全日制
制造工程学大专文凭	建筑工程	全日制
信息通信技术大专文凭	资讯与通信技术	全日制
电子与计算机通信大专文凭	资讯与通信技术	全日制
嵌入式系统大专文凭	网络工程	全日制
电气工程与生态设计文凭	电子	全日制
信息通信及媒体技术大专文凭	电子	全日制
数码与精密工程大专文凭	电子	全日制

新加坡南洋理工学院具有四大创新发展路径。学院秉承将人才培养目标与国家工业化发展各个阶段的要求紧密相连的宗旨，建立无障碍交流合作机制，打造"无界化"校园文化。南洋理工学院形成了独具特色的"教学工厂"办学理念，在教师发展方面聚焦于教师专项能力的提升。学院应用"项目导向"教学模式，培养了大批科技应用型复合人才。[①]

---

① 段丽华：《新加坡高等职业教育创新发展路径及启示——以南洋理工学院为例》，载《职业技术教育》，2017(33)。

（三）本科及本科以上职业教育机构

新加坡本科层次的大学举办普通教育与职业教育混合型教育，并没有单独实施普通教育或单独实施职业教育的大学。① 目前，新加坡国立大学和南洋理工大学是新加坡实施本科及本科以上职业教育的主要教育机构，学制为 4 年，毕业生既可取得职业文凭，也可取得学术学位。

（四）继续教育与培训

1960 年，新加坡成立成人教育局，在各学校、社区中心开展基础课程（语言、识字等）和职业技能培训（金工、电气装配、工程制图、制衣、幼师等）。② 新加坡继续教育与培训旨在为成人提供某些领域的短期课程，以提高成人的就业能力，主要在中学后教育阶段开展。新加坡继续教育与培训相关机构通过与企业合作开发劳动力技能认证课程，实行劳动力技能认证制度，开展技能升级与更新计划、再就业计划等，为有学习需求的成人提供高质量、创新性培训。

新加坡的继续教育与培训系统受到了政府很大的推动和支持，2008 年，政府将终身学习捐赠基金从 8 亿美元增加到 36 亿美元。③ 2008 年以来，就业与职能培训中心已培训超过 30 万名工人，全国职工总会学习中心与企业合作培训了170 万余名工人。④ 此外，新加坡绘制了"继续教育与培训 2020 总蓝图"，以创造更多的学习机会，帮助民众掌握新技能和精专技能。

四、新加坡职业教育管理

（一）新加坡职业教育立法

为了更好地对职业教育进行管理，新加坡颁布了《新加坡技能与就业促进委员会法 2016》和《新加坡劳动力委员会法》两项法案。《新加坡技能与就业促进委员会法 2016》于 2016 年 9 月颁布，该法案详细规定了新加坡技能与就业促进委

① 赵玲娟：《新加坡高等职业技术教育研究》，硕士学位论文，广西师范大学，2014。

② 卿中全：《新加坡职业教育发展述评：探索、改革与经验》，载《高等工程教育研究》，2018(2)。

③ 卿中全：《新加坡职业教育现状与发展趋势》，载《深圳职业技术学院学报》，2017(6)。

④ Natarajan V，50 *Years of Technical Education in Singapore：How to Build a World Class TVET System*，Singapore，World Scientific，2016。

员会的职责。技能与就业促进委员会主要负责制定成人教育和继续教育的政策、计划和方案，对新加坡国内劳动力当前和未来发展所需要的技能做出预测，提升成人教育和继续教育课程的质量与教师标准，推广或进行有关成人教育和继续教育的研究。成人教育和继续教育的培训方案主要是通过高等教育机构、工商业界代表和其他成人教育或继续教育提供者的共同协作制定出来的。技能与就业促进委员会负责收集和分析有关成人教育或继续教育的数据，提交给相关政府部门。此外，该委员会还为成人教育和继续教育提供资金，以满足企业的需要。

新加坡技能与就业促进委员会还承担着推广宣传工作，通过信息公开等多种措施，提高公众对成人教育和继续教育重要性的认识，为准备进入工作领域的学生提供职业指导服务和设施，支持从业者进行终身学习。[①]

《新加坡劳动力委员会法》于 2003 年 9 月颁布，2004 年 12 月进行了修订。该法案规定，新加坡劳动力委员会有义务帮助公民寻找工作，促进新加坡的就业，并持续加强与雇主、工商业相关代表和公共部门机构的合作，向政府提供咨询和建议。新加坡劳动力委员会还应负责审查和重新分配企业员工的工作职责和任务，促进员工的职业发展。

区别于新加坡技能与就业促进委员会，新加坡劳动力委员会更加关注职业领域而非教育领域。新加坡劳动力委员会致力于促进在新加坡进行的、与新加坡劳动力有关的研究，承担、指导和支持劳动力市场信息和发展趋势向公众传播的工作。该委员会在国际上代表新加坡政府处理有关劳动力发展和公共就业服务的事务。[②]

新加坡劳动力委员会与新加坡技能与就业促进委员会合作，通过赠款、贷款和其他方式为职业教育提供财政支持，共同促进新加坡人力资源事业的发展。

(二)新加坡职业教育管理机构

新加坡教育部负责监督职业技术教育与培训，包括工艺教育学院的职业技术培训计划；人力资源部则通过新加坡劳动力委员会监督继续教育与培训计划。

教育部负责宏观管理，任命由具有相关背景且经验丰富的社会人士组成各个理工学院和工艺教育学院的董事会(通常由雇主、行业协会和政府部门三方代表组成)，负责学校的直接管理。在董事会的领导下，理工学院(以南洋理工学院为例)一般设有院长兼总裁 1 人，另设分别负责发展规划、行政服务、学术与学生、

---

① "SkillsFuture Singapore Agency Act 2016 (No. 24 of 2016)," https://sso. agc. gov. sg/Act/SSAA2016，2019-07-20.

② "Workforce Singapore Agency Act (Chapter 305D)," https://sso. agc. gov. sg/Act/ WSAA2003，2019-07-20.

院系、继续教育与培训、支援中心等工作的副院长，还设有学术委员会、专业咨询委员会等机构。①

（三）新加坡职业教育的资金支持

新加坡工艺教育学院和理工学院等职业技术教育与培训机构均由教育部提供发展和经常性资金。学院的日常运行经费和人力成本的80％～85％来自政府拨款，15％～20％来自学费收入。2015—2016年度，在政府经常性教育经费投入中，对工艺教育学院的投入约为4.6亿新元，对理工学院的投入约为14.8亿新元。新加坡教育部为各类教育机构提供的经常性资金如表8-3所示。

表8-3　2015—2016年度新加坡政府经常性教育经费投入

教育机构	经常性投入/万新元
大学	312089
中学	277336
小学	270397
理工学院	148151
其他学校	114150
工艺教育学院	46521
初级学院	41357

此外，国家为在初级学院、工艺教育学院及理工学院等机构学习的学生提供学习经费，以确保学生拥有教育机会，受到学费资助的学生只需要缴纳补贴学费。2017年，各类教育机构的学费情况如表8-4所示。

表8-4　新加坡各类教育机构的学费

单位：新元

教育机构		新加坡公民	新加坡永久居民	国际学生
初级学院		72	3360	亚洲学生：10320 非亚洲学生：15600
工艺教育学院	国家职业技术教育证书课程	350	4650	12450
	高级国家职业技术教育证书课程	590	7760	20360

---

① 卿中全：《新加坡职业教育现状与发展趋势》，载《深圳职业技术学院学报》，2017(6)。

教育机构	新加坡公民	新加坡永久居民	国际学生
理工学院	2700	5400	9600
自治大学(本科)	7810~33700	11400~47200	17450~72100
艺术学院(文凭)	4450~5400	7000~7450	9750~10250
艺术学院(学位)	9700~10100	14000~14150	—

(四)新加坡职业教育质量评价标准

工艺教育学院、理工学院等公立教育机构,除招生由新加坡教育部总体协调外,各学院在课程设置、文凭颁发、评价方式、人事管理、经费使用等方面有充分的自主权。为了保证教育质量,各学院设立了质量保障中心,确保其高质量标准被业界接受。新加坡政府每年公布毕业生就业数据和起薪水平,使各学院之间很容易比较,确保每个学院的文凭含金量都保持较高水准。

新加坡教育部于2007年制定了工艺教育学院质量保证框架,这一质量保证框架同样适用于其他公立教育机构(如理工学院)。在该质量保证框架的指导下,工艺教育学院定期接受质量评估。2009年工艺教育学院接受了第一次质量评估,并在2012年接受了中期审查,2015年该学院接受了第二次质量评估。

教育质量评估包括内部质量评估和外部质量评价两个方面。职业教育机构首先要进行内部自评,即针对5个领域的25个方面进行自我评估,5个领域包括:治理和领导、管理和战略规划、教学和学习、行业联系、服务。然后学院根据评估结果撰写自我评估报告,并上交教育部。接着,教育部组织外部审核小组对学院进行为期5天的实地考察,并根据考察结果撰写最终考察报告,指出实际存在的问题,并提出针对性的建议。最后,工艺教育学院根据考察报告提交具有针对性的解决方案,并在教育部年度绩效评估论坛上提交进度报告。

(五)新加坡劳动力技能资格体系

自2005年起,新加坡劳动力委员会便着手构建一个整合继续教育及职业培训的全新资格体系,以支持人力资源开发。其目标被描述为"4 Ms",4个M分别代表:进入工作岗位(move into work),职位晋升(move up in position),组织间流动(move between organizations)，跨行业流动(move across industry)。①

  劳动力技能资格体系是一个整合继续教育和职业培训的综合体系，其主旨在于建立起产业、行业技能资格认证的框架，使各种资格更加符合本国产业领域和企业界的诉求，同时尝试与国际资格框架接轨。劳动力技能资格体系包括 7 个层级的资格认证，每一个层级的资格认证在知识和技能方面对应着一定的广度和深度，同时还明确了行业职位的工作范围与责任。新加坡劳动力技能资格体系如表8-5 所示。②

表 8-5 新加坡劳动力技能资格体系

层级	资格认证	各层级所需技能(知识)的具体标准	最低学分
七	专业研究级学历、文凭(Graduate Diploma)	• 具备在复杂、易变的情境中及各种专业性、专家型工作中应用、整合相关知识和技能的能力。 • 具备专业且精深的技术，通过原创型研究实现发展。 • 具备高层次的组织和管理能力，具有个人问责性、自主性及对他人负责的态度。	15
六	专业研究级资质证书(Graduate Certificate)	• 具备在广义工作活动范围中的自我导向能力，具有战略思考和判断的倾向与能力。 • 专业研究级学历、文凭与专业研究级资质证书之间的差异在于二者在某一特定领域中所培训的知识和技能的深度和广度。要取得专业研究级资质证书，参训人员必须参加 6 个月的全日制研究修业或 1 年非全日制研究修业；而要取得专业研究级学历、文凭，参训人员则必须参加 1 年全日制研究修业或 2 年非全日制研究修业。	15

---

  ① Catherine Ramos，"Vocational Training And Continuing Education For Employability In Singapore And Philippines，"https://www.headfoundation.org/papers/_2016_1)_Vocational_training_and_continuing_education_for_employability_in_Singapore_and_Philippines.pdf，2020-03-22.

  ② 王祥：《新加坡"劳动力技能资格认证体系"述要》，载《职业技术教育》，2013(1)。

续表

层级	资格认证	各层级所需技能（知识）的具体标准	最低学分
五	专家型学历、文凭（Specialist Diploma）	• 具备在复杂、易变的情境中及各种专业级别的技术工作中应用、整合情境化知识和技能的能力。 • 具备知识获取的关键性技能，具备进行某一特定领域研究及发展相关培训的知识和技能。 • 具备在既定范围内较高层次的组织和管理能力，具有个人问责、自主性及对他人负责的态度。 • 具备独立完成工作任务的能力，具有一定的战略思考和判断倾向与能力。	15
四	专业学历、文凭（Professional Diploma）	• 具备在比较复杂、易变的情境中及各种较为专业的技术工作中应用情境化知识和技能的能力。 • 具备通过抽象理论获取非程序性知识和技能的能力。 • 具备在较大范围内的个人问责性、自主性及对他人负责的态度。 • 具备独立完成工作任务的能力，具有一定的思考和判断能力。	20
三	高级资质证书（Advanced Certificate）	• 具备在工作范围内易变的情境中应用非程序性、情境化的知识和技能的能力。 • 具备通过抽象理论获取程序性知识和技能的能力。 • 具备在他人指导的情况下进行任务计划、资源分配的能力。 • 具备在一般性监督条件下完成工作任务的能力，具有判断能力。	15
二	高等资质证书（Higher Certificate）	• 具备在工作范围内较常态的情境中进行小范围工作活动的能力，其中有些可能涉及非程序性和复杂程序的技能。 • 具备通过了解一般性事实或程序间的关联获得知识和技能的能力。 • 具备在特定范围内、有人指导的情况下采取高等技能完成任务的能力，其中会涉及个人问责。 • 具备在经常性监督的条件下完成工作任务的能力，具有一些判断和理解能力。	10

续表

层级	资格认证	各层级所需技能(知识)的具体标准	最低学分
一	资质证书 (Certificate)	• 具备在工作范围内常态情境中进行小范围工作活动的能力。 • 具备通过了解常识性事实或程序间的关联获得知识和技能的能力。 • 具备基本的理解能力。 • 具备在特定范围内、有人经常指导的情况下采取基本技能完成任务的能力,其中会涉及个人问责。 • 具备在有明确指示条件下完成工作任务的能力,具有少许判断能力。	10

五、新加坡职业教育教师

(一)新加坡职业教育教师的选拔

不同于普通教育教师的招聘标准,新加坡职业教育教师的选拔遵循着严格的标准和流程。新加坡教育部明确要求从事职业教育的教师必须具备对应专业的企业工作经历,应聘工艺教育学院和理工学院教师需要具备连续3~5年的企业工作经历。同时,新加坡对职业教育教师学历的要求比较低,理工学院要求应聘者需具备本科学历,而工艺教育学院对应聘者的学历没有要求。① 新加坡政府重视职业教育教师行业背景的原因有二,一是这些教师能更好地向学生传授丰富的实践经验,二是这有利于建立职业教育与行业企业的联系。

满足以上标准的应聘者还需要通过一系列选拔流程才能成为国家承认的职业教育教师。首先,教育部每年依据事业发展需求将教师招聘信息(如招聘人数、科目、条件、时间、地点、要求等)公布在网站和报纸上,公开招考。报考人员需要参加笔试和面试,两项均合格者由教育部派遣至南洋理工大学国立教育学院接受专业的师范教育培训。只有通过南洋理工大学国立教育学院考核的人才能够

---

① 马雪金、马叶琳:《新加坡教育体制及其教育特色初探》,载《世界教育信息》,2017(22)。

取得教师资格证，担任职业教育教师。①

(二)新加坡职业教育教师的专业发展

在新加坡，为了鼓励教师不断自我提升，各类职业教育机构都会为教师提供带薪培训。带薪培训的内容主要包括新技术培训、专项文凭课程学习与继续深造等方面，新加坡教育部规定每名教师每年参加培训的时间不得少于 12.5 天。②

此外，工艺教育学院还形成了独创的职业教育教师内部培训体系。该培训体系奉行"职业教育教师不但要知道而且要会做"的原则，采用整合技术的学科教学知识(technological pedagogical content knowledge，TPCK)框架，由工艺教育学院内部资深教师担任导师，指导新教师由新手教师成长为成熟教师，如图 8-2 所示。TPCK 框架共分为三个层级：第一层级为基础 TPCK，主要培养基本教学能力；第二层级为加强 TPCK，主要培养专业教学能力；第三层级称为创新TPCK，主要培养教学创新能力。③

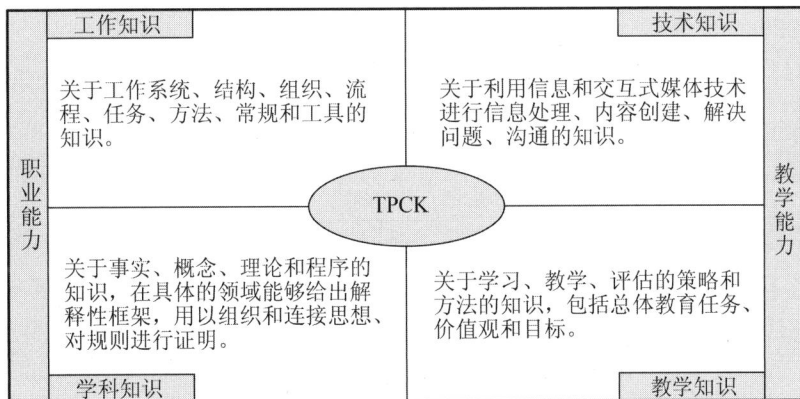

图 8-2　TPCK 框架

六、新加坡与中国职业教育的合作

由于新加坡在德国双元制职业教育模式的移植方面取得的成功，且其具有独

---

①　赵玲娟：《新加坡高等职业技术教育研究》，硕士学位论文，广西师范大学，2014。

②　赵玲娟：《新加坡高等职业技术教育研究》，硕士学位论文，广西师范大学，2014。

③　Paryono P，"Approaches to Preparing TVET Teachers and Instructors in ASEAN Member countries,"*TVET@ Asia*，2015(5)，p. 16.

特的教育理念和教育方法，近年来，我国持续派出教师和学生前往新加坡进行学习。仅淡马锡基金会就于2010—2015年组织了河南、山东、四川等10个省份的2000多人前往新加坡学习、培训和研修。① 我国与新加坡在职业教育领域的合作主要集中于师资培训和学生交流等方面。

2006年，辽宁省教育厅与新加坡国际企业发展局、新加坡教育部签署了《合作谅解备忘录》，辽宁省劳动和社会保障厅与新加坡国际企业发展局、新加坡教育部签署了《职业教育与培训合作谅解备忘录》，合作培训高级技术人才，重点关注辽宁省的电子、化工和装备制造业。辽宁省也通过引入新加坡职业技能课程体系与教材，与新加坡共同探讨人才培养评估体系的合作。10多年里，辽宁省与新加坡之间已经选派教师和学生进行多次的互访、教学和实习。②

河北省教育厅、四川省教育厅均与新加坡淡马锡基金会、新加坡工艺教育学院联合开展了职业教育培训合作项目。以河北省为例，2014年，新加坡工艺教育学院选派师资对河北省教育厅从全省职业院校（主要为中等职业学校）选拔出的中高层管理者及专业教师进行培训，所需主要经费由新加坡淡马锡基金会提供。培训分为领导层培训、教学法培训和专业技能培训（含机械加工和机电一体化2个专业）。其中，在教学法培训和专业技能培训中，学员先在河北培训1周，之后赴新加坡进行为期2周的培训。学员结束在新加坡的培训回国后举办分享营，按照1∶5的比例对河北未参加培训的中等职业教育管理者或教师进行扩展式培训，将其在新加坡所学的内容与分享营人员进行交流共享，使更多职业教育管理人员及教师受益。至2016年，该项目累计培训人数达到近千名。③

七、新加坡职业教育的问题与发展趋势

（一）新加坡职业教育面临的问题

科技和产业的快速发展变化正在影响着全世界范围内的经济体。第四次工业革命带来的新的发展必定会影响人们学习、生活和工作的方式。

一方面，新加坡职业教育正面临着经济发展放缓、外部竞争压力不断增加及科技快速进步带来的挑战。未来的职业技术教育与培训必须服务于市场，加强职

---

① 史文生：《我们向新加坡职业教育学什么？》，载《青年教师》，2015(10)。
② 《辽宁与新加坡将加强职业教育与培训合作》，载《职教论坛》，2006(8S)。
③ 《省教育厅与新加坡职业教育培训合作项目举行闭幕式》，http://hvae.hee.gov.cn/col/1493882732300/2016/09/27/1498466265434.html，2019-07-30。

业教育机构、从业者、政策制定者与产业的合作，为未来劳动力要面对的挑战做好准备。同时，要尽可能寻求适宜的政策、方法和项目，以响应数字经济和产业转型。

另一方面，新加坡土地和劳动力短缺越来越紧迫，2025 年之前新加坡会一直面对着老龄人口不断增加的情况，这意味着劳动力人口数量下降。这就要求职业教育培养出具备高附加值的工人，以减轻日益增长的由劳动力短缺带来的压力，并且要为新技术驱动型产业寻找具有适当技能的工人。[①]

新加坡未来职业教育的发展面临来自外部和内部的双重压力和挑战。新加坡政府、企业、学校等各个机构与利益方应该进行更深层次的合作，共同制定相应的措施，来应对目前和未来面临的问题和挑战。

(二)新加坡职业教育的发展趋势

为了给所有人提供多样的工作机会，促进新加坡未来经济发展和改革，2014 年，新加坡工业自动化协会列出了 5 个产业领域未来发展所需要的技能，这 5 个产业领域分别是先进制造、应用健康科学、智慧和可持续的城市解决方案、物流和航空航天、亚洲和全球金融服务。[②] 在新加坡，学习和使用新技术的能力及跨学科、跨领域的技能是未来在所有产业领域工作的人所必需的素养。

2014 年，新加坡发起了未来技能运动，其目的是给每一个新加坡人提供发展潜能的机会，希望通过这个运动，每一个人所获得的技能和热情都可以驱动新加坡的经济和社会的进一步发展。就业与学习项目(the Earn and Learn Programmes，ELPs)是未来技能运动的重要组成部分，它允许理工学院和工艺教育学院的毕业生同时进行工作和学习，并且可以获得资格证书，从而帮助毕业生更好地向劳动者转变。同时设立"未来技能学习奖"，帮助和鼓励年轻员工不断提升他们自身的技能，促进新加坡经济和社会更深层次的发展。

为了促进未来几年的产业转型，新加坡政府于 2016 年 10 月提出产业转型地图项目(Industry Transformation Maps，ITMs)，该地图以行业为重点，关注各种问题的处理，深化政府、公司、行业、贸易协会和商会之间的伙伴关系，项目共涉及 6 个模块、23 个行业，具体如表 8-6 所示。

---

① Martinez-Fernandez，Cristina，& Kyungsoo Choi，"Skills Development Pathways in Asia," in *Skills development for inclusive and sustainable growth in developing Asia-Pacific*，Dordrecht，Springer，2013，pp. 155-179.

② Singapore Industrial Automation Association，"Welcome to SIAA," http://www.siaa.org/cos/o.x? c=/wbn/pagetree&func=view&rid=1249948，2019-09-07.

表 8-6 产业转型地图项目的模块与行业列表①

模块	行业
制造业	能源和化工
	精密工程
	航海工程
	航空航天
	电子
建筑环境	建设（包括建筑与工程服务）
	房地产
	清洁
	安全
贸易与联通	物流
	航空运输
	海洋运输
	陆路运输（包括公共交通）
	批发贸易
重要的国内服务	医疗
	教育（幼儿及私立教育）
专业服务	专业服务
	信息和通信技术与媒体
	金融服务
生活方式	食品服务
	零售
	酒店
	食品制造

新加坡技能、创新及生产力委员会全面负责推行产业转型地图项目。为此，技能、创新及生产力委员会成立了 6 个小组委员会，分别监管一个模块。每一模块都是根据行业的需要量身定制的。在开发具体行业的转型地图的过程中，新加坡政府负责检查该行业的格局及未来趋势，制订出一套可以系统地提高生产率、

---

① Ministry of Trade and Industry，"Media Factsheet—Industry Transformation Maps，" https://www.mti.gov.sg/-/media/MTI/ITM/General/Fact-sheet-on-Industry-Transformation-Maps---revised-as-of-31-Mar-17.pdf，2020-03-22.

发展技能、驱动创新、促进国际化的计划，促进行业转型升级，尽快实现每个行业的发展愿景。随着时间的推移，这些项目内容将持续改进，以确保目标与方案的相关性。

从 2018 年 4 月开始，工艺教育学院为在职员工提供航海工程、机电工程、康复护理和安全系统工程领域的工学结合项目，该项目一般会持续 2.5～3 年，给予员工在工作中进行学习的便利，员工完成项目后可以获得工学技术文凭。

第九章　印度尼西亚职业教育

印度尼西亚全称为印度尼西亚共和国（Republic of Indonesia），国土面积为191.36万平方千米，人口约为2亿6200万，是世界第四人口大国。有数百个民族，其中爪哇族人口占45％，巽他族占14％，马都拉族占7.5％，马来族占7.5％，其他民族占26％。官方语言为印尼语。约87％的人口信奉伊斯兰教，是世界上穆斯林人口最多的国家。①

1945年8月17日印度尼西亚独立，先后抵抗英国、荷兰的入侵，其间曾被迫改为印度尼西亚联邦共和国并加入荷印联邦；1950年8月重新恢复为印度尼西亚共和国，1954年8月脱离荷印联邦。

印度尼西亚的现行宪法为《"四五"宪法》，宪法规定，印度尼西亚为单一的共和制国家，"信仰神道、人道主义、民族主义、民主主义、社会公正"是建国五项基本原则，实行总统制，总统为国家元首、行政首脑和武装部队最高统帅。人民协商会议负责制定、修改和颁布宪法，并对总统进行监督；人民代表会议行使除修宪外的一般立法权。

印度尼西亚是东盟最大的经济体，国民经济的支柱产业为农业、工业和服务业。1997年亚洲金融危机对印度尼西亚造成全面冲击，引起局势动荡。近10年来，面对国际市场不景气和美联储调整货币等情况，印度尼西亚积极调整经济政策，同时吸引外资、支持中小企业发展，逐渐恢复经济发展。2018年，印度尼西亚GDP约为1.04万亿美元，同比增长5.17％；贸易总额为3927亿美元，同比增长13.2％；2018年全年通胀率为3.13％。印度尼西亚矿产资源丰富，包括石油、天然气、煤、锡、铝矾土、镍、铜、金、银。矿业占印度尼西亚GDP的

---

① 中华人民共和国外交部：《印度尼西亚国家概况》，https://www.fmprc.gov.cn/web/gjhdq_676201/gj_676203/yz_676205/1206_677244/1206x0_677246/，2019-07-05。

10％左右。据印度尼西亚官方统计，印度尼西亚石油储量约 97 亿桶（13.1 亿吨）；天然气储量为 4.8 万亿至 5.1 万亿立方米；煤炭已探明储量为 193 亿吨，潜在储量可达 900 亿吨以上。[1] 表 9-1 展现了印度尼西亚主要的产业类型及相关数据。

表 9-1 印度尼西亚主要产业类型及相关数据

产业	数据
工业	主要部门有采矿、纺织、轻工等，锡、煤、镍、金、银等矿产产量居世界前列。
农业	全国耕地面积约 8000 万公顷，盛产经济作物，如棕榈油、橡胶、咖啡、可可等。
渔业	渔业资源丰富，政府估计潜在捕捞量超过 800 万吨/年。
林业	森林面积为 1.37 亿公顷，森林覆盖率超过 60％。
旅游业	非油气行业中仅次于电子产品出口的第二大创汇行业，2018 年外国赴印度尼西亚游客共计 1581 万人次（中国为印度尼西亚第二大游客来源国）。
运输业	公路和水路为重要运输手段，其中公路担负着国内近 90％的客运和 50％的货运，空运近年来发展迅速。

对外贸易在印度尼西亚国民经济中占重要地位，主要出口产品有石油、天然气、纺织品和成衣、木材、藤制品、手工艺品、鞋、铜、煤、纸浆和纸制品、电器、棕榈油、橡胶等。印度尼西亚主要进口产品有机械运输设备、化工产品、汽车及零配件、发电设备、钢铁、塑料及塑料制品、棉花等。印度尼西亚的主要贸易伙伴为中国、日本、新加坡、美国等。近年来，印度尼西亚也在不断吸引外资投入，主要投资来源国为新加坡、日本、中国、美国、英国、韩国。[2]

据统计，2014 年中国与印度尼西亚双边贸易额达 635.8 亿美元，至 2014 年中国已连续两年成为印度尼西亚第一大贸易伙伴。截至 2014 年年底，中国对印度尼西亚累计直接投资 38.4 亿美元，印度尼西亚已跃升为中国在东盟第二大投资目的地国。中国企业在印度尼西亚累计签订承包工程合同额 432 亿美元，完成营业额 280 亿美元，印度尼西亚是中国企业十大海外工程承包市场之一。此外，两国企业在工业园区、港口码头、道路桥梁、电站电网等基础设施领域开展了广

---

[1] 中华人民共和国外交部：《印度尼西亚国家概况》，https://www.fmprc.gov.cn/web/gjhdq_676201/gj_676203/yz_676205/1206_677244/1206x0_677246/，2019-07-05。

[2] 中华人民共和国外交部：《印度尼西亚国家概况》，https://www.fmprc.gov.cn/web/gjhdq_676201/gj_676203/yz_676205/1206_677244/1206x0_677246/，2019-07-05。

泛合作，完成了一大批兼具经济效益和社会效益的项目。①

一、印度尼西亚教育体系

2世纪至14世纪，神职人员在印度尼西亚建立巴德波干传教中心，该中心同时具备举行宗教仪式和进行村民教育的作用，部分乡村教师还自发为青年人传授印度佛教课程。15世纪，乡村普遍建立小回教堂，进行传教以及普通课程和宗教课程的讲授。15世纪末16世纪初，随着葡萄牙和西班牙的入侵，印度尼西亚的学校开始设置阅读、写字、算数等课程。在荷兰、日本统治时期，侵略国基于需要修改了印度尼西亚的教育制度，但在客观上推动了印度尼西亚教育事业的发展。②

1945年印度尼西亚独立后，各类学校数量增加，经历了从恢复到全面调整巩固的教育改革过程。目前，印度尼西亚实行九年制义务教育，是亚洲地区第三大教育体系（仅次于中国和印度）。印度尼西亚教育体系包括四个层次——小学（一至六年级）、初中（七至九年级）、高中（十至十二年级）和高等教育，如表9-2所示。小学和初中属于义务教育阶段，由国家教育机构主导。

表9-2 印度尼西亚教育体系③

年龄	教育年限/年	教育等级	普通教育	职业教育
22岁以上	3	高等教育	博士学位 （包括普通类/伊斯兰类，学术类/专业类）	—
	2		硕士学位 （包括普通类/伊斯兰类，学术类/专业类）	
19～22岁	4		学士学位 （包括普通类/伊斯兰类，学术类）	高等职业教育 （1～4年）

---

① 王立平：《参赞致辞》，http://id. mofcom. gov. cn/article/about/greeting/201107/20110707640861. shtml，2019-11-17。

② 潘懋元：《东南亚教育》，106～109页，南京，江苏教育出版社，1988。

③ 图表改编自Kementerian, Pendidikan dan Kebudayaan, "Overview of the Education Sector in Indonesia 2012-Achievements and Challenges," https://www. semanticscholar. org/paper/Overview-of-the-education-sector-in-Indonesia-2012-Kementerian/dccdae06bb59202487b6b8ddd10b58bc1bd096fd，2020-03-22.

续表

年龄	教育年限/年	教育等级	普通教育		职业教育
16～18 岁	3	中等教育	普通高中	伊斯兰普通高中	职业高中和伊斯兰职业高中
13～15 岁	3		初中	伊斯兰初中	—
7～12 岁	6	初等教育	小学	伊斯兰小学	—
5～6 岁	2	学前教育	幼儿园	伊斯兰幼儿园	—

20 世纪 70 年代和 80 年代初，印度尼西亚兴建了大批公立学校，以小学居多；同时，通过促进私立高等教育学校的建立和发展，促进了印度尼西亚高等教育体系的扩展。随后，印度尼西亚政府将重点放在初中和高中阶段，并招聘了大量教师。截至 2010 年，全国共有近 22 万所学校和 330 多万名教师，具体如表 9-3 所示。印度尼西亚未来将继续促进私立高等教育学校的发展。

表 9-3　2010 年印度尼西亚教育数据①

教育类别	学校/所	学生/人	教师/人
小学	165752	29901051	1657397
初中	42069	11429881	846150
高中	8354	6952949	542078
大学	3533	4792874	261652

2012 年，印度尼西亚的教育预算为 286 万亿卢比，占财政总预算的 20.2%。2013 年，印度尼西亚小学入学率为 98.34%，初中入学率为 90.62%，高中入学率为 63.64%，15 岁以上人口文盲率为 6.08%。②

随着国民收入水平的提高和国家对教育的支持，各级教育机构的入学率显著提高。1972—2015 年，小学的毛入学率由 85% 上升到 105%③，中学的毛入学率由 18% 上升到 85%，高等教育的毛入学率由 2% 上升至 24%。④ 印度尼西亚人口

① Rosser A, "Beyond Access: Making Indonesia's Education System Work," https://think-asia. org/bitstream/handle/11540/8034/Rosser_Beyond%20access. pdf?sequence=1, 2019-11-17.

② 中华人民共和国驻印度尼西亚共和国大使馆：《国家概况》，http://id. china-embassy. org/chn/indonesia_abc/gjgk/，2019-07-05。

③ 说明：印度尼西亚教育部统计的小学学龄人口的年龄范围是 7～12 岁，但在现实中，小学阶段在校生的年龄并不都在这个范围里，存在着低龄或超龄学生，如很多 6 岁的孩子在小学一年级学习，因此小学的毛入学率出现超过 100% 的情况。

④ Rosser A, "Beyond Access: Making Indonesia's Education System Work," https:// think-asia. org/bitstream/handle/11540/8034/Rosser_Beyond%20access. pdf? sequence=1, 2019-11-17.

平均受教育年限从 1990 年的 3.3 年增加到 2015 年的 7.9 年。① 除此之外，随着入学率的提高，妇女的受教育水平也得到提升，教育系统中的性别平等问题得到了改善。

（一）学前教育

印度尼西亚的学前教育主要面向 5～6 岁儿童，不属于义务教育阶段；有正规教育和非正规教育两种渠道，正规教育一般由幼儿园和伊斯兰早期儿童教育中心（伊斯兰幼儿园）提供；非正规教育包括儿童游戏小组、托幼中心、综合照顾中心等，它们为 6 岁及以下儿童提供保健和照顾服务。

（二）初等教育

印度尼西亚初等教育属于义务教育范畴，小学为六年制。在完成小学阶段的学习后，学生需要参加全国统一考试，并依据学术与心理测试成绩进入初中阶段的学习。宗教学校（伊斯兰小学）也提供初等教育，由宗教事务部管理。印度尼西亚小学阶段的主要学习内容包括国家意识形态、宗教、公民教育、印度尼西亚语、阅读与写作等，采用双语（印度尼西亚语和本地语）教学。

（三）中等教育

印度尼西亚中等教育分为初中和高中两个阶段，均为三年制。初中阶段属于义务教育，初中毕业后，学生参加全国统一考试，通过考试后可以获得毕业证书，并依据学术与心理测试成绩进入高中阶段的学习。

高中阶段的教育建立在九年义务教育的基础上，进入高中的学生可以选择就读于更注重学术或职业的学校。印度尼西亚高中教育机构包括普通高中、职业高中、伊斯兰普通高中和伊斯兰职业高中 4 种。后两种高中的主要目的是让学生掌握宗教知识。一般来说，学生于 16～18 岁在高中学习，高中在整个教育体系中包括十、十一和十二年级。高中阶段不属于免费义务教育，印度尼西亚高中可分为公立高中和私立高中两种类别，其中私立高中的入学率约为 55%。②

普通高中一节课通常为 45 分钟，学生每学年的学习时间为 34～38 周。③ 十年级必须学习所有课程，包含 16 门必修课、地区专有课和学校自由发挥课程。

---

① United Nations Development Programme (UNDP)，"Human Development Report 2016," http://hdr. undp. org/sites/default/files/2016_human_development_report. pdf，2019-11-17.

② OECD & ADB，"Reviews of National Policies for Education：Education in Indonesia-Rising to the Challenge," Paris，OECD Publishing，2015，p. 132.

③ 郑阳梅：《印度尼西亚国家教育概况及其教育特色研究》，载《广西青年干部学院学报》，2015(3)。

学生从十一年级开始选择专业，进入专业学习的阶段，专业方向包括自然科学专业、社会科学专业、语言专业、宗教专业4种。

完成高中教育后，学生可以进入不同类型的高等教育机构，包括公立大学、私立大学、伊斯兰大学和培训机构。

（四）高等教育

印度尼西亚高等教育分为普通高等教育和高等职业教育两种。普通高等教育包括大学、研究所和学院，它们主要提供特定学科或专业领域的学术教育，学生完成规定的学分和实习时长后，可以获得学士学位、硕士学位或博士学位。

印度尼西亚著名的大学有位于雅加达的印度尼西亚大学、位于日惹的卡查马达大学、位于泗水的艾尔朗卡大学、位于万隆的万隆工学院及班查查兰大学、位于茂物的茂物农学院等。

目前印度尼西亚的高等教育机构绝大多数是私立的，生源也以中产阶级及更富裕的家庭的孩子为主，整体入学率偏低。印度尼西亚约有11％的经济活动人口接受大学水平的教育。[1] 其中大多数人从事的长期工作属于金融业务、社会及个体服务业、电力、天然气和水务部门。

1978年，印度尼西亚开始实行非学位教学计划，即职业教育。学生在专科学校或理工学院完成学习后，可以得到相应的毕业文凭或毕业证书，但不被授予学位。

（五）印度尼西亚的教育管理体制

1965—1998年，印度尼西亚的教育管理高度集中，由教育和文化部主要负责管理各级教育系统，其他一些中央政府部委和机构也发挥着重要作用。印度尼西亚宗教事务部负责资助和集中管理国家伊斯兰宗教学校，并管理与宗教教育有关的事务。大约84％的学校由教育和文化部管理，16％由宗教事务部管理。[2]

2001年，印度尼西亚中央政府按照地方分权的原则，将教育政策和管理的权力下放到区级政府，但这一转变并没有延伸到高等教育领域。教育和文化部下设的高等教育总局继续协调、监督和指导所有公立与私立高等教育学校，宗教事务部也对宗教高等教育学校保持密切监督。

2014年10月，印度尼西亚总统佐科·维多多将教育和文化部的高等教育总

---

① Badan Pusat Statistik（BPS—Statistics Indonesia），"Indonesia-National Labor Force Survey 2016 August," https：//mikrodata. bps. go. id/mikrodata/index. php/catalog/799，2020-03-22.

② OECD & ADB，*Reviews of National Policies for Education：Education in Indonesia-Rising to the Challenge*，Paris，OECD Publishing，2015，p. 69.

局与研究和技术部合并，成立了一个新的部门，称之为研究、技术和高等教育部，同时还成立了一个新的政策和规划管理部。

目前，印度尼西亚的正规教育由公立和私立学校联合提供。公立学校的管理主要由各地方学区负责，由教育和文化部负责全面统筹。私立学校主要包括以宗教为基础的伊斯兰宗教学校和以营利为目的的营利性私立学校，私立教育系统由伊斯兰宗教学校主导，由宗教事务部进行管理，其他私立学校则由教育和文化部进行管理。

印度尼西亚私营部门在教育系统中发挥了重要作用，私立学校约占全国学校总数的 48%，学生占 31%，教师占 38%。尤其在高等教育阶段，印度尼西亚私立高等教育机构数量占全部高等教育机构的 96%，入学人数约占高等教育总入学人数的 63%。

印度尼西亚公立教育机构一般为非宗教性质，但许多学校也与印度尼西亚的宗教组织关系密切。虽然公立和私立教育机构内部存在很大差异，但一般认为印度尼西亚公立教育机构的质量要高于私立教育机构。

二、印度尼西亚职业教育概况

与很多东南亚国家相似，印度尼西亚同样面临着劳动力技能水平与劳动力市场需求不匹配的问题。随着印度尼西亚经济的发展，印度尼西亚愈发重视职业教育的质量，不仅要促进毕业生就业，而且要支持国民生产力与国际竞争力的提升。

(一)职业教育发展的社会背景

经济合作与发展组织 2015 年的研究报告表明，印度尼西亚大约有 5500 万熟练工人。《印度尼西亚加速和扩大经济发展总体规划》估计，到 2030 年，印度尼西亚将需要 1.13 亿熟练工人。但与此同时，印度尼西亚青年的失业率很高，青年失业人口占总失业人口的 56%。[1] 近年来，随着高中及高等教育入学率的增加，全国总失业率已经从 2007 年 8 月的略高于 9% 下降到 2012 年 8 月的接近 6%。[2] 扩大职业教育的普及力度能够有效解决劳动力短缺与青年失业的问题。

---

[1] OECD & ADB, *Reviews of National Policies for Education: Education in Indonesia-Rising to the Challenge*, Paris, OECD Publishing, 2015, p.156.

[2] ILO, "Labour and Social Trends in Indonesia 2011: Promoting Job-rich Growth in Provinces," http://www.ilo.org/wcmsp5/groups/public/—asia/—ro-bangkok/—ilo-jakarta/documents/publication/wcms_175953.pdf, 2019-07-05.

在国际标准化考试中,印度尼西亚学生在科学、数学和阅读方面的表现不如其他亚洲国家的学生。在进入工作岗位后,毕业生往往出现劳动技能短缺和技能利用不足的问题。这反映了教育投资与市场需求不匹配,教育资源投入与人力资本的使用需要更好地结合起来。

在民众观念上,印度尼西亚社会通常认为职业教育是为学业失败者和较贫穷群体服务的。虽然社会对职业教育的认可度普遍不高,但一些高质量的职业高中仍然具有很强的吸引力。它们的骨干专业招生名额不多,学生入学需要经过选拔,九年级毕业时的成绩是重要的入学参考。学校对此类专业非常重视,会邀请行业人员参与授课,这些专业有可能吸引当地学业成绩排在前 25% 或前 30% 的学生入校学习。[1]

总的来看,印度尼西亚目前需要鼓励更多雇主参与职业技术教育与培训的规划,突破资金和教师能力的限制,消除社会偏见,以提高职业技术教育与培训的质量。

(二)职业教育内容

普通高中毕业生往往会选择继续接受大学教育,而职业高中毕业生通常进入劳动力市场,因此,两类学校的基本目标、课程设置和学习方法都有所不同。

在印度尼西亚的普通高中,课程设置主要包括通识教育和素养学科。开设的通识课程有宗教、公民学、印尼语、数学、历史和英语,此外还开设自然科学、社会科学和语言等学科课程。

印度尼西亚的职业教育一方面强调让青年为高薪就业做好准备,另一方面着眼于培养优秀的公民。因此,职业教育的课程内容包括规范性科目、适应性科目和生产性科目三个类别。规范性科目包括宗教教育、公民教育、印度尼西亚语、体育、健康教育及艺术和文化,以培养社会公民为目的。适应性科目包括英语、自然科学、社会科学、信息管理、计算机技能和创业教育,主要为学生继续接受高等教育和生产性科目教育做一些基本知识和技能上的准备。生产性科目与职业教育直接关联,包括职业能力基础课程和职业能力提升课程,侧重于技术与技能,学生通常只选择一两个科目进行学习。[2]

在学习方法上,普通学校普遍采用面授教学、课堂互动和实验室学习的方式,而职业学校除在学校学习外,还允许学生在企业实习,采用学徒制等方式,作为传统学习方法的补充。

---

① OECD & ADB, *Reviews of National Policies for Education：Education in Indonesia-Rising to the Challenge*, Paris, OECD Publishing, 2015, p. 162.

② Kurnia D, Dittrich J, Murniati D E, "Transferable Skills in Technical and Vocational Education and Training (TVET) in Indonesia," *TVET@ Asia*, 2014(3), p. 5.

(三)职业培训

印度尼西亚职业技术教育与培训系统可分为两个独立的部分,即职业教育系统与职业培训系统。职业教育系统是国民教育体系的一部分,职业培训系统是国家工作培训体系的一部分。

依据 2003 年的《劳动法》和 2006 年的《国家工作培训体系政府条例》的规定,职业培训由人力资源部管理。地区人力资源管理部门负责为培训提供资金和监督指导,同时开设短期职业培训。培训的内容一方面针对失业人群,为他们提供就业技能的支持;另一方面根据行业需求进行有针对性的培训。

国家工作培训体系也支持学徒制的开展。学徒制基于企业、政府人力资源部门和学徒的三方协议。提供学徒制的企业必须在地区人力资源管理部门注册,并有义务为学徒提供一些培训,这些培训也可以由获得资格认证的社会培训机构开展。学徒制的标准培训时长为 6 个月,最长可至 12 个月。[1] 目前,学徒制在印度尼西亚还没有得到广泛开展。

完成培训项目后,学员只有通过国家工作能力标准、专业组织的国家标准或国际标准认证才能拿到职业证书。目前,国家工作能力标准对 100 多个职业进行了规定,并与国际劳动力市场接轨。国家工作能力标准也为职业高中毕业生提供了能力认证的一种可能性,未来职业高中的课程将以工作为导向,有意识地参考该标准设计课程。

三、印度尼西亚职业教育体系

目前,印度尼西亚有中等职业教育和高等职业教育两个层次的职业技术教育与培训机构,学生毕业后可获得证书、文凭或学位。这些机构具体如下。

- 职业高中。
- 伊斯兰职业高中。
- 理工学院。
- 研究型大学。
- 社区学院。
- 职业中心。[2]

---

[1] Kurnia D, Dittrich J, Murniati D E, "Transferable Skills in Technical and Vocational Education and Training (TVET) in Indonesia," *TVET@ Asia*, 2014(3), p. 3.

[2] OECD & ADB, *Reviews of National Policies for Education: Education in Indonesia-Rising to the Challenge*, Paris, OECD Publishing, 2015, p. 157.

印度尼西亚教育和文化部负责管理职业高中、理工学院、社区学院的教育，伊斯兰职业高中由宗教事务部管理，研究型大学由研究、技术和高等教育部管理。职业中心主要负责非正规的公共职业技术教育和培训，由人力资源部管理。

不同的机构有权授予不同的文凭与学位：一级文凭可以在部分职业高中的扩展课程中获得，也被称为"SMK PLUS"；一级文凭和二级文凭可以在社区学院中获得；三级文凭和四级文凭可以在理工学院、职业高中、研究型大学获得。四级文凭等同于学士学位。

除上述机构外，部分企业与学校合作，共同开展学徒制教学，但企业并没有授予文凭或学位的资格。

不论是正规还是非正规的职业技术教育与培训，职业教育的政策一般由国家政府部门制定，以区、市政府为中心进行具体的教育培训实施工作。

(一)中等职业教育学校

印度尼西亚有伊斯兰和非伊斯兰两种类型的学校，伊斯兰学校主要开设宗教类课程。高中有普通高中、职业高中、伊斯兰普通高中、伊斯兰职业高中4种类别。完成9年的义务教育(即6年小学和3年初中)后，选择非伊斯兰学校的学生可以就读于普通高中或职业高中。

职业高中是印度尼西亚最大的职业教育提供方，提供为期3年的职业教育项目，主要针对16~18岁的中学生，侧重于商业和经济学、金属制品、汽车、建筑相关专业的教育。[①]

近10年来，教育和文化部认识到职业教育在帮助青年为进入劳动力市场做好准备和解决全国日益严重的青年失业问题方面的重要性，不断推动职业教育发展，设立了更多的职业高中，并将一些普通高中改为职业高中。

印度尼西亚政府在2007年提出了失业振兴计划，希望将职业高中与普通高中的比例于2015年提高到1∶1，2020年提高到3∶2，2025年达到7∶3。统计数据显示，从2005年到2012年，印度尼西亚职业高中的数量几乎翻了一番，从5665所增加到10256所。[②]随着职业教育教师雇佣计划的推进，教育和文化部在

[①]　E Ginting，C Manning，K Taniguchi，*Indonesia：Enhancing Productivity through Quality Jobs*，Asian Development Bank，2018，p.179.

[②]　Badan Pusat Statistik（BPS—Statistics Indonesia），"Development of Education Facilities (Pembangunan Fasilitas Pendidikan)," http://www.bps.go.id/linkTabelStatis/view/id/1530，2019-07-05.

2015年宣布新建200所职业高中，专注于农业、旅游业、基础设施和制造业。[①]虽然2015年没有达到政府最初设定的1∶1的目标，但2016年职业高中的比例已经达到了42.7%。[②]

在完成职业高中的技能培训项目后，学生将通过国家专业认证机构的能力测试接受评估和认证。学生在职业高中毕业后，可以选择参加高等教育学校入学考试，进入理工学院或大学继续学习，以获得相应的文凭或学位。但大部分职业高中的毕业生都会选择直接就业。

案例一：苏拉卡尔塔第八国立职业高中[③]

苏拉卡尔塔第八国立职业高中是位于印度尼西亚苏拉卡尔塔的一所公立职业高中，学制为三年，主要培养艺术与文化方向的职业人才。

学校的愿景是：实现毕业生在艺术、文化和技术领域的可持续发展，使之具有优越的人格和对环境的关怀。

这所职业高中是在国内艺术家和文化专家的倡议下创办的。1950年8月，印度尼西亚卡拉维坦音乐学院正式成立，开设的专业围绕卡拉维坦艺术（一种包含器乐与声乐，同时具有传统的甘美兰调音系统的音乐），包括乐器演奏和卡拉维坦教师两个专业。

1976年12月，卡拉维坦音乐学院更名为印度尼西亚卡拉维坦中学。学校的宗旨变为培养学生成为具有音乐、舞蹈和木偶等艺术形式知识、技能和态度的中级工作者。

根据教育和文化部部长的法令，1997年3月7日，印度尼西亚卡拉维坦中学更名为苏拉卡尔塔第八国立职业高中，开设卡拉维坦艺术、舞蹈、踏板艺术和音乐艺术专业。

目前学校开设的专业包括：卡拉维坦艺术、舞蹈、踏板艺术、音乐艺术、卡拉维坦编曲、舞蹈编导、多媒体、电视电影。

---

① Saputri, D. & D. Zuhri., "In Support of Acceleration of Development, the MENC Builds 200 New SMKs (Dorong Percepatan Pembangunan, Mendikbud akan Bangun 200 SMK)," http://www. republika. co. id/berita/pendidikan/eduaction/15/03/02/nkksio-dorong-percepatanpembangunan-mendikbud-akan-bangun-200-smk，2019-07-05.

② Dyah Pritadrajati, "From School to Work: Does Vocational Education Improve Labour Market Outcomes? An Empirical Analysis of Indonesia," MPFD Working Papers，2018，p. 7.

③ Surakarta City Government, "Vocational High School of Art and Culture of Surakarta," http://en. surakarta. go. id/vocational-high-school-of-art-and-culture-of-surakarta/，2019-07-03.

以多媒体专业为例，其课程设置如表9-4所示。

表9-4 多媒体专业课程设置①

课程		学分					
		一年级		二年级		三年级	
		上学期	下学期	上学期	下学期	上学期	下学期
国家课程	宗教教育与道德素养	3	3	3	3	3	3
	公民教育	2	2	2	2	2	2
	印尼语	4	4	3	3	2	2
	数学	4	4	4	4	4	4
	印度尼西亚历史	3	3	0	0	0	0
	英语和其他外语	3	3	3	3	4	4
	小计	19	19	15	15	15	15
地方课程	文化艺术	3	3	0	0	0	0
	体育和健康教育	2	2	2	2	0	0
	小计	5	5	2	2	0	0
职业课程	专业基础理论课 模拟和数字通信	3	3	0	0	0	0
	物理	3	3	0	0	0	0
	化学	3	3	0	0	0	0
	专业基础技能课 计算机系统	2	2	0	0	0	0
	计算机和基本网络	5	5	0	0	0	0
	基本编程	3	3	0	0	0	0
	平面设计基础	3	3	0	0	0	0
	专业高级课程 打印机图形设计	0	0	12	12	0	0
	互动媒体设计	0	0	0	0	13	13
	2D和3D动画	0	0	12	12	0	0
	音频和视频处理技术	0	0	0	0	12	12
	创意和创业	0	0	7	7	8	8
	小计	22	22	31	31	33	33
总计		46	46	48	48	48	48

---

① State 8 Vocational School，Surakarta，"Curriculum," https://smkn8surakarta. sch. id/wpsmk/kurikulum/，2019-07-19.

(二)高等职业教育院校

高等教育阶段的职业教育被称为专业教育，由理工学院、研究型大学等高等教育机构提供，部分大学也提供相应的文凭项目。在完成学习之后，毕业生可以取得一级至四级的文凭，分别对应不同的学习年限。

职业高中的毕业生可以进入理工学院学习，完成学习任务后，学生可以获得一级至四级不等的专业文凭。一级文凭是学生在完成一年课程后获得的，二级文凭则在完成两年的教育后取得，以此类推。获得四级文凭的学生被视为获得了学士学位，可以继续攻读硕士学位。

印度尼西亚的部分大学提供职业教育，如蒂博尼哥罗大学、茂物农学院和卡查马达大学等。

案例二：卡查马达大学

卡查马达大学(Gadjah Mada University)是一所位于印度尼西亚日惹地区的公立研究型大学。它正式成立于1949年12月19日，是全国历史最悠久、规模最大的高等教育机构之一。卡查马达大学2017年在印度尼西亚大学排名中位于全国第三位，仅次于万隆工学院和印度尼西亚大学。[1] 在2017—2018年度QS世界大学排名中，卡查马达大学位于第401—410位。[2]

卡查马达大学的行政管理机构包括董事会、学术评议会、执行理事会、教授董事会和审计委员会。[3]

卡查马达大学开设各种教育项目，包括本科教育、研究生教育、职业教育、专家培训和文凭教育，有些院系还在本科和研究生课程中设置国际课程。[4]

该大学的院系主要有农业技术学院、生物学院、法学院等，还有研究生院和职业技术学院。

卡查马达大学在自然科学与社会科学两个领域提供职业教育课程。自然科学领域的学生可以从医疗服务和信息、地球技术、生物技术和兽医、机械工程、土木工程、电子工程、信息学等学科的一系列课程中进行。向社会科学领域的学生开放的课程涉及经济学和商业、语言、艺术和文化管理学科，其中共有22门课程提供三级文凭，5门课程同时提供三级和四级文凭。

---

① 《印尼大学排名》，https://www.dxsbb.com/news/42827.html，2019-07-03。

② "QS World University Rankings 2018," https://www.topuniversities.com/university-rankings/world-university-rankings/2018，2019-09-07.

③ Gadjah Mada University, "Management," https://ugm.ac.id/en/about-us/1325-management，2019-07-03.

④ Gadjah Mada University, "Education," https://ugm.ac.id/en/education，2019-07-03.

表 9-5 是卡查马达大学职业教育的部分课程。

表 9-5　卡查马达大学部分职业教育课程

类型	具体课程
三级文凭	会计
	农用工业
	应用档案学
	应用经济学
	管理学
	汉语
	英语
	土木工程
	计算机和信息系统
	医疗记录和健康信息
四级文凭	互联网工程技术
	管理和维护民用基础设施工程
	管理和维护重型设备工程
	产科学
	区域经济发展

（三）社区学院

社区学院是印度尼西亚近年来为职业教育发展做出的新尝试。社区学院为未进入理工学院或大学的职业高中毕业生提供一些课程，并提供职业证书或相应等级的文凭，但学生毕业后无法进行研究生阶段的学习。

印度尼西亚的社区学院有四种类型：第一种是由理工学院负责运行和管理的社区学院；第二种是与职业高中、职业中心和教师培训中心合作的社区学院；第三种是由一些工业企业建立或管理的社区学院；第四种是由私人机构独立运行的社区学院。社区学院通常提供一些短期的职业类课程，最长不超过 2 年，学生在完成学习后，可以获得一级文凭或二级文凭。① 在课程学习期间，学院也为学生提供实习项目，帮助学生未来能更好地适应工作要求。由于在社区学院学习 1 年的费用和职业中心的短期课程的费用相同，许多学生愿意选择此类课程。

社区学院目前主要存在两个问题：第一，社区学院更注重基于当地经济活动的特定技术技能，学生的技能不容易向其他行业迁移；第二，建造社区学院的成

---

① OECD & ADB, *Reviews of National Policies for Education：Education in Indonesia-Rising to the Challenge*, Paris, OECD Publishing, 2015, p. 164.

本非常高。

(四)职业中心

在印度尼西亚人力资源部的管理下,全国各地大约有 160 个职业中心,主要提供一些短期的基本技能培训和证书课程(约 140 小时),面向小学和中学的贫困辍学生。[①] 这些短期培训课程涉及许多学科领域,包括汽车、信息技术、机械制造、秘书技能、会计、缝纫制衣及建筑等。

(五)雇主和私营企业

雇主和私营企业通过学徒制参与职业教育,促进毕业生从学校到工作场所的过渡,缩小行业技能预期与学生实际能力的差距,进而实现员工具备特定的职业技能,与行业标准和工作环境相匹配。

印度尼西亚有几项监管政策以促进学徒制,其中人力资源部 2009 年第 22 号文件规定了参与学徒制的雇主的权利和义务,特别是关于学徒的招聘、培训、评估、认证和工作条件等的具体内容。[②] 根据具体的政策,人力资源部为私营部门开展工作场所学习提供主要的支持,各级政府负责监控并确保学徒制的实施。学徒制的设计主要依据印度尼西亚国家能力标准、国际标准及企业或组织特有的行业标准。

四、印度尼西亚职业教育管理

(一)职业教育管理部门

印度尼西亚的职业教育政策由人力资源部制定,重点关注培养青年的专业技能和择业技能以及帮助青年就业等。人力资源部下设两个职能部门,分别是职业教育培训与国内雇佣总局、职业教育培训与能力促进委员会。前者主要负责统筹管理国家级职业中心,并且下设职业教育培训基准与能力评价局、职业教育培训

---

① UNESCO-UNEVOC International Centre,"World TVET Datebase Indonesia,"https://unevoc. unesco. org/wtdb/worldtvetdatabase_idn_en. pdf,2019-09-07.

② International Labour Organization(ILO),"Guideline on Domestic Apprenticeship Program in Indonesia,"http://www. ilo. org/wcmsp5/groups/public/—asia/—ro-bangkok/—ilo-jakarta/documents/ publication/wcms_371768. pdf,2019-09-07.

开发局、劳动者能力开发局、雇佣开发局及劳动力就业促进局。[①]

所有的职业教育项目都要遵守《教育法》，并受教育和文化部的监督。印度尼西亚国家教育标准局负责制定国家职业教育标准，并对执行情况进行监测和评估，由教育和文化部及宗教事务部提供相应支持。宗教事务部负责监督和管理伊斯兰职业教育机构。国家教育标准局还制定职业教育课程指南，由地方教育行政部门负责推进实施。

国家专业认证机构为中等和高等职业教育提供资格认证，并且该机构根据全行业公认的能力，进行国家职业标准的确立工作。国家专业认证机构是独立的机构，但其认证工作的开展受到教育和文化部制定的国家教育标准的影响。

教育和文化部与人力资源部不仅对学校进行管理，而且对每一位职业教育学生进行相应的管理和考查。学生在完成职业高中和高等教育某个阶段的学习后，都需要参加国家能力水平考试，考试合格后可以获得相应的文凭或证书。能力水平考试由教育和文化部下设的教育评估中心负责运行。

(二)能力标准与资格等级

印度尼西亚教育和文化部在 2006 年出台了《中小学毕业生能力标准》，其中第二项规定了职业高中毕业生应具备的 23 项能力。[②] 除第 23 项外，职业高中毕业生应具备的能力与普通高中毕业生相同，具体如下。

- 遵守与青少年发展有关的宗教教义。
- 最大限度地挖掘自身潜能，弥补个人不足。
- 表现出自信的态度，对自己的行为、活动和工作负责。
- 执行社会规则。
- 欣赏全球范围内多样化的宗教、民族、部落、种族和社会经济群体。
- 有逻辑地、批判地、创新地构建和应用信息与知识。
- 在决策过程中表现出逻辑性、批判性、创造性和创新思维。
- 培养一种自主的个体学习文化。
- 为取得最佳成绩展示出体育精神和竞争态度。
- 具备分析和解决复杂问题的能力。
- 具备分析自然和社会现象的能力。
- 有效且负责任地使用环境资源。
- 在印度尼西亚共和国框架内民主地参与社会、民族和国家生活。
- 通过艺术及文化活动表达自我。

[①]　贾秀芬：《印度尼西亚职业教育培训的实施与评价》，载《职教论坛》，2010(6)。

[②]　Kurnia D.，Dittrich J.，Murniati D. E.，"Transferable Skills in Technical and Vocational Education and Training（TVET）in Indonesia," *TVET@ Asia*，2014(3)，p. 6.

- 欣赏艺术和文化作品。
- 创作有创意的作品，不论是个人创作还是团体创作。
- 维护个人健康与安全，保持身体健康和环境清洁。
- 以有效和礼貌的方式进行口头和书面沟通。
- 了解自己和他人在社会上的权利和义务。
- 接受差异，同情他人。
- 能够系统性地、有审美地阅读和写作。
- 具备听、读、写、说印尼语和英语的能力。
- 掌握专业技能和创业能力，满足劳动力市场的需求，并能够根据自身的职业发展继续接受高等教育。

2003年，印度尼西亚政府明确了新的国家资格框架，包括伦理道德、工作能力、知识与理解力、权利与责任四个部分。其中伦理道德没有等级区分，其余三个部分则划分为九个等级，不同级别的区分主要由教育培训的等级、内容和实践经验决定。

不论何种等级的职业人士都要遵循伦理道德，包括：具有良好的职业道德和个人认同感；为国家感到骄傲，热爱国家的公民，对世界和平有信心；具有团队合作能力，对社会、社区和环境问题具有同理心；重视文化、视野、信仰和宗教的多样性，重视专利权和财产权；尊重执法，具有国家和社会需求优先的精神。①

在职业教育培训领域，印度尼西亚将不同技术水平的人员分为操作员、技术员和技术专家三个类别。每个类别均划分出三个等级，对应国家资格框架的九个等级，即一至三级为操作员，四至六级为技术员，七至九级为技术专家，如表9-6所示。

表9-6　印度尼西亚国家资格框架②

资格等级	工作能力	知识与理解力	权利与责任
一	能够在主管的监督和管理下，使用工具、已知的方法和流程，在有限的范围和常规属性下完成简单的任务。	掌握事实性的知识。	只对自己的工作负责，不对他人的工作负责。

---

① World Bank Group，"Indonesian Qualifications Framework，" https://olc. worldbank. org/sites/default/files/Session％202. 1＿ESDP＿WfD＿Indonesia％20QF％20％281％29. pdf，2019-08-26.

② World Bank Group，"Indonesian Qualifications Framework，" https://olc. worldbank. org/sites/default/files/Session％202. 1＿ESDP＿WfD＿Indonesia％20QF％20％281％29. pdf，2019-08-26.

续表

资格等级	工作能力	知识与理解力	权利与责任
二	能够在主管的直接监督下，使用工具、信息和通用的工作流程完成特定的任务，以可衡量的质量标准展示工作。	具备基本的操作和实际知识，能够选择适合常见问题的解决方案。	对自己的工作负责，并对他人的工作进行监督。
三	能够根据一定的工作流程，通过转化信息和使用工具完成一系列具体的任务，并能够在间接的监督下，以可衡量的质量标准展示工作。	具有完整的操作知识及与某一特定知识相关的一般原则和概念，能够运用适当的方法完成各种常见问题；在工作范围内具有良好的合作能力和沟通能力。	对自己的工作负责，并能对他人的表现负责。
四	能够通过分析有限的信息来执行范围广的任务和具体的任务，能够从多项选择中选择正确的方法，能够以可测量的质量和数量标准展示工作。	掌握某些专业知识的几个基本原则，并能将其与工作范围内的实际问题结合起来；具有良好的合作和沟通能力，能在有限的范围内撰写书面报告，并能展示工作主动性。	对自己的工作负责，并能对他人的表现负责。
五	能够完成大范围的工作，通过分析数据，从各种未定义和已定义的选择中选择合适的方法，并以可测量的质量标准展示工作。	掌握一定知识的一般理论概念，能够制定相关的问题解决程序；具有管理团队工作的能力，能够撰写全面的书面报告。	对自己的工作负责，能够对团队工作绩效的实现负责。
六	能够将科学、技术和艺术运用到自己的专业知识中，并能适应解决问题时所面临的各种情况。	深入掌握一定知识的一般和具体理论概念，能够制定相关的问题解决程序；能够根据信息和数据分析做出战略决策，并为选择几种备选方案提供指导。	对自己的工作负责，能够对组织工作绩效的实现负责。
七	能够在其职责范围内进行资源规划和管理，并运用科学、技术和艺术制定组织的战略发展步骤，对其绩效进行综合评价。	能够运用单一学科的方法在其专业知识范围内解决科学、技术、艺术问题。	能够在其专业领域内进行研究，并做出负责任的战略决策。

续表

资格等级	工作能力	知识与理解力	权利与责任
八	能够在其专业领域内通过研究创造出具有创新性和声誉良好的作品。	能够通过跨学科或多学科的方法，在其专业知识范围内解决科学、技术、艺术问题。	能够组织对科学和社会有用的研究和开发项目，并获得国家和国际认可。
九	能够在其专业领域内开发和应用新的知识、技术、艺术，通过研究创造出具有创新性的、原创的和声誉良好的作品。	能够通过跨学科、多学科的方法，在其专业知识范围内解决科学、技术、艺术问题。	能够组织、领导和丰富对科学有贡献、对人类文明有价值的研究，获得国家和国际认可。

五、印度尼西亚职业教育教师

印度尼西亚职业教育教师必须具备相应的职业资格，关于教师的学历和能力都有相应的规定。2007 年，印度尼西亚出台了一份教师标准，明确了职业学校及普通高中规范性和适应性科目教师的核心能力。这些能力分为教育能力、个人能力、社会能力和专业能力四个领域，如表 9-7 所示。①

表 9-7 印度尼西亚教师标准

领域	具体能力
教育能力	把握学习者身体、道德、精神、社会、文化、情感和智力上的特征。
	掌握学习理论和教与学的原则。
	为教学科目开发课程。
	组织有意义的教育活动。
	使用信息和通信技术，促进学习者学习。
	促进学习者潜能的发展。
	以有效、富有同理心和礼貌的方式与学习者沟通。
	对学习过程和结果进行测量和评估。
	利用测量和评估结果促进学习。
	采取反思行动，提高学习质量。

---

① Malloch M.，Helmy A.，"TVET Teachers，A Reflection on Trends in Indonesia and Australia," *TVET@ Asia*，2015(5)，p. 5.

续表

领域	具体能力
个人能力	根据宗教、法律、社会规范和民族文化采取教育行动。
	把自己塑造成一个诚实、高尚的人，为学生和社会树立榜样。
	把自己塑造成一个稳重、成熟、睿智和具有权威的人。
	表现出良好的职业道德、高度的责任感及作为一名教师的自豪感和自信心。
	坚持教学工作的道德规范。
社会能力	具有包容性，客观地行事，不因性别、宗教、种族、身体状况、家庭背景或社会经济地位而歧视他人。
	与教育工作者、学校其他工作人员、家长和社会其他人士进行有效、富有同理心和礼貌的沟通。
	能够适应印度尼西亚不同地区工作场所的不同社会文化背景。
	与自己或其他专业团体进行口头、书面或其他方式的沟通。
专业能力	掌握课程的概念、结构和材料，并对所教学科具有分析能力。
	具备学科教学的基础能力和学科特殊能力。
	创造性地编写教学材料。
	通过反思不断地培养专业精神。
	利用信息和通信技术进行自我发展。

　　这份教师标准并不是完全针对职业教师提出的，但涵盖了国家对职业教育教师的要求。目前印度尼西亚对职业技术教育与培训教师的要求集中在教师从业资格、专业能力、知识和技能、行业经验、教育学理解和教学能力等方面。

　　2015 年，印度尼西亚制定了专业教师认证制度，教师只有参与实践培训才能获得认证，这一认证是职业教育教师成为高薪教师的主要途径。教育和文化部教师发展理事会成立了一个专家小组，研究针对职业教育教师的专业教师培训计划。目前，职业高中的教师需要具备相关学科领域的学士学位，通过教师资格证考试，并且至少有 5 年的教师工作经验。①

---

① Kurnia，D.，"Post-Study Pre-Service Practical Training Programme for TVET Teacher Students，" http://www.tvet-online.asia/series/RaD_vol_1_Kurnia.pdf，2019-08-26.

六、印度尼西亚职业教育的国际合作

（一）印度尼西亚与中国的合作

中国是印度尼西亚最主要的贸易伙伴之一。2009 年，印度尼西亚同中国签署了为期 3 年、总额为 1000 亿人民币的双边本币互换协议。2013 年 10 月，两国续签该协议。2003 年 9 月，印度尼西亚央行正式加入国际清算银行。2015 年 11 月，两国同意将已有本币互换规模扩大至 1300 亿人民币。2018 年 11 月，两国央行续签本币互换协议，并将互换规模扩大至 2000 亿人民币。

在职业教育领域，在两国地方院校与企业的共同参与下，两国之间职业教育与人才的合作与交流日益密切。2014 年 3 月，中国—东盟中心在印度尼西亚登巴萨市举办"中国—印尼职业教育合作洽谈会"，两国的职业院校和机构探讨了在学生交换、教职员工交流及项目合作方面进行深入合作的可行性，共签署了 13份合作协议。[①]

另外，中国部分信息通信企业在印度尼西亚开展了中等职业教育和高等职业教育培训项目。2017 年，华为印尼发起"智慧一代"项目，旨在为印度尼西亚培养更多掌握信息通信技术的青年人才，同时为印度尼西亚 1000 多家中资企业储备优秀劳动力。2017 年，该活动联合印度尼西亚通信部与印度尼西亚研究、技术和高等教育部，同印度尼西亚 7 所顶尖高校共同开展校园科技日、华为体验日、未来种子、智慧校园、公司招聘等形式多样的人才培养和招聘活动，共有千余名大学生从中受益。2018 年，华为印尼开展"智慧一代 2018"项目，把信息通信技术知识的传递扩大到职业高中。通过该项目，1000 名印度尼西亚职业高中学生免费获得站点工程师上岗所需的实用技能培训。[②] 此项目也成为连接职业教育与行业需求的示范性案例，更好地发挥了企业在职业教育中的作用。

（二）印度尼西亚与东盟其他国家的合作

印度尼西亚奉行积极独立的外交政策，1967 年 8 月参与发起成立东南亚国家

---

① 中国—东盟中心：《中国—东盟中心在印度尼西亚登巴萨市举办中国—印尼职业教育合作洽谈会》，http://www. asean-china-center. org/2014-04/02/c_133232858. htm，2019-08-26。

② 《华为印尼培训千名当地"智慧一代"职高学生》，http://www. chinanews. com/cj/2018/03-22/8473951. shtml，2019-07-18。

联盟，并积极参与东亚合作。2011 年，印度尼西亚担任东盟轮值主席国，于 11 月在巴厘岛主办东亚领导人系列会议。

为促进东盟经济共同体的建立，并促进区域内劳动力的流动，东盟在 6 个职业领域建立了相互认可的协定，分别是工程(2005 年)、护理(2006 年)、建筑(2007 年)、医学和牙科(2009 年)、旅游(2012 年)、会计(2014 年)；此外，还统一制定了东盟资格参考框架，方便各国具有不同教育背景与文凭等级的技术工人在东盟内部进行流动。

尽管该协定已经设立了相应的实施办公室，部分国家也将该协定纳入国家法律，但由于正式程序不完善，该协定尚未在区域合作中起到良好的效果。2015 年，只有工程和建筑类职业在印度尼西亚处于注册阶段，极少数专业人员利用这一平台获得了工作。截至 2017 年，印度尼西亚只有 965 名工程师和 145 名建筑师在东盟数据库进行了注册，大多数求职者仍然需要通过公司的直接面试或其他渠道获得工作。① 预计在未来几年，东盟地区高技能工人的流动会有所增加，尤其是医疗保健工作者、工程师和教育工作者，该平台可能会发挥更大的作用。

在国际学生交流方面，印度尼西亚作为其他东盟国家学生的接收国，柬埔寨、老挝和缅甸的留学生占比较高。由于马来语和印尼语有相似性，印度尼西亚本地的学生则更倾向于前往邻国马来西亚及澳大利亚、美国留学。

七、印度尼西亚职业教育的问题与发展趋势

印度尼西亚政府发布了题为《2020 年我们所需的技能》的报告，为职业技术教育与培训的发展指明了方向。② 该报告指出，目前印度尼西亚职业教育仍然存在一些比较典型的问题，主要包括以下四方面。

(一)地区差异大

以职业高中为例，一方面，印度尼西亚目前还没有全国统一的课程标准，不同地区的职业高中课程设置和课程质量差异很大。另一方面，全国职业高中整体入学率比较低，在工业化或城市化水平较高的地区，选择职业教育的学生数量少；偏远地区的学生想要进入职业院校的比例较大，但由于缺乏职业教育机构，入学率也很低。总体来看，印度尼西亚全国超过一半省(特区)的职业高中的入学

---

① ASEAN Chartered Professional Engineer Coordinating Committee (ACPECC)，"Current Registered Engineers on the Database," http://acpecc.net/v2/，2019-07-18.

② 李建求：《"一带一路"沿线国家职业教育概览》，47 页，北京，商务印书馆，2018。

率低于 30%，平均入学率在 20% 左右。①

为提升落后地区的职业教育入学率，经济合作与发展组织指出，可以应用信息和通信技术进行远程教育，通过在农村和偏远地区搭建光纤电缆，有效扩大职业教育的普及范围。同时，可通过结合本地的优势产业与优势资源建立专门性职业院校，解决劳动力需求与教育需求问题。

（二）学生技能与行业需求不匹配

目前印度尼西亚的雇主对职业教育毕业生技能水平的满意度不高，职业教育尤其是高等职业教育阶段的课程需要与行业需求相匹配，未来职业教育需要更关注在职人员的培训和学生软技能的提高。

研究显示，雇主最希望工人具备的能力包括沟通技巧、团队合作、正直、专业知识、自信、个性品格、计划能力、写作能力、计算能力、分析和解决问题的能力。② 雇主调查表明，在这些技能中，印度尼西亚的高等职业教育机构应该尤其注重学生分析和解决问题的能力、正直、团队合作及个性品格的培养。

（三）办学成本高

由于职业教育课程比大多数学术课程需要更多的投入，向一位学生提供职业教育课程的成本通常至少是学术类课程的两倍。职业教育课程需要接受过专门培训的教师、完善的实验室设备及较小的班级规模。③ 印度尼西亚提高劳动力教育水平的政策迫使政府招聘和认证更多职业教育教师，目前印度尼西亚面临着教师的资质普遍不足、专业知识水平需要进一步提升的问题。另外，国家应提高职业教育教师的薪酬和待遇，加强教师监控和绩效激励，鼓励更多人加入职业教育教师队伍，同时确保职业教育教师培训院校的质量。

（四）利益相关方合作不充分

加强与企业和社区的合作，充分利用公共资源，可以有效提高职业教育的效率与质量。印度尼西亚需要鼓励更多的行业和私营机构投资、设计、实施职业技术教育与培训项目，确保普通教育和职业教育机构的毕业生具有符合行业需求的

---

① OECD & ADB, *Reviews of National Policies for Education：Education in Indonesia-Rising to the Challenge*, Paris, OECD Publishing, 2015, p. 160.

② Nugroho W., Nizam R. Samik-Ibrahim, & P. Handayani., "Graduate Employability in Indonesia," In *Graduate Employability in Asia*, Bangkok, UNESCO, 2012.

③ Asian Development Bank（ADB），" Good Practice in Technical and Vocational Education and Training," https://www.adb.org/sites/default/files/publication/28624/good-practice-education-training.pdf, 2019-07-18.

技能，并将学校课程与行业资格标准挂钩。尤其在职业教育政策、课程开发、学徒制、在职培训等领域，作为劳动力的最终使用者，雇主往往可以为职业教育提供更多的建议和帮助。另外，政府部门也要向私营机构提供激励政策和措施，鼓励私营机构加大对工人培训的投入，提高员工技能，促进员工的终身学习。

　　总的来看，目前印度尼西亚职业技术教育面临着与企业合作、细化行业需求、实现技术革命、实现与劳动力市场需求的匹配、提升教师数量与质量等问题。此外，印度尼西亚的职业技术教育与培训的标准和认证还存在着一些混乱情况。为促进印度尼西亚经济的和谐可持续增长，政府需要积极完善职业技术教育与培训。

第十章　越南职业教育

　　越南全称为越南社会主义共和国(the Socialist Republic of Viet Nam)，首都为河内，位于中南半岛东部，北与中国接壤，西与老挝、柬埔寨交界，东面和南面临南海。海岸线长 3260 多千米。

　　根据 2019 年的统计数据，越南的人口总数是 9620 万，有 54 个民族，京族占总人口的 85.3%，岱依族、傣族、芒族、华人、侬族人口均超过 50 万。越南的官方语言为越南语(也是通用语言、主要民族语言)。主要宗教包括佛教、天主教、和好教与高台教。

　　越南是东盟重要成员国，属于发展中国家。1986 年越南开始实行革新开放。革新开放以来，越南经济总量不断扩大，基本形成了以国有经济为主导、多种经济成分共同发展的格局。越南是传统农业国，农业人口约占总人口的 75%。2018 年，越南农林渔业总产值占 GDP 的 14.57%。越南矿产资源丰富，主要工业产品有煤炭、原油、天然气、液化气、水产品等。

　　2019 年，越南 GDP 为 2448 亿美元，人均 GDP 为 2587 美元。越南主要贸易对象为中国、美国、欧盟国家、东盟国家、日本和韩国。越南的主要出口商品有原油、服装纺织品、水产品、鞋类、大米、木材、电子产品和咖啡，主要出口市场为欧盟国家、美国、东盟国家、日本和中国。越南的主要进口商品有汽车、机械设备及零件、成品油、钢材、纺织原料、电子产品和零件，主要进口市场为中国、东盟国家、韩国、日本、欧盟国家和美国。

　　2018 年，中越两国双边贸易额达 1478.6 亿美元，同比增长 21.2%。中国出口的商品主要为机电产品、机械设备、面料、纺织纤维及其他原辅料，从越南主要进口矿产资源和农产品。截至 2019 年 4 月，中方对越直接投资存量为 66.6 亿美元，中国企业在越累计承包工程合同额为 548.1 亿美元，越对华实际投资 2.7 亿美元。①

一、越南教育体系

法国在对越南统治期间实行愚民政策，此时越南的文盲率约为 95%，只有很少量的学生在法国开办的学校学习。20 世纪 50 年代，北方解放区有 4000 所普通学校，同时创办了几所速成高等学校，学生和教师数量不断增加。1954 年北方解放后实行十年制免费基础教育；1956 年，越南劳动党（1976 年改名为越南共产党）在河内成立综合、百科、农业、医科、美术等大学。越南全国统一后，将培养越南新人、实行全民普及教育、培养新的劳动队伍作为教育改革的三大目标，重新制定普通教育学制和行政管理体系。②

目前，越南的教育体系由学前教育、初等教育、中等教育和高等教育四个等级组成。其中义务教育为九年制，高中教育为三年制，大学教育为四年制至六年制，硕士为两年制，博士为四年制。具体如表 10-1 所示。

表 10-1　越南教育体系

年龄	教育年限/年	教育等级	普通教育体系	职业教育体系	
18 岁及以上	4	高等教育	博士	—	
	2		研究型硕士	应用型硕士	
	4~6		研究型大学	—	应用型大学
				职业学院（专科学校）（2~3 年）	
15~17 岁	3	中等教育	高中	中学后教育（2~3 年）	
11~14 岁	4		初中		
6~10 岁	5	初等教育	小学		
5 岁及以下	3~5	学前教育	托儿所和幼儿园		

① 中华人民共和国外交部：《越南国家概况》，https://www.fmprc.gov.cn/web/gjhdq_676201/gj_676203/yz_676205/1206_677292/1206x0_677294/，2019-09-06。

② 蔡昌卓：《东盟教育》，367~368 页，桂林，广西师范大学出版社，2009。

越南的学前教育由托儿所和幼儿园教育组成。托儿所主要服务于 3 个月至 3 岁的儿童，幼儿园的教育对象是 3~5 岁的儿童。截至 2018 年 4 月，越南学前教育学校总数为 15256 所，其中公立学校 12662 所，非公立学校 2594 所；在校学生总数约为 531 万人，教师总数约为 34 万人。①

越南的普通教育由初等教育和中等教育（初中教育、高中教育）组成。其中小学教育阶段为五年制，学生年龄范围为 6~10 岁。截至 2018 年 4 月，越南小学学校总数为 14937 所，其中公立学校有 14695 所，私立学校有 242 所；小学生总数约为 804 万人，教师总数约为 40 万人。② 越南初中阶段为四年制，学生年龄范围为 11~14 岁，学生毕业获得初级中学证书，毕业后可进入高级中学以及初级和中级培训机构继续学习。统计数据表明，2018 年越南初中共有 10939 所，其中公立学校为 10887 所，私立学校为 52 所；初中在校生总数约为 537 万人，教师总数约为 31 万人。③

越南高中教育为三年制，学生年龄为 15~17 岁，毕业后可进入大学或职业教育院校继续学习。截至 2018 年，越南共有 2834 所高级中学，其中公立学校有 2393 所，非公立学校有 441 所。高中在校生总数约为 251 万人，教师总数约为 15 万人。④

越南的职业技术教育与培训横向可以分为职业培训和职业教育两部分。职业培训的目标是使学员获得具体操作的技能。职业教育包括中等职业教育和高等职业教育：中等职业学校学生毕业后可以进入高中继续学习；高等职业院校学生在完成学分要求后可以进入本科或符合课程要求的其他专业领域继续学习。

越南的高等教育包括大学教育（学士、硕士、博士）和继续教育。大学教育的培养目标分为研究型人才和应用型人才。继续教育则是针对不同年龄和不同层次的学员提高其专业能力。截至 2017 年 4 月，越南共有 235 所高等院校，其中公

---

① Ministry of Education and Traning, "Pre-school Statistics for 2017—2018," https://www.moet.gov.vn/content/tintuc/Lists/News/Attachments/5391/MAMNON%20-%20TK%C4%90N%202017-2018%20(PB%2030.3.18).pdf, 2018-06-25.

② Ministry of Education and Traning, "Primary Education Statistics for 2017—2018," https://www.moet.gov.vn/content/tintuc/Lists/News/Attachments/5392/TIEU%20HOC%20-%20TK%C4%90N%202017-2018%20(PB%2030.3.18).pdf, 2018-06-25.

③ Ministry of Education and Traning, "High School Statistics for the Academic Year 2017—2018," https://www.moet.gov.vn/content/tintuc/Lists/News/Attachments/5394/THPT%20-%20TK%C4%90N%202017-2018%20(PB%2030.3.18).pdf, 2018-06-24.

④ Ministry of Education and Traning, "High School Statistics for the Academic Year 2017—2018," https://www.moet.gov.vn/content/tintuc/Lists/News/Attachments/5394/THPT%20-%20TK%C4%90N%202017-2018%20(PB%2030.3.18).pdf, 2018-06-24.

立高校 170 所，私立高校 65 所。高等教育在校生总数约为 177 万人，任教教师约为 7 万人。① 越南著名高校有河内国家大学、胡志明市国家大学、顺化大学和岘港大学。

二、越南职业教育概况

越南职业教育历史悠久，19 世纪末就形成了职业教育的雏形。② 1950 年 7 月，越南政府建立了包含基础教育、普通教育及职业教育在内的三种类别的学校。1969 年，越南政府成立了职业技术工人培训部，标志着职业技术教育的正式确立。目前，越南职业教育院校主要培养农业、工业、医疗、旅游、建筑、交通等领域的技术人员和工作人员。③ 此外，也有部分高等院校提供职业教育培训文凭和证书相关课程。2016 年，越南职业教育毕业生共计 176080 人。④

越南职业教育主要由劳工荣军社会部、职业教育培训局、教育与培训部负责管理。地方一级的职业教育由地方当局管理。职业教育培训局协助劳工荣军社会部管理国家职业教育，其职责主要包括：规划课程内容，监控培训质量，建立国家资格框架，制定职业教育培训讲师、教师和管理人员标准，等等。⑤

截至 2016 年 10 月 30 日，越南共有 1972 所职业技术教育与培训机构。⑥ 根

---

① Ministry of Education and Traning，"Higher Education Statistics for 2016-2017," https：//www. moet. gov. vn/content/tintuc/Lists/News/Attachments/5137/so％20lieu％20thong％20ke％20GDDH％202016_2017. pdf，2018-06-24.

② 刘小楠：《越南职业技术教育研究》，硕士学位论文，广西师范大学，2014。

③ CIA，"World Factbook," https：//www. cia. gov/library/publications/the-world-factbook/geos/vm. html，2018-05-08.

④ National Institute for Vocational Education and Training，"Viet Nam Vocational Education and Training Report 2016," https：//www. tvet-vietnam. org/en/article/1446. viet-nam-vocational-education-and-training-report-2016. html，2018-11-29.

⑤ DVET，MoLISA，"Stipulating Functions，Duties，Authorities and Organization Structure of the Ministry of Labour-Invalids and Social Affairs," http://english. molisa. gov. vn/Pages/about/DutiesResponsibilities. aspx，2020-03-22.

⑥ National Institute for Vocational Education and Training，"Viet Nam Vocational Education and Training Report 2016," https：//www. tvet-vietnam. org/en/article/1446. viet-nam-vocational-education-and-training-report-2016. html，2018-11-29.

据机构性质，可分为职业学院、职业高中和职业培训中心；根据机构属性，可分为公立职业技术教育与培训机构、私立职业技术教育与培训机构及外资职业技术教育与培训研究机构。各类职业教育机构的具体数量如表 10-2 所示。

表 10-2　职业教育机构类型及数量

划分依据	职业教育培训机构类型	数量/所
机构属性	公立职业技术教育与培训机构	1307
	非公立职业技术教育培训与机构（包括私立和外资机构）	665
机构性质	职业学院	387
	职业高中	551
	职业培训中心	1034

三、越南职业教育体系

越南职业技术教育与培训的目标群体是 15～21 岁的青少年。其总体目标是：一方面，为直接参与生产、商业或服务业工作的人员提供培训，使参与培训的人员能够达到培训标准，拥有职业道德、创造力，从而提高劳动生产力和产品质量，使劳动力具有健康体质并能够适应国际环境；另一方面，培养职业技术教育学生，使其能够找到工作、自主创业或进入高等教育机构继续学习。[①]

2015 年越南《职业教育与培训法》提出改革越南国家教育体系。该法规定越南共有三类职业教育培训机构，分别是职业培训中心（初级水平）、职业高中（中级水平）和职业学院（高级水平）。这三个水平的职业教育培训的目标及课程各有侧重。

（一）初级水平职业技术教育与培训

越南初级水平职业技术教育与培训以职业培训中心为主要单位，主要招收小学或初中文化水平的人员，其目标是使学生掌握最基本的实践操作方法，培养学生的职业道德、纪律意识、爱岗精神和健康体魄，使学生能够完成简单的特定工

---

① National Institute for Vocational Training，"The Law on Vocational Education and Training，" http://nivet. org. vn/en/research/research-exchange/item/554-law-on-vocational-education-and-training-the-fundametal-and-comprehensive-reform-for-integration，2020-03-22.

作和任务。① 职业培训中心为学生提供基础的短期培训课程，时间一般在 12 个月以内，学生毕业后可获得证书。

（二）中级水平职业技术教育与培训

越南中级水平职业技术教育与培训的主要目标是培养实用技术型人才，通过对学生进行文化、技术、技能、职业道德等方面的培训，使学生具备理论知识和职业技能，使其能够完成初级水平的、稍复杂而特殊的任务，并能够将技术应用于工作。② 中级水平职业技术教育与培训的机构主要是职业高中（由原来的中等技术学校和职业学校改制而成），根据学生不同的入学水平，学习时间为 1～3 年，学生毕业后可获得相应的资格证书。

中级水平职业技术教育与培训的理论与实践的比例在不同的职业和专业领域有较大差异，理论所占比例为 25％～55％，实践所占比例为 45％～75％。③

（三）高级水平职业技术教育与培训

高级水平职业技术教育与培训主要培养学生较高的职业知识和技能水平，使其能够独立工作，并具有一定创造力和领导能力，能够完成中级水平复杂而特殊的任务。④ 该阶段主要招收普通高中毕业生和职业高中毕业生，学生毕业后可获得文凭和职业教育证书。

职业学院（专科学校）是提供高级水平职业技术教育与培训课程的主体，其培训的时间取决于培训的职业和学生的水平，普通高中或职业高中毕业生的学习时间为 1～3 年。其理论占比为 30％～50％，实践占比为 50％～70％。⑤ 提供高级水平职业技术教育与培训的院校包括河内工业职业学院、河内工商职业学院、中

---

① "General Provisions," https://thuvienphapluat. vn/van-ban/Lao-dong-Tien-luong/Luat-Giao-duc-nghe-nghiep-2014-259733. aspx，2018-06-26.

② "General Provisions," https://thuvienphapluat. vn/van-ban/Lao-dong-Tien-luong/Luat-Giao-duc-nghe-nghiep-2014-259733. aspx，2018-06-26.

③ "Regulating the Procedure For Design, Evaluation and Issuance of the Training Programmes; Organising Compilation, Selection and Evaluation of the Training Materials for Intermediate and College Level Vocational Education and Training," https://thuvienphapluat. vn/van-ban/Lao-dong-Tien-luong/Thong-tu-03-2017-TT-BLDTBXH-ban-hanh-chuong-trinh-tham-dinh-giao-trinh-trinh-do-trung-cap-cao-dang-341852. aspx，2018-06-27.

④ "General Provisions," https://thuvienphapluat. vn/van-ban/Lao-dong-Tien-luong/Luat-Giao-duc-nghe-nghiep-2014-259733. aspx，2018-06-26.

⑤ "Decision of the People's Committee of Quang Ngai Province," https://thuvienphapluat. vn/van-ban/Thuong-mai/Quyet-dinh-03-2017-QD-UBND-sua-doi-Quy-trading-business-business-van-tai-hanh-guests-Quang-Ngai-375503. aspx，2018-05-10.

央交通职业学院Ⅰ等。

案例：中央交通职业学院Ⅰ

中央交通职业学院Ⅰ是越南交通运输部下属的一所公立职业学院，成立于1968年7月，最初名为机动工学校。该校提供高级和中级水平的职业技术教育与培训课程，其优势专业集中在道路桥梁检测、交通技术应用、土木工程等领域。以机械电力系统维修和起重机操作技术培训为例，二者在培训时间、可取得的证书等级、培训内容、学费等方面不尽相同，具体如表10-3所示。

表 10-3 中央交通职业学院Ⅰ的职业技术教育与培训项目比较

项目名称	所属水平	时长	学费	招生对象	培训内容	
					技能	知识
机械电力系统维修	中级水平职业技术教育与培训	24个月	380000越南盾/月	从高中或初中（须完成额外1年高中培训课程）毕业的越南学生	·熟练使用建筑机械电气系统的安装工具、检测设备和故障诊断设备。 ·阅读并分析建筑机械的控制电路图。 ·进行电气组件的安装、测试、维护和修理。 ·测试、维护、维修、更换配件等。 ·诊断常用建筑机械控制系统的技术状态。 ·完成机械师、焊工、维修人员的基本任务。 ·能够独立工作和小组合作。	·了解施工机械系统的总体结构图及其与电气控制系统的连接。 ·分析常用建筑机械电气系统的结构与工作原理之间的关系，如平地机、压路机、挖掘机、推土机、起重机和其他建筑机械的维护和修理。 ·明确电气设备的基本结构、功能和技术参数，了解设备组件和部件以及常用建筑机械的维护。 ·确定评估损坏程度的标准并维护，能够在给定说明书的情况下制订修理常用建筑机械电气系统的计划。

续表

项目名称	所属水平	时长	学费	招生对象	培训内容	
					技能	知识
起重机操作技术	高级水平职业技术教育与培训	18个月	165000越南盾/月	高中毕业或同等学力的学生、初中毕业的学生（须完成额外1年高中培训课程）	• 阅读施工图纸。 • 在施工过程中做好安全措施和环境卫生，能够处理事故。 • 在施工前选择适当的起重机并做好准备工作。 • 使用工具和设备进行维护，修理常见故障。 • 检查、维护和修理起重机，确保人员和设备的安全。 • 明确操作起重机的正确程序。 • 掌握冷却的基本操作。 • 选择施工图和施工设备。 • 组织和领导团队并指导低水平工人。 • 能够独立工作并在工作中运用技术。 • 运用良好沟通技巧与领导、同事和客户进行沟通。	• 了解起重机及相关机械的结构、工作原理。 • 了解搭建起重机及相关机械的方法。 • 了解劳动保护和消防安全措施，预防职业事故，能够对事故受害者进行抢救，做好环境卫生，维护竖井的安全。 • 做好搭建传统起重机、桥式起重机及相关机械的准备工作。 • 明确操作流程和轴的维护。 • 检查和修理损坏的传统起重机、桥式起重机和相关机械。 • 明确不同起重机的技术特点及相关机械的技术参数。 • 制订装货和卸货计划。

四、越南职业教育管理

（一）国家资格框架

2016年，经越南总理批准，政府着手建立国家资格框架。越南国家资格框架的主要目标是提高教育质量，制定普通教育和专业资格文凭或证书的互通标准；建立培训、测试和评估方面的人力资源和培训资格制度的衔接机制；借鉴区域和国际框架，使越南国家资格框架与其他国家资格框架建立关系，互相承认；同时在不同培训层级之间建立关联机制。

越南国家资格框架以学习结果为导向，采用涵盖各级各类教育系统的八级结构：第一级——初级一级；第二级——初级二级；第三级——初级三级；第四级——中级；第五级——大学(大专)；第六级——大学(本科)；第七级——硕士；第八级——博士。该框架规定了四项核心内容：等级、学习结果、最低学分要求及资格类型。其中，学习结果被概括为知识、技能、责任感和义务三个方面。

该框架包括 8 种不同类型的资格，即证书Ⅰ、证书Ⅱ、证书Ⅲ、副学士学位、专科学历、本科学历、硕士学位和博士学位。最低学分要求从 5 学分到 180 学分不等。越南国家资格框架的具体内容如表 10-4 所示。

表 10-4　越南国家资格框架

等级	学习结果			最低学分要求	资格类型
	知识	技能	责任感和义务		
一	·掌握某个行业一定范围活动的事实性知识和基本知识。 ·具有自然、文化、社会和立法的基本知识。	·拥有完成简单或程序性任务的基本技能。 ·拥有基本沟通技巧。	·在教师的协助下进行一些简单而重复的任务。 ·在严格的监督和指导下执行任务。 ·在教师的协助下进行自我评估和任务评估。	5 学分	证书Ⅰ (初级一级)
二	·具有职业活动的实践和理论知识。 ·具有服务于生活和专业的自然、文化、社会和法律的一般知识。	·具有选择和应用合适的方法、工具、材料及可用信息的意识和技能。 ·具有执行任务或对自己的工作进行报告所需的沟通技巧。	·在相似的情境中执行兼具规律性和一定程度自主权的任务。 ·在教师的指导下在陌生的情境中执行任务。 ·有能力对自己的任务进行自我评估。	15 学分	证书Ⅱ (初级二级)
三	·掌握专业范围内的通用原则、过程和概念的理论实践知识。 ·具有服务于生活、专业的自然、文化、社会和法律的一般知识。 ·具备与某个行业相关的信息技术基础知识。	·具有独立完成任务或解决问题所需的意识和技能。 ·能够在工作场所有效使用专业术语。	·在稳定的情况下和熟悉的环境中独立工作。 ·根据所定义的标准执行任务，并进行自我评估。 ·与其他人进行团队合作，并对工作成果负责。	25 学分	证书Ⅲ (初级三级)

续表

等级	学习结果			最低学分要求	资格类型
	知识	技能	责任感和义务		
四	·对专业有广泛的理论实践知识。 ·具备政治、文化、社会和法律方面的基本知识，满足专业人士的专业和社会要求。 ·具备应对工作要求的信息技术知识。	·能够选择和应用基本方法、工具、材料和信息，具备执行任务和解决问题所需的意识和专业技能。 ·能够在研究领域使用专业术语；能够在工作场所进行有效沟通；参与论证并应用替代解决方案；能够评估团队成员的工作质量和表现。 ·外语水平为1/6级（参见越南外语水平框架）。	·在变化的背景下独立工作，承担个人责任，并对团队合作结果承担部分责任。 ·指导和监督他人工作。 ·评估团队的表现。	具有高中毕业证书的人士为35学分，具有初中毕业证书的人士为50学分	副学士学位（中级）
五	·对专业有全面的理论和实践知识。 ·具备政治、文化、社会和法律方面的基本知识，满足专业人士的专业和社会要求。 ·具备应对工作要求的信息技术知识。 ·对专业范围内的工作进行规划、执行、监督和评估，有关于原则和方法的实践知识。	·具有确定、分析和评估广泛信息的意识和创造力。 ·具备在专业范围内解决抽象问题所需的实用技能。 ·具备向工作场所其他人传递信息、想法和解决方案所需的沟通技能。 ·具有2/6级外语水平（参见越南外语水平框架）。	·独立工作或团队合作，解决变化情境下的任务和复杂问题。 ·指导他人执行定义的任务并监督他人的表现；承担个人责任和共同责任。 ·评估团队成员的任务结果和表现。	60学分	专科学历（大学—大专）

续表

等级	学习结果			最低学分要求	资格类型
	知识	技能	责任感和义务		
六	·在专业领域拥有先进的理论和实际知识。 ·具有社会科学、政治学和法律方面的基本知识。 ·具备应对工作要求的信息技术知识。 ·具备有关规划、组织和监督特定工作过程的知识。 ·具备对专业活动进行管理和控制的基本知识。	·具备解决复杂问题所需的技能。 ·有能力成为领导者并规划工作。 ·拥有辩论技巧，能在不可预测或可变的情况下制定和应用替代解决方案。 ·具备评估团队成员任务结果和表现的技能。 ·有能力向工作场所的其他人员传递有关问题和解决方案的信息；具备转移和传播执行既定或复杂任务的知识和技能。 ·具有3/6级外语水平（参见越南外语水平框架）。	·在变化的环境中独立或与团队工作，承担个人责任，并对团队合作结果承担部分责任。 ·指导和监督他人的日常工作。 ·以自我为导向，做出专业结论，并有能力坚持自己的观点。 ·制订计划，指导和管理资源，评估和寻找解决方案，以改善任务绩效。	120～180学分	本科学历（大学—本科）
七	·拥有前沿的专业知识；深入了解研究领域的基本原理和理论。 ·具有多学科研究领域的相关知识。 ·具有一般的管理知识。	·具有前沿的专业技能，包括分析、综合和评估数据和信息，以科学的方法解决问题。 ·具备传授知识的技能，与他人讨论专业和科学问题。 ·具备组织、管理复杂职业活动的技能。 ·具备在学习或工作领域创造性地开发和应用技术的技能。 ·具有4/6级外语水平（参见越南外语水平框架）。	·开展研究并提出基本想法。 ·适应环境，具有指导技能。 ·做出专业结论。 ·管理、评估和开发专业活动。	30～60学分	硕士学位（硕士）

续表

等级	学习结果			最低学分要求	资格类型
	知识	技能	责任感和义务		
八	·在与科学有关的工作或研究领域拥有最前沿和最深入的知识。 ·具备专业领域的基本知识。 ·具有关于科学研究组织和新技术开发的知识。 ·掌握有关行政和组织的知识。	·掌握使科学理论、方法和工具为研发服务的技能。 ·具备巩固和拓展专业知识的技能。 ·有能力推理和分析科学问题，并提供创造性和原创性解决方案。 ·具备在研发方面进行管理和专业指导的技能。 ·有技能参加研究领域的国内和国际讨论并传播研究结果。	·研究并创造新知识。 ·为不同的复杂情况创造新的想法和知识。 ·适应，自我定位，并为他人提供指导。 ·做出专业的结论和决定。 ·管理研究，对学习有高度责任感，培养专业知识和经验，并产生新的想法和过程。	90～120学分	博士学位（博士）

（二）职业教育认证和质量保证机制

越南职业培训认证机构是职业教育培训局的下属单位，由劳工荣军社会部管理，其主要职责是协助职业教育培训局为国家职业技术教育与培训提供认证和质量管理。① 职业技术教育与培训机构进行质量认证的过程为：职业技术教育与培训机构先进行自我认证；之后，职业技术教育与培训机构进行认证注册；接着，职业培训认证机构对职业技术教育与培训机构进行评估；最后，撰写职业技术教育与培训机构认证结果。职业技术教育与培训机构的自我认证作为质量认证的开端，一般由职业技术教育与培训机构每年进行一次。

截至 2016 年 12 月 31 日，已有 263 个职业技术教育与培训机构完成了质量自我认证，占全国职业技术教育与培训机构总数的 17.51%。② 职业培训中心和

---

① Vietnam Vocational Training Accreditation Agency, "Home," http://vvtaa. gov. vn/, 2020-03-22.

② National Institute for Vocational Education and Training, "Viet Nam Vocational Education and Training Report 2016," https://www. tvet-vietnam. org/en/article/1446. vietnam-vocational-education-and-training-report-2016. html, 2018-11-29.

职业学院的评价标准不完全相同。与职业培训中心的评价标准相比，职业学院的评价标准除培训活动、课程等标准外，还强调对职业学院科学研究的评价。[①] 具体评价标准如表 10-5 所示。

表 10-5　越南职业培训中心和职业学院的评价标准

机构	评价标准
职业培训中心	目标、使命、组织、管理
	培训活动
	教师、经理、员工和工作人员
	课程和教学大纲
	材料设备、培训设施
	财务管理
	学习者服务
	质量监督和评估
职业学院	目标、使命、组织、管理
	培训活动
	教师、经理、员工和工人
	课程和教学大纲
	材料设备、培训设施和图书馆
	科学研究、技术转让和国际合作
	财务管理
	学习者服务
	质量监督和评估

以课程和教学大纲的评价标准为例，职业学院和职业培训中心对于课程和教学大纲的评价都强调制订与时代相适应的培训计划、利益相关者参与制订培训计划和课程等。从具体内容来看，职业学院在与其他教育类型相衔接、与各级目标相适应方面的内容比职业培训中心的要求更为详尽，具体如表 10-6 所示。

---

① "Circulation No. 15/2017/TT-BLDTBXH about Regulation of Criteria and Standards for Quality Accreditation of Vocational Education and Training," https://thuvienphapluat. vn/van-ban/Lao-dong-Tien-luong/Thong-tu-15-2017-TT-BLDTBXH-tieu-chi-tieu-chuan-kiem-dinh-chat-luong-giao-duc-nghe-nghiep-351843. aspx，2018-04-23.

表 10-6　职业培训中心和职业学院的课程和教学大纲评价标准

机构	评价标准
职业培训中心	中心应有足够的课程，按规定对所有正在接受培训的学员进行培训。
	按照规定制订培训计划。
	培训课程由教师、职业教育管理人员和雇主参与制定或选择。
	培训计划在生产和服务中应当切实可行，并且在技术上合适。
	根据规定编制或选择合适的正规学习教材。
	每个培训计划的模块都有适当的教学大纲。
	培训后由教师、专家、经验丰富的管理人员和使用劳动力的单位代表参与制定或选择培训课程，将培训计划中每个模块的知识和技能内容的要求具体化。
	如有必要，每年征集教师、管理人员、员工、劳动者和学习者关于课程和教科书的意见；必要时，中心至少每 3 年评估一次课程和教学大纲。
职业学院	制定完整的有关学校所培训专业的课程。
	根据规定制订培训计划。
	课程符合相应级别的培训目标；制定毕业时学习者的知识和技能标准；确定内容的范围和结构，培训的方法和形式；确定评估每个单元、科目，每个专业领域或专业，以及每个级别的学习结果的方法。
	培训计划由教师、职业教育管理人员和雇主的科技人员共同制订，遵守特定的行业法规。
	培训计划应确保实用性，并适应劳动力市场的变化。
	确保专业教育水平与国家教育系统中的其他培训水平相互关联。
	学校至少每 3 年对培训计划进行一次评估、更新和调整。
	修订和补充培训计划，提供与培训学科相关的最新科技成果，或参考国外相应的培训计划。
	在组织联合培训之前，机构应根据课程对模块、学分、学科领域进行评审，并就模块、学分和学科做出决定。
	每个培训计划的模块和科目都有教学大纲。
	根据规定，建立或选择用于教学的学习资料。
	将课程中每个单元或课程的知识和技能内容的要求具体化。
	实施积极有效的教学方法。
	学校每年对教师、管理人员、劳动部门的科学技术人员和毕业生进行适当的课程咨询。
	课程发生变化时，学校应对课程进行评估、更新和调整以满足要求。

(三)经费来源

越南职业技术教育与培训的经费来自两个方面:国家预算资金及非国家预算资金。① 职业技术教育与培训的国家预算资金分配以各地区职业技术教育与培训的规模和社会经济发展状况为基准。非国家预算资金包括职业技术教育与培训学费、服务收入和国内外的个人投资等。2011—2016 年,越南国家预算资金占职业教育总资金的比例为 85.65%,其余各项占比如图 10-1 所示。②

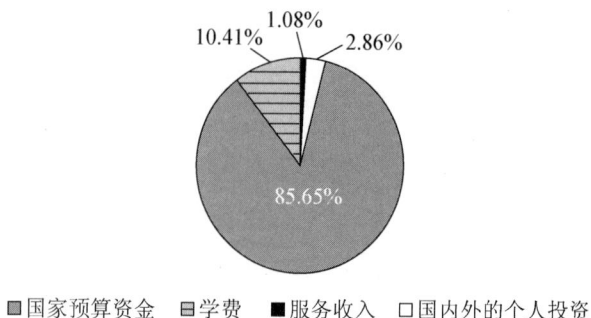

图 10-1　越南 2011—2016 年职业技术教育与培训的资金来源

国家预算资金包括三种类型:周期性资金、基础建设资金及国家定向计划资金。2010—2014 年,越南投入职业技术教育培训的资金为 55575 亿越南盾,其中周期性资金占 37.4%,基础建设资金占 40.81%,国家定向计划资金占 21.79%。③ 周期性资金作为职业技术教育与培训机构正常运转的支出,是实现职业技术教育与培训目标的主要资金来源,通常与工作人员工资,教学、学习和研究相关支出,行政支出,购买和维护固定资产支出相关。基础建设资金包括职业培训机构所需的基础设施费用,如学校的改造和升级,建设教室、实验室、工作室、图书馆等。国家定向计划资金旨在为紧急教育政策或特定时期的职业培训提供资金支持。

---

① National Institute for Vocational Education and Training,"Viet Nam Vocational Education and Training Report 2015,"http://www. tvet-vietnam. org/en/article/1321. viet-nam-vocational-education-and-training-report-2015. html,2018-05-11.

②· National Institute for Vocational Education and Training,"Viet Nam Vocational Education and Training Report 2016,"https://www. tvet-vietnam. org/en/article/1446. viet-nam-vocational-education-and-training-report-2016. html,2018-11-29.

③ Hung,VX. et al. ,"Viet Nam Vocational Education and Training Report 2015,"https://www. bibb. de/dokumente/pdf/Viet_Nam_Vocational_Education_and_Training_Report_2015. pdf,2018-04-23.

五、越南职业教育教师

根据职业教育培训局的统计，截至 2015 年 12 月，越南共有 39152 名职业教育教师，其中职业学院教师为 15986 人（占 40.83%），职业高中教师为 9254 人（占 23.64%），职业培训中心教师为 13912 人（占 35.53%）。[①]

越南职业教育教师的主要来源有四个：一是职业技术师范院校或普通大学的学士、硕士和博士；二是从职业高中毕业，并通过继续学习取得本科学历的学生；三是一线的技能熟练工人和技术人员；四是技术精湛的能工巧匠。[②]

职业教育教师需要具备的技能资格包括：教师资格证书或技术资格证书、学历证书、技能证书、外语水平证书、计算机水平证书。[③] 不同层级的职业技术教育与培训机构对于教师的要求也不尽相同。以初级水平职业技术教育与培训的教师为例，教师需要至少有相当于初级水平的教育程度，或者有符合职业高中要求的职业技能证、国家资格框架证书 Ⅰ、3/7 级或 2/6 级职业资格证书、省或所属城市的工匠证书。[④]

除了职前教育，越南职业教育教师从教后仍可接受国家提供的培训以提高自身的理论和实践技能。劳工荣军社会部负责越南职业学院在职教师的培训工作。职业教育教师的培训内容主要包括专业内容、教育学内容和科学研究。专业内容涵盖专业技术、外语、信息技术与通信技术等方面。教育学内容包括教师资格、教学时长、教学准备、教学实施、教学评估、培训档案管理、课程和学习材料开发、培训计划、学习者管理和维持学习环境等。科学研究部分主要培养学习者的就业技能和参与研究的能力。除此之外，劳工荣军社会部和省劳工事务服务部还提供 480 小时（针对职业技术师范院校的毕业生）和 960 小时（针对工程出身的毕

---

① Hung VX., et al., "Viet Nam Vocational Education and Training Report 2015," https://www.bibb.de/dokumente/pdf/Viet_Nam_Vocational_Education_and_Training_Report_2015.pdf，2018-04-23.

② 阮英青云：《试论越南职教师资队伍建设存在的问题与对策》，载《职业》，2012(5)。

③ Hung，VX. et al., "Viet Nam Vocational Education and Training Report 2015," https://www.bibb.de/dokumente/pdf/Viet_Nam_Vocational_Education_and_Training_Report_2015.pdf，2018-04-23.

④ "Certificate of Procedure for Inspection of Quality of Instruction," http://moj.gov.vn/vbpq/lists/vn%20bn%20php%20lut/view_detail.aspx? Itemid = 27413，2018-05-10.

业生)的实践培训课程，旨在提高职业教育教师的实践技能。①

六、越南职业教育的问题与发展趋势

(一)职业教育缺乏与行业企业的有效合作

虽然越南政府和职业教育机构意识到了职业教育与行业企业合作的重要性，并且有一系列法律和政策鼓励二者之间的合作，但目前越南企业与职业教育机构之间还没有一个合适且有效的合作模式，主要原因在于企业没有强烈的意愿参与职业技术教育与培训活动。②

(二)社会对职业教育的认可度较低

职业教育是越南教育体系和人力资源开发的重要组成部分，是提高劳动者就业能力、促进劳动者就业的重要途径。然而，目前越南大众仍将职业教育视作第二选择。来自企业方面的调查也显示，越南职业教育毕业生的薪资低于学术性(持有学士学位)毕业生的薪资。③ 社会对职业教育仍然存在着一定的偏见，对职业教育的认可程度还不高。

(三)职业教育教师的能力有待提高

越南政府制定了国家职业技术教育与教师培训标准，规定职业教育教师需要具备的能力包括：专业能力(技术水平、外语能力、信息技术能力)，教育教学能力(教师资格、教学准备、教学指导、教学材料开发等)，以及职业发展科学研究能力(参与研究、提升个人资格水平)。④ 然而，调查结果显示，许多职业教育教

① MOLISA, "Circular No. 08/2017/TT-BLDTBXH," https://vanbanphapluat. co/circular-08-2017-tt-bldtbxh-standards-qualifications-vocational-education-teachers，2020-03-22.

② Hung, VX. et al. , "Viet Nam Vocational Education and Training Report 2015," https://www. bibb. de/dokumente/pdf/Viet_Nam_Vocational_Education_and_Training_Report_2015. pdf，2018-04-23.

③ National Institute for Vocational Education and Training, "Viet Nam Vocational Education and Training Report 2015," http://www. tvet-vietnam. org/en/article/1321. viet-nam-vocational-education-and-training-report-2015. html，2018-05-11.

④ MOLISA, "Circular No. 08/2017/TT-BLDTBXH," https://vanbanphapluat. co/circular-08-2017-tt-bldtbxh-standards-qualifications-vocational-education-teachers，2020-03-22.

师缺乏实践技能和相关行业经验，目前还达不到国家标准。①

（四）缺乏有效的劳动力市场信息系统

越南政府正努力将职业教育系统从供应驱动导向转为市场导向，但国家层面的劳动力市场信息系统目前还未能建立起来。职业教育课程的开发往往没有建立在系统收集劳动力市场的实际需求信息的基础上，课程内容与市场需求的匹配程度仍然不高。②

---

① Hung, VX. et al., "Viet Nam Vocational Education and Training Report 2015," https://www.bibb.de/dokumente/pdf/Viet_Nam_Vocational_Education_and_Training_Report_2015.pdf, 2018-04-23.

② Hung, VX. et al., "Viet Nam Vocational Education and Training Report 2015," https://www.bibb.de/dokumente/pdf/Viet_Nam_Vocational_Education_and_Training_Report_2015.pdf, 2018-04-23.

后　记

很长时间以来，我国职业教育研究者对国外职业教育的研究多聚焦于德国、瑞士、英国、美国、澳大利亚等发达国家，对新加坡之外的东盟国家的职业教育关注得很少，尽管这些国家在地理上离我国更近。

作者对东盟国家职业教育的关注始于 2013 年，之后接连参加了几次联合国教科文组织和德国国际合作机构(GIZ)组织的亚洲地区合作平台职业教育学术会议，结识了来自文莱、泰国、老挝、越南、柬埔寨、马来西亚、印度尼西亚、缅甸、菲律宾和新加坡 10 个东盟国家的职业教育研究者和管理者，并一直保持合作和交流。

为了更好地服务"一带一路"倡议，2017 年作者申报了国家外国专家局的国家重点项目"我国与东盟国家职业教育合作研究"，与东南亚教育部长组织副秘书长帕里诺(Paryono)教授合作开展东盟 10 国职业教育研究。施普林格出版社对这一研究非常关注，支持我们出版了 *Vocational Education and Training in ASEAN Member States*(《东盟国家职业教育与培训》)一书。

该书出版后得到了很多关注，特别是我国在东盟国家设有海外企业和分支机构的产业界，迫切希望我们出版中文版，帮助他们了解东盟国家职业教育的具体情况，希望通过职业教育帮助他们在当地获得符合企业需要的合格产业工人，助力我国企业发展和"21 世纪海上丝绸之路"的建设。因此，在英文版的基础上，我们花了大量的时间和精力了解东盟国家职业教育的最新进展和发展趋势，并结合国内的需要，重新撰写了各章节的内容。

在此书写作的过程中，资料的权威性和准确性是我们遇到的最大挑战。由于东盟涉及 10 个国家，各国政体不一，社会差异很大，官方语言众多，缺乏准确的统计数据，尽管我们尽了最大努力，并邀请了很多留学生对其祖国的职业教育最新资料进行翻译和解读，但仍感部分国家的资料不够翔实，这一缺憾只能待日后慢慢弥补。

在研究东盟国家职业教育的过程中，我们发现东盟国家职业教育的优点可为我国职业教育的发展提供启示。菲律宾、柬埔寨、老挝、缅甸、泰国、文莱、越南等多个东盟成员国已形成了比较完善的国家资格框架，提供学习成果的互认标准，使普通教育体系与职业技术教育体系能够相互比较和认可，促进了学生在不同教育和劳动部门之间、学校与劳动力市场之间进行流动和学习成果的互通。东盟各国国家资格框架的内容与管理机制均有不同，反映出文化的多样性与特殊性。这方面的研究为我国设计制定国家资格框架提供了参照性思路。

在师资队伍建设方面，东盟部分成员国对职业教育教师队伍建设非常关注。马来西亚人力资源部下设职业技术教师高级技术培训中心，且部分大学为职业教育教师提供科学技术领域的培训课程，从而弥补职业教育教师重技能而轻学术的缺陷；新加坡教育部明确要求从事职业教育的教师必须具备对应专业的企业工作经历，应聘工艺教育学院和理工学院教师的人员需要具备连续3~5年的企业工作经历。这些做法对于我国"双师型"教师队伍建设及建立分级分类的职业教育教师专业标准体系均有较大的借鉴作用。

在"一带一路"倡议的背景下，中国与东盟国家的经济合作正处在前所未有的机遇期。中国与东盟国家在产业与人才结构上的互补性强，中国对东盟国家职业教育现状与发展趋势进行深入了解，对推进"一带一路"倡议、发展"21世纪海上丝绸之路"及与东盟国家建立友好关系有着重要意义。未来我国要继续深入开展与东盟国家在职业教育领域的合作，通过缔结友好合作院校、培养职业教育教师、共享优质职业教育资源等方式，为中国—东盟职业教育合作开拓新领域。

东盟部分成员国的经济还处于欠发达阶段，很多发达国家的机构和国际组织对其进行援助，建立培训中心。我国政府和企业也可以考虑借鉴这种对外援助的方式，帮助东盟国家培养高素质技能型人才；同时也可以通过东盟国家的职业教育系统，为我国在东盟国家的企业培养合格的本土员工。由于在很多东盟国家私立职业教育占主导地位，我国企业也可以根据行业特点与企业需要在相应国家申请设立职业学校，开展针对企业海外工作人员的职后继续教育和职前教育，为企业培养定制化高技能人才。

我国西南部与东盟国家相邻的地区应结合区位优势，更多地与东盟国家进行职业教育教学与教育管理方面的交流，招收东盟国家留学生，开展多边交流与高层对话；在"一带一路"倡议下推动职业教育服务社会经济，带动双边经贸发展，共同抓住时代机遇。

本书在出版过程中得到了北京师范大学教育学部2019年度学科建设综合专项资金的资助。此外，要特别感谢帕里诺教授的支持，感谢李米雪、刘玉婷、谢丽蓉、吴秋晨等同学在资料收集方面的鼎力协助，感谢鲁晓双、张筱彤两位编辑老师的辛勤工作。

作者
2020年4月